耶穌

■董芳苑◎著

人類的導師

"馬利亞無原罪感孕"
提也波羅（G. Tiepolo）繪於1758年
西班牙馬德里，普拉多美術館
（Prado Museum）收藏

"聖家族"（The Holy Family）
文藝復興時期畫家拉斐爾（Raphael, 1483-1520）繪於1507年
收藏於德國慕尼黑「古代美術館」（Alte Pinakothek）

"聖母與子"（Tempi Madonna）
拉斐爾（Raphael, 1483-1520）繪於1507-1508年間
收藏於德國慕尼黑「古代美術館」

"聖家族逃難"
斐亞細拉（Domenico Fiasella,
1589-1669）繪於1615年
巴黎：瓊斯大學美術館收藏

"耶穌受魔鬼誘惑"
利契（Sebastiano Ricci, 1659-1734）繪於1720-1729年間
捷克：布拉格國立美術館收藏

"羅馬總督彼拉多審問耶穌"
丁特列圖（Jacopo Tintoretto, 1518-1594）
繪於1566-1567年間

① "耶穌潔淨聖殿"
格雷可（El Greco, 1545-1614）繪於1610-1614年間
西班牙，馬德里，山吉內教堂收藏

② "平定驚濤神跡"
魯本斯（Peter Paul Rubens, 1577-1640）
繪於1630年

"耶穌和馬大、馬利亞兩姊妹"
珍・惠米兒（Jan Vermeer, 1632-1675）繪於1654年
英國愛登堡國立美術館收藏

"耶穌醫治盲目乞兒"
慕里羅（Bartolome Esteban Murillo, 1617-1682）繪於1652年
西班牙馬德里普拉多美術館收藏

"善心的撒馬利亞人"
梵谷（Vincent van Gogh, 1853-1890），繪於1890年
荷蘭·奧特洛庫拉莫勒美術館收藏

"浪子回頭"

牟利羅（Bartolome E. Murillo, 1617-1682）繪於1617-1620年間
美國華盛頓國家畫廊收藏

"猶大於「逾越節」晚餐出賣耶穌"
馬西普（V. Juan Masip, 1523-1579）繪於1570年
西班牙馬德里普拉多美術館收藏

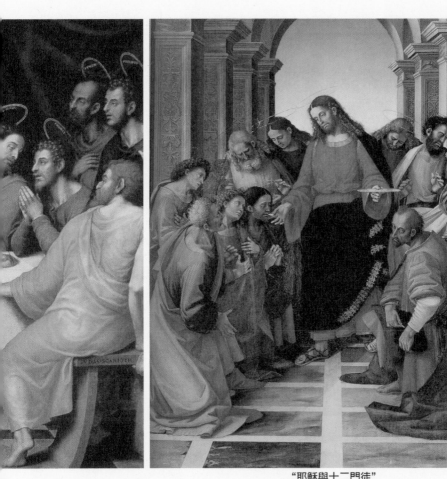

"耶穌與十二門徒"

希紐列利（Luca Signorelli, 1441-1523）

繪於文藝復興時期

"穿紅衣被戲弄的耶穌"
格雷可（El Greco, 1545-1614）繪於1577-1579年間
義大利佛羅倫斯埃萊奧拉教堂收藏

① "耶穌在客西馬尼園祈禱"
曼提格拿（A. Mantegna, 1431-1506）繪於1455年
英國倫敦國家畫廊收藏
② "耶穌為門徒洗腳"
布朗（F. M. Brown, 1821-1893）繪於1851-1856年間
英國倫敦，太得畫廊收藏

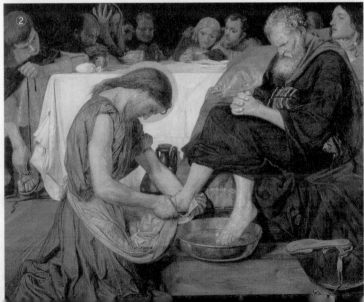

"和兩位強盜同釘十字架的耶穌"
布拉曼提諾（Bramantino, 1465-1530，原名Bartolomeo Suardi）
繪於1510-1511年間，義大利米蘭美術館收藏

獻 給

黃重義 長老(1928-)
台北市永樂基督長老教會榮譽長老

黃吳秀梅 女士(1931-)
前台北市李春生紀念長老教會執事

黃長老伉儷虔誠奉行基督教信仰、
熱心服務永樂教會、始終持守奉獻精神、
不斷默默的付出愛心。

自序

　　在當今世界諸宗教(World Religions)之中，基督教(Christianity)是其中之最，信徒多達二十三億。這個宗教之所以能夠有如此眾多的跟隨者，原因無他，就是受其開山祖師耶穌(Jesus)之感召。這位影響人類歷史的偉人，大約於公元前四年至三年之間(4-3B. C.)誕生於猶太省的大衛王城伯利恆(Bethlehem)。其時正值羅馬帝國第一任皇帝奧古斯督(Emperor Augustus, 63B. C. -A. D. 14)下令進行其殖民地的戶口普查。做為次等國民的耶穌父母約瑟(Joseph)與馬利亞(Mary)，才必須從原居住地加利利省的拿撒勒(Nazareth)，前往原籍地伯利恆接受戶口普查，又在這裡生下耶穌。耶穌既然是猶太人，其父母就帶著這位頭胎嬰兒，上耶路撒冷聖殿按照猶太教(judaism)習俗施行"割禮"(割包皮之禮俗)。此後耶穌的幼年、少年及青年時期均在拿撒勒渡過，也可能像其父約瑟一樣學得一手木匠的好工夫。只可惜《新約聖經》的四本「耶穌傳」(《馬太福音書》、《馬可福音書》、《路加福音書》及《約翰福音書》)，都沒有交代有關耶穌於幼年、少年及青年時期的生活情形。僅有一次提及耶穌十二歲時，父母帶他上耶路撒冷守猶太教的「逾越節」。待守節完畢他卻獨自一人留在聖殿裡和猶太教教師論道，而害得父母於第三天才找到他(見：路加二：41-52)。至於耶穌此後的家庭生活情形如何，委實很難稽考。然而「共觀福音書」(馬太、馬可、路加這三本福音書)卻明指耶穌也有弟弟，很可能也有妹妹(見：馬太十二：46-50、馬可三：31-35、路加八：19-21)。因此耶穌在三十歲以前，就是在家中協助其父從事木匠工作，盡做長子及兄長之本分。

耶穌離開家庭進入公生涯，從事宣揚「上主國度」此一"生命共同體"好消息(福音)的時期，大約是於三十歲左右。之前，耶穌的表兄施洗約翰(John the Baptist)，已早於他半年在猶太曠野呼籲同胞務要悔改，因爲"上主國度"近了！由於施洗約翰的事工轟動整個猶太人社會，就連猶太教祭司集團、拉比(猶太教牧師)、經學士(猶太教神學家)都受影響，從而接受他所施行的"洗禮"表示悔改的決心。此即他贏得"施洗約翰"綽號之由來。這位偉大的先知最後因指斥加利利分封王希律安提帕(Herod Antipas, 21B. C. -A. D. 39)，強佔其兄希律腓力一世(Herod Philip I)之妻希羅底(Herodias)之罪惡，因此十分悲壯地在馬蓋爾(Machaerus)的監獄被砍頭處死。可是施洗約翰對於猶太同胞心靈改造的影響實在太大，這點直接協助耶穌日後的宣教事工，他爲此被奉爲："爲主(耶穌)預備道路"之先驅者。關於耶穌的宣教事蹟，《新約聖經》的前四卷「福音書」都有詳細記述，讀者先進可以閱讀參考。就歷史觀點來說，耶穌進入公生涯的宣教年日前後也不過三年半。然而他對於人類歷史之影響，任何一位在歷史上出現的宗教偉人均無法和他相比。耶穌一生之最後，因為公然向擁有宗教及政治權力的地頭蛇──把持耶路撒冷聖殿的「祭司集團」挑戰，勇敢從事"潔淨聖殿"行動(在耶穌看來，這座猶太教聖殿已淪為"賊窩"，見：馬太二十一：12-13)，因而被他們冠上"叛亂犯"之罪名加以通緝。在「祭司集團」的眼中，耶穌在耶路撒冷大都會所製造的「耶路撒冷事件」，已經犯下：自稱為"猶太人的王"而影響羅馬帝國殖民地治安及統一的叛亂罪，又違反"摩西律法"及踐踏耶路撒冷的猶太教聖殿這兩條唯一死刑的重罪。大丈夫敢做敢當，耶穌並沒有逃亡。他知道自己的大限將至，必須飲下"叛亂罪"罪名這個苦杯走上被釘十字架的道路(按：羅馬帝國處死"叛亂犯"的刑具是十字架)。為了要飲這個苦杯，耶穌整個夜晚都在客西馬尼園(Gethsemane)祈禱。稍後卻被門人之一的加略人猶大(Judas Iscariot)出賣，帶著大批祭司長派來的爪牙及民間的特務走狗將耶穌拘捕。經過祭司長該亞法(Caiaphas)及羅馬總督彼拉多(Pilate)審判之後，耶穌果然被冠上"猶太人的王"(King of Jews)這個唯一死刑的叛亂犯罪名被釘死於十字架上，時年僅三十三歲。然而，"死亡"無法限制做為"神子"耶穌的大能力，三天之後他征服死亡，從死裡復活！

　　諾貝爾和平獎獎金得主的人道主義者史懷哲博士(Dr. Albert Schweitzer, 1875-1965)，在其「新約學」名著《歷史上耶穌的疑問》(*The Quest of the Historical Jesus*, 1910)一書就認為：「經典上所證言的耶穌，是"信仰的基督"而非"歷史的耶穌"。」此一論證之結論，正確指出普世基督徒心目中的耶穌，已經是一位信仰對象的基督(上主國度王者的"彌賽亞")。所以有關耶穌私生涯的三十年間之經歷，《聖經》作者只能輕描淡寫，也可以說迄今尚是一個謎。值得注意者，自從保羅(Paul)將基督教信仰加以系統化之後，基督徒就學習他稱呼耶穌為："耶穌基督"(Jesus Christ，見：加拉太書一：1)或"基督耶穌"(Christ Jesus，見：哥林多前書一：1)。按"耶穌"(Jesus)這個名字原來有「拯救者」的意思，而"基督"即猶太人所期待來自大衛王後裔的「彌賽亞」(Messiah)，也是一位仁君(見：以賽亞書九：6～7)。這兩個稱謂加起來，就是"救世仁君"的意思。不過"耶穌基督是「上主國度」此一生命共同體(地球村)的救世仁君，卻不是騎著戰馬奴役人民的專制君王。為此才以悲劇性之結局(在十字架上的犧牲)成為人類贖罪之祭品(旨在解除軟弱人性之原罪)，使世人因此與造物上主建立父子的關係。至此，耶穌不但是基督徒信仰上的"救主"，也是「上主國度」的"仁君"──基督，更是基督教教義上所謂的「三位一體」(Trinity，即指聖父、聖子、聖神)神觀之第二位格："聖子上帝"。此即普世基督徒的信仰告白，也明顯指出耶穌就是"神人合一"的真神。

不過歷史上有眾多的知識分子對於耶穌之角色有著不同的見解。歷史學者認同耶穌是一位「基督教」的創教者(教主)，他的思想言行影響普世人類文化至巨；社會學者認同耶穌是一位社會慈善家，因為他關懷殘障者、病人，以及窮人、婦女、兒童等弱勢人群；政治學者認同耶穌是一位道道地地的革命家，因爲他選召一位游擊隊員：奮銳黨的西門爲門徒，因此時常以先知角色指斥摩西律法死教條之不是、耶路撒冷宗教領袖的社會罪惡，及法利賽人的僞善；最後才以"潔淨聖殿"行動的「耶路撒冷事件」而被冠上叛亂犯罪名——"猶太人的王"，爲此而犧牲生命！此外，單單「基督教」於歷史上對耶穌的認知及詮釋，也有相當不同的分歧。就像「教派主義」(Sectarianism)的耶穌，就被局限於"教團制度"、"教條主義"、"靈恩運動"等等，從而衍生於歷史上出現的眾多宗派。倘若耶穌於今日來到人間的話，當他目睹普世有如此多元的基督教宗派時(台灣就有一百多個教派)，不但莫名其妙，還會大聲斥責：「你們這群"教棍"有禍了！」

這本以「耶穌——人類的導師」爲書名的作品，係著重於耶穌的家世、思想及言行的介紹。其內容計收錄有二十二篇文章，即〈人類導師是耶穌〉(引論)、〈耶穌的家譜〉、〈耶穌的先驅——施洗約翰〉、〈耶穌與誘惑〉、〈耶穌的救世宣言〉、〈耶穌與政治〉、〈耶穌與法律〉、〈耶穌與道德家〉、〈耶穌與婦女〉、〈耶穌與孝道〉、〈耶穌的慈善觀〉、〈耶穌的愛與服務〉、〈耶穌的生命倫理〉、〈耶穌的眼淚〉、〈耶穌教人善用生命〉、〈禍福相安靠耶穌〉、〈至大牧者是耶穌〉、〈耶穌是人生旅途導師〉、〈耶穌基督的推薦書〉、〈請來，以馬內利〉。以及兩篇附錄〈「聖誕節」之省思〉與

〈「復活節」之意義〉。究其內容重點，旨在詮釋耶穌的"導師"角色之於普世人類的意義。為欲還原耶穌教導的內容及其時代背景，每篇文章均附有《新約聖經》的經文為依據，以做讀者先進之參考。必須交代的一點，就是作者係以基督教(尤其是長老教會信徒)之信念為立足點來詮釋耶穌的思想及言行，藉以凸顯耶穌亙古不變之"導師性格"(Teachership)。如果耶穌這位人類偉大導師的思想及言行，能夠對於吾土吾民有所啓發的話，則衷心所願也！

　　本書能夠順利出版，必須感謝文稿打字者：林素清女士及吳欣郿女士的辛勞。還有前衛出版社林文欽社長對本書之引薦，以及該社工作團隊的用心編排和封面設計，在此由衷致謝。

董芳苑謹識

2009.11.02

目次

附錄

耶穌的家世

JESUS'S FAMILY TREE

✞ 人類導師是耶穌

✞ 耶穌的家譜

✞ 耶穌的先驅

人類導師是耶穌

> 耶穌講完了這些話，眾人都希奇他的教訓；因爲他教
> 訓他們，正像有權柄的人，不像他們的文士。
>
> 馬太七：28-29

　　主前第六世紀的中國教育家孔子(551-479B. C.)被漢人奉爲 "至聖先師"，官方因加上 "至聖" 兩字從而被神格化。政府並且規定由人民的稅金加以建廟祀奉，將每年9月28日的「教師節」訂爲 "祭孔大典"。還封孔子後裔的孔德成爲 "大成至聖先師奉祀官"，支領部長級以上的薪水，目的在於 "教忠"。從而使中國國民黨獨裁政權的 "愚民政策" 能夠麻醉人民，使奴性難改的台灣人永遠做乖乖牌的順民。這點就是2008年3月22日，以「台灣」名義進入聯合國的 "公民投票" 之所以失敗，以及代表台灣人尊嚴及良知的謝長廷先生競選總統落選的原因之一。孔子是兩千六百年前封建帝制時代的教育家，其偉大之處歷史自有定論。然而其教育思想於今日論之非但不合乎時代潮流，也在追求民主自由及尊重人權之現代台灣社會格格不入。

對普世基督徒而言，眞正夠得上資格被奉爲"至聖先師"者，應該是耶穌基督，不是孔子。因爲耶穌是人類之眞正導師，全球六十億人口之中有二十億以上受教於祂之門下。至於孔子僅僅影響於中國及台灣，而他的思想已經和時代脫節，又不強調社會公義及人權，更不應該被神格化。可是耶穌在昔日猶太社會出現即被視爲"救世之王者"（"基督"，見：馬太十六：16、馬太八：29、路加九：20、十九：38）以及"先知"之角色（見：馬太二十一：11）。可是在此卻要以另一個角度來瞭解耶穌的"導師"性格，因爲耶穌是人類眞正的導師。

一、經文的教導

根據《馬太福音書》（七：28-29）所記載：昔日猶太社會人士十分驚奇耶穌對群眾的教導不但新穎、有力，並且充滿權威性內容。他們給耶穌的評語是："因爲他的教導不像猶太教的經學士，而是帶有權威的內容。"原來這些評語放在「山上寶訓」（馬太福音五章至七章）結論之中（七：28-29），也直接指出當代猶太人對於耶穌教導內容之感想。其實「山上寶訓」的內容，分明是耶穌有意和摩西的「十誡」（見：出埃及記二十：1-11）做一類比的"上帝國新誡命"，也可以理解爲"天國民"的倫理生活內容。

耶穌以超越摩西「十誡」高超的宗教倫理生活之教導去啓蒙當代的猶太人，旨在強調"愛神"（見：申命記六：4-5）

及 "愛人" (見：利未記十九：18)之真正社會倫理精神。其實 "摩西律法" (即舊約之「五經」)之總綱，就是這種 "愛神" (「十誡」之第一誡至第四誡)及 "愛人" (「十誡」之第五誡至第十誡)之宗教倫理，它被耶穌在「山上寶訓」的教導中賦予新的意義。其偉大的教導內容，都是律法主義那一套舊東西，因此不很吸引聽眾。絕對不是當代那些不求革新又故步自封的猶太教拉比(師長)，以及經學士說的出來的。為此耶穌才被當代的猶太人公認是一位具有權威的導師，不是那些始終在重彈老調的經學士和猶太教拉比可以相比。

(一)有關經學士之角色

經文所提及的 "經學士" (文士)，到底在當代猶太社會是何等人物？其實他們是學有專長(特別是專攻「摩西律法」)的猶太教(Judaism)教法師，也是神學家。他們精通猶太教經典《律法與先知》(見：馬太五：17)，平時在 "猶太教會堂" 教導信徒。因為在 "安息日" 講解「摩西五經」及「口傳律法」，所以他們多數擔任猶太教的 "拉比" (其角色相等於教牧)。問題是：他們向猶太教徒講解《律法與先知》這部經典內容時，都是律法主義那一套舊東西，因此不甚吸引聽眾。不過在耶穌出現的時代，猶太教已經失去原來的宗教精神， "安息日" 之持守也變成一種形式主義。所以經學士的教導很難引起信徒之共鳴。舉例來說，當代的經學士只關心猶太教徒如何持守 "安息日" ？於 "安息日" 該走多少路程？對於猶太教徒的社會倫理生活則漠不關心，更不會關懷他們靈性空虛的問題。

(二)耶穌的導師角色

當耶穌以"導師"之角色在當代猶太社會出現，的確不同於猶太教經學士之作風。因爲耶穌言行一致(能說能行)，其教導人的方法一反猶太教的經學士及拉比，既不會拘泥於摩西律法之教條，也凸顯其革新精神。爲此才會被當代猶太人公認是一位具有權威性教導之"導師"，又與經學士之教導是完全不同的先知先覺。因爲耶穌的教導採取引人入勝的"類比論"，下列經文可以爲例。

> 你們聽見有吩咐古人的話(口傳律法)說，不可殺人，殺人者該受律法制裁。但是我告訴你們，向兄弟動怒的要受審判，罵兄弟爲廢人者要上法庭，罵兄弟爲蠢東西者要受地獄的火刑。(馬太五：21-22)

其他又在「山上寶訓」所教導的："論姦淫"(馬太五：27-30)、"論休妻"(馬太五：31-32)、"論起誓"(馬太五：33-37)、"論報復"(馬太五：38-42)、"論愛仇敵"(馬太五：43-48)、"論施捨"(馬太六：1-4)、"論祈禱"(馬太六：5-15)、"論禁食"(馬太六：16-18)、"論天上的財寶"(馬太六：19-21)、"論身體之光"(馬太六：22-23)、"論上主和財物"

（馬太六：24-34）、"論對人下判斷"（馬太七：1-6）、"論向天父求討"（馬太七：7-12）、"論窄門"（馬太七：13-14）、"論樹與果子"（馬太七：15-20）、"論能說不能行"（馬太七：21-23）、"論建屋"（馬太七：14-27）等等教導，都沒有離開"類比論方法"。也就是將"上帝國"（馬太用"天國"加以說明，因不敢稱呼"上帝"聖名）這個生命共同體的「金律」，與舊時代的「摩西律法」（口傳律法）做類比。而"類比論"的好處就是凸顯新宗教精神之優點。就像摩西教人"以眼還眼，以牙還牙"（顯然受到古代阿摩利王漢漢拉比「復仇法」之影響），耶穌卻教導人勿和惡人作對，甚至要愛仇敵如同天父的完全一樣。此即耶穌教導之權威及感動人之處！

二、耶穌的教導方法

偉大的導師耶穌，其教育人的方法著重於言教及身教。耶穌教導的內容切題，善於啓發群眾心靈。同時以各種場合為教室，以當代猶太人的生活場合為比喻。所以容易引起人人共鳴，從而吸引人熱衷於對"福音"眞理之追求。下列幾點討論，可以清楚看出耶穌的教導之所以能夠吸引人之要領。

(一)言行一致的教育法

耶穌的教導雖然不用講義及參考書，而且述而不作（馬太、馬可、路加、約翰的四本「耶穌傳」皆爲其門人之作品)，卻能夠於歷史上影響不斷。其要領在於言行一致，言教與身教的"以身作則教育法"。也就是說，耶穌十分注重人格教育，所以他的言談從而能夠深入人心。的確言行一致的人格教育(用自己人品去印證眞理之實在)是相當實際的教育方法，所以耶穌不愧爲人類之偉大導師。下面兩例可以爲證：

1.耶穌宣告他降世目的旨在親近"罪人"(人性軟弱的人)、救拔"罪人"。所以當他選召一位角頭稅棍馬太(Matthew)爲門人之時，立即引起猶太教熱心黨法利賽人異議。他的回應是："因爲我來的目的不是要召好人，而是要召壞人。"(馬太九：13)當他協助一位稅棍撒該(Zacchaeus)改過重新做人時，對那些異議人士之回應是："人子來是要尋找和拯救迷失的人。"(路加十九：10)當他眼見那些僞善的宗教家及法利賽人的胡亂指責時，就做如下的回應："我告訴你們，稅棍和娼妓要比你們先成爲上帝國的子民。"(馬太二十一：31)

2.耶穌又指出他降世目的爲要服務人群，尤其是關懷那些弱勢者，甚至犧牲生命去救贖罪人。所以馬可(Mark)特別記述耶穌的宣告："因爲人子(耶穌)來並不是要受人服事，而是要服事人。並爲了救贖大眾而獻出自己的生命。"(馬可十：45)這一犧牲生命服役人類的態度，絕對超越古希臘的蘇格拉底(Socrates, 469-399B. C.)以及中國的孔子(551-479B. C.)之教育方法。

(二)善用比喻闡釋真理

　　耶穌的教導不像猶太教經學士的老套而具有權威之外，不外他善於就地取材及用"比喻"去闡明眞理，使人人易懂這點。耶穌論及"天國民"應該懷抱的人生觀之時，就用天上"飛鳥"及野地"百合花"之生態爲比喻，來強調人生之可貴(見：馬太六：26以下)。用猶太人最清楚的"葡萄樹"爲比喻，鼓勵門人要和他結連才會結出果子(見：約翰十五：1以下)。又以"芥菜種子"及"麵酵"爲比喻，闡明天國(上主國度)之發展(見：馬可四：30-34、路加十三：20-21)。爲了強調自己是「上帝國」的眞正領袖，就用"羊圈"、"羊圈的門"，以及"好牧者"爲比喻來加以說明(見：約翰十：1-18)。爲了強調"愛敵人"的社會倫理，就用"好撒馬利亞人"(猶太人宿敵)爲比喻去教導猶太同胞(見：路加十：25-37)。因看不慣猶太教拉比、經學士、法利賽人之僞善及驕傲，就用"稅棍"與"法利賽人"在聖殿的祈禱爲比喻，來教導人有關天父所接納的誠懇祈禱態度(見：路加十八：9-14)。在論及猶太同胞迫害先知的硬心時，就以"惡佃戶比喻"來加以影射(見：路加二十：9-18)。這些僅是耶穌善用"比喻"教導人的代表性例子而已，其他散見於「四福音書」(馬太、馬可、路加、約翰)者，可以說不勝枚舉。

(三)以各個場合為教室

　　偉大的教師耶穌在當代教導人的場合，既不是既成的神學院，也無固定的教室。而是在"各個不同之場合"進行他的教育事工，其範圍遍及本國及外邦。耶穌是個虔誠的猶太教徒，為此慣於在家鄉的猶太教會堂(路加四：16-30)及各地會堂施教。猶太曠野(見：馬太五：1以下)、加利利湖沿岸(見：馬可六：30以下、馬可十四：34-36)、撒馬利亞人地區(見：約翰四：1以下)、腓尼基人國境(見：馬太十六：1以下)，更是耶穌公開施教之處。當耶穌帶領十二位門人到處旅行佈教時，也利用機會及場合對群眾施行教導(見：路加九：57-58)。由此可見：耶穌是以大自然及各個不同場合為教室施教的一位偉大教師，並且因為宣揚「上帝國」這個生命共同體的福音而有教無類。

(四)教導內容相當切題

　　耶穌的教導內容十分切題，因此不但容易打動人心，也被公認具有權威。耶穌教導人的內容絕不含糊，是非分明。因為內容簡單明瞭，人人都聽得進去。論及耶穌教導的特色，不外其言談不會用："大概如此"、"我以為如此"及"也許"的口頭禪，而是十分果斷地宣稱："我實實在在告訴你們。"(見：馬可九：1、約翰三：3、5)這樣的教導語氣在孔子的《四書》(大學、中庸、論語、孟子)之中是找不到的，而且比"子曰"的口吻更加負責。關於耶穌教導內容之切題性，可見之於他在「山上寶訓」(馬太五章、六章、七章)的教導內容。在「山上寶訓」的教導中，耶穌所強調者不僅比「摩西律法」(五經)的社會倫理更爲高超，也同時灌輸猶太教的新精神，藉以提昇猶太人的宗教心。耶穌因此宣稱："我來不是要廢掉《律法與先知》(猶太教經典)。我來不是要廢掉，乃是要成全。"(見：馬太五：17)所以說，耶穌的教導絕對不同於猶太教的拉比及經學士(神學家)，因此被視爲是一種權威性言談，如同先知先覺的教導一樣。

(五)重視啓發性教育

另一個耶穌的教育方法，便是注重"啓發性教育"，避免採取強迫性灌輸的教導。耶穌的教育方法往往需要聽衆自己去下結論，所以深具啓發性。舉例來說，耶穌曾經用"重生"的概念去啓發一位自命爲道德家的法利賽紳士尼哥底母(Nicodemus)，如何去更新自己的心靈，重建自己的信仰(見：約翰三：1-15)。又用"活水"爲話題吸引一位撒馬利亞罪婦，從而啓發她悔改去重新求道(見：約翰四：5-42)。爲使猶太同胞瞭解"愛敵人"的重要性，就用"好撒馬利亞人"的故事回應："誰是我的鄰舍？"(見：路加十：25-37)爲了啓發一個年輕富人的眞正善念，引導他明白有關追求"永生"之代價，就用"變賣一切所有分給窮人，還要來跟從我"做爲挑戰性之回應(見：馬太十九：16-22)。類似的這些啓發性教育法，耶穌時時都在應用。因而使法利賽紳士、撒馬利亞罪婦都悔改跟從了他，只有那個年輕富人心有餘力不足的無法實踐耶穌之要求。而且使那些自命不凡又傲慢的猶太教拉比、經學士、法利賽人良心自責，爲的是這些人能說不能行，言行不一致。這類啓發性教育法，正是耶穌另一個偉大之處。

三、耶穌的教導内容

根據《新約聖經》的四卷「耶穌傳」(馬太福音書、馬可福音書、路加福音書、約翰福音書)所載，耶穌的教導内容主要集中於「上帝國」(天國)這一"上主爲天父、人類是兄弟姊妹"之生命共同體(命運共同體)理念上。也就是說，從耶穌的誕生、在曠野四十晝夜禁食、公開宣揚天國福音、施行各種神跡奇事、醫好各種疾病絶症、受盡各種誤會和凌辱，甚至最後被以政治犯罪名(猶太人的王)釘死於十字架上，成爲復活的勝利基督，在在都宣示「上帝國」(上主國度)已經降臨(只是尚未完成)的"福音"。也就是上主犧牲自己，藉以與有罪的人性和解之救世好消息。

既然耶穌教導的内容集中在「上帝國」這一生命共同體之上，那麼「上帝國」的内涵是什麼？它具有"國土"、"人民"及"國策"嗎？根據英國聖經學者韓特(A. M. Hunter)在其《新約神學簡介》(*Introducing New Testament Theology,*

1965)一書對於「上帝國」(Kingdom of God)所做的定義是："上主對人心的統治。"據此而論,「上帝國」的"領土"就是"人心"。此一生命共同體的"公民",就是指同一信念的普世人類兄弟姊妹。其基本"國策"就是"仁愛"(人與人的倫理關係)以及"公義"(人與制度的非倫理事際關係)。下列三點之簡要分析將更爲具體明瞭:

(一)上帝國是個生命共同體

儘管耶穌用一個政治名詞「上帝國」(天父上主國度)來闡述"福音"之內容,這是借用當代封建帝制之用語所使然。事實上,耶穌所指「上帝國」的君王是一位慈愛人類的"天父",而非一個將人民視同芻狗的獨裁專制君王。爲此耶穌才教導人祈禱說:"我們在天上的父親,願人類都尊你的名爲聖。願你的國降臨,你的旨意行在地上,如同行在天上。"(見:馬太六:9-15)至於稱"上主"爲"天父"的經文,也可以在《路加福音書》(二:49)及同書的(二十三:46)看到。足見"天父"人人均可親近,隨時可以向祂求討(見:馬太七:7-12)。而帝王般的神格太過威嚴,是一般百姓難以接近者(台灣民間稱帝稱王之眾神可以爲例)。可是"天父"是神,凡人是看不見的,如何去認識祂呢?

《約翰福音書》的作者做了寶貴的證言:"只有在天父懷裡的獨生子(耶穌)將祂彰顯出來。"(一:18)耶穌自己也證言:"人看見了我,就是看見天父。"(十四:9)這正指明：人要認識耶穌，才有可能認識"天父"(認識耶穌乃是認識天父上主的唯一管道)。至於「上帝國」被理解爲"生命共同體"的原因，不外指出：凡是憑信仰告白"上主"爲"天父"的普世人類，都理所當然是"兄弟"與"姊妹"，甚至不認識"天父上主"的世人(異教徒)，也同樣都是兄弟姊妹。若用主觀的話來說，其差別只是"天父家裡的兒女"以及"浪子、浪女"而已(見：路加十五：11-32)。然而慈愛的"天父"永遠都在等待那些"浪子、浪女"回家。《約翰福音書》的作者則以"羊圈裡的羊"與"羊圈外的羊"，來分別基督徒與異教兄弟姊妹的關係，兩者至終都將歸回於"大牧人"(天父)的家中(十：11-16)。由此可見，「上帝國」於理解上不僅是"生命共同體"(命運共同體)，也是一個"天父的大家庭"，是普世人類應該嚮往的眞正家鄉！

(二)上帝國國策是仁愛與公義

一個國度必有規範社會秩序之法律。耶穌教導人有關「上帝國」的法律，就是"愛上主"(人與上主關係之倫理)、"愛人群"(人與人關係之倫理)以及"社會公義"(人與社會制度關係之約束)這些金律。耶穌所教導的「山上寶訓」(馬太五章至七章)之內容，就是"神人關係"的社會倫理規範(新誡命)。耶穌於《馬太福音書》(二十三章)指斥猶太教宗教領袖之罪惡，以及公然在首都耶路撒冷"潔淨聖殿"(聖殿如同賊窩)之行動(見：馬太二十一：12-17、馬可十一：15-17、路加十九：45-48、約翰二：13-22)，就是強調"社會公義"的表現。爲何「上帝國」的基本國策是"愛上主"、"愛人類"及"社會公義"(包括檢驗制度運作之好壞及有否尊重人權，否則就要抗爭及革命)的強調呢？理由無他，爲的是「上帝國」的子民必須"敬奉天父"、"孝敬父母"、"友愛人群"、"寬恕敵人"。

　　然而對"社會制度"這一非人格之組織，因爲有好人及惡人在運作，難免會產生問題而殘害人權、陷人於不公不義之中(就如奴役同胞、圖利特權階級或自肥、黑金與政治掛鉤等等罪惡)，所以必須強調人與事際關係之"社會公義"。人要主持"社會公義"必須要有犧牲一切(包括生命)之勇氣，畢竟改革的道路有重重阻礙及迫害。耶穌就是以身作則──先是指斥耶路撒冷宗教家之罪惡，繼而潔淨耶路撒冷聖殿(猶太教唯一的聖殿)，從此惹起猶太教祭司集團之仇恨與報復，最後被捕犧牲於十字架上(羅馬帝國處死叛亂犯之刑罰方式，因耶穌的罪名是"猶太人的王"這個叛亂之重罪)。主持正義、伸張"社會公義"之代價就是犧牲生命。可見耶穌因實踐「上帝國」的"社會公義"之理念而成爲贖罪羊羔(見：約翰一：29、35)，獻上自己的生命。

(三)上帝國的發展

　　耶穌明確的教導世人，指出「上帝國」這一生命共同體具備著無限的發展性。因此耶穌用猶太人廚房中常見的"麵酵"(見：馬太十三：33、路加十三：20-21)，及人所熟悉的一粒小小的"芥菜種子"(見：馬太十三：231-32)為比喻，來形容「上帝國」的發展。同時強調「上帝國」的好消息(福音)是"無價之寶"。它是一種隱蔽的寶藏，更像是一顆貴重的珍珠(見：馬太十三：44-45)。所以只有眼光獨到的人，才知道去變賣一切所有來擁有它。因為「上帝國」這個生命共同體藉著"道成肉身"的耶穌降世而出現(見：約翰一：1-18)，並且將在世上永遠發展下去，十足顯示天父上主之大愛(見：約翰三：16-17)。為此耶穌才特別吩咐門人及跟隨者，務要前往世界各個角落宣揚這個"好消息"。(見：馬太二十八：19-20、馬可十六：15-18、路加二十四：47-48、使徒行傳一：8)

兩千年來耶穌基督的"聖會"(上帝國的縮影)已經遍滿世界，在當今普世六十億人口之中，基督徒佔有三分之一(二十億以上)。表面上見之，「上帝國」這一生命共同體已經臨在於世界各地，事實上並非如此。因為人為組織的制度化"基督教團體"(各宗派的教會)，不能相等於「上帝國」此一生命共同體。畢竟真正的「上帝國」是超越教派與教會組織的。這個生命共同體是屬於天父上主的大家庭，其中充滿敬愛天父、友愛人類、自由公平、和平共存及貧富互助的金律，是個善用生命與天父同工的團契。此一理想目標如果無法實現，就「上帝國」這個生命共同體的發展尚未完成，仍然有待普世基督徒去繼續努力。

▋結語

從上面三大段落之討論，已經可以看出耶穌的導師性格偉大之處。耶穌在人類歷史上，宣揚前所未有的「上帝國」此一人類最需要的"生命共同體"。反觀中國的教育家孔子只教導人做潔身自保的"君子之道"，以及宗法社會的"家庭主義"(family-ism)。結果促使漢人社會"同姓相容、異姓相斥"，只有家族本位的利益共同體，而無普世一家之命運共同體。這點正是耶穌超越孔子之處。所以說，耶穌是"人類真正的導師"則一點也不過分。再者，孔子教導人"親君子"而"避小人"，一味強調狹隘道德觀的獨善主義。相反的，耶穌卻"親近小人"、"改造小人"、"醫病趕鬼"、同情"弱勢人群"。尤其是耶穌勇於親近角頭兄弟之"稅棍"，以及被社會輕視的"娼妓"，目的是要挽回他們的"人性"不至於墮落，使他們重新做人(重生)。如此舉動是孔子這位教育家萬萬做不到的。所以人類真正的偉大導師是耶穌，兼善天下的罪人之友也是耶穌。當今普世基督徒都是耶穌的門人，他們追求「上帝國」這一生命共同體在地上之實現，以及"仁愛"、"公義"、"和平"之理念能夠運行於人類社會中。這不僅是一種信仰，也是一種人人與天父同工之時代使命。人類真正的導師是耶穌，台灣人心靈重建更需要信靠耶穌，這就是台灣基督徒的信仰告白。

2 耶穌的家譜

　　亞伯拉罕的後裔，大衛的子孫，耶穌基督的家譜：亞伯拉罕生以撒；以撒生雅各；雅各生猶大和他的弟兄；猶大從他瑪氏生法勒斯和謝拉；法勒斯生希斯崙；希斯崙生亞蘭；亞蘭生亞米拿達；亞米拿達生拿順；拿順生撒門；撒門從喇合氏生波阿斯；波阿斯從路得氏生俄備得；俄備得生耶西；耶西生大衛王。大衛從烏利亞的妻子生所羅門；所羅門生羅波安；羅波安生亞比雅；亞比雅生亞撒；亞撒生約沙法；約沙法生約蘭；約蘭生烏西雅；烏西雅生約坦；約坦生亞哈斯；亞哈斯生希西家；希西家生瑪拿西；瑪拿西生亞們；亞們生約西亞；百姓被遷到巴比倫的時候，約西亞生耶哥尼雅和他的弟兄。

　　遷到巴比倫之後，耶哥尼雅生撒拉鐵；撒拉鐵生所羅巴伯；所羅巴伯生亞比玉；亞比玉生以利亞敬；以利亞敬生亞所；亞所生撒督；撒督生亞金；亞金生以律；以律生以利亞撒；以利亞撒生馬但；馬但生雅各；雅各生約瑟，就是馬利亞的丈夫。那稱為基督的耶穌是從馬利亞生的。這樣，從亞伯拉罕到大衛共有十四代；從大衛到遷至巴比倫的時候也有十四代；從遷至巴比倫的時候到基督又有十四代。

馬太一：*1-17*

　　凡是強調愼終追遠及孝道的宗教，一定記載創始人的"家譜"。基督教開山祖師耶穌(Jesus)，就有兩個"家譜"分別記載於《馬太福音書》(一：1-17)及《路加福音書》(三：23-38)。前者強調耶穌係由童女馬利亞(Mary)所出的家譜，後者僅爲耶穌父親(養父)約瑟(Joseph)的家譜。強調馬利亞爲耶穌母親的家譜追溯到希伯來族長亞伯拉罕(Abraham)，而且特別指出耶穌是大衛王(King David)的後裔。而單以約瑟爲主之家譜則追溯到人類始祖亞當(Adam，言明他是"上帝的兒子")、挪亞(Noah)、亞伯拉罕(Abraham)及大衛王(King David)。這兩個家譜的共同特色均在強調：耶穌是大衛王的後裔，是一個被上主膏立的「基督」(Christ)，也即"上帝國的王者"。雖然猶太人是"男性中心主義"的民族(就如上列兩個家譜均屬於約瑟家系)，然而《馬太福音書》(一：1-17)的家譜則一反傳統提到多位女性，尤其指出耶穌由馬利亞所生一事最具特色。爲此本文才以《馬太福音書》的"耶穌家譜"爲依據，藉以凸顯其中的重要意義。

一、猶太人家譜之分析

　　人若閱讀《馬太福音書》(一：1-17)這個"耶穌家譜"時，一定有繁瑣無味的感覺。爲的是出現許多古人的名字，卻許多人物也相當陌生。其實作者為耶穌作傳之第一步，就得介紹耶穌的家譜。這對於猶太人而言是很重要的一件事，目的在於證言耶穌是一位"人子"，他也是"歷史人物"。

(一)家譜相等於血統證明書

猶太人向來重視血統純淨，如有滲入些微的異族血統即喪失做上主選民的權利。特別是祭司族就必須具備亞倫的血統，娶妻也要有五代以上的血統證明。在《舊約聖經》中言及經學士鼻祖以斯拉(Ezra)被擄回國之後，為要重整祭司制度，就拒絕哈巴雅(Habaiah)、哈哥斯(Hakkoz)及巴西萊(Barzillai)的後裔擔任祭司職，為的是找不到他們屬於祭司族系(見：以斯拉記二：61-62)。從而猶太人據此排斥撒馬利亞人，為的是他們具有異族血統，所以猶太人和此族互不往來。(見：約翰四：7-10)

再來考查耶穌的家譜，儘管追溯到亞伯拉罕這位希伯來族長，其內容卻超越"血統純淨"之猶太人傳統(因具有異族祖先)。而且又提及多位猶太人所禁忌提出的"婦女"(請留意：路加三：23-28所列的家譜就沒有一位女性)。此一特色足以說明馬太(Matthew)這位作者所記載的"耶穌家譜"，已經凸顯耶穌是"人類救主"以及"罪人朋友"之重要意義。關於這兩方面的意義，將於另個段落加以說明。

(二)家譜之安排別具特色

　　這個家譜旨在證言耶穌是大衛王的子孫，並且經過仔細的安排。其內容計分為三組：每一組列有十四位祖上的名字(代表十四代)，三組總共有四十二代。如此安排非依據嚴格之歷史，而是為了給後代有一個方便的記憶。這三個家譜組別，當然是傳說史及歷史摻雜。其排列如下：

1. 從亞伯拉罕到大衛王

　　亞伯拉罕為希伯來人的祖先(也是阿拉伯人、以東人、撒馬利亞人之祖先)，是以色列人之鼻祖。大衛王為以色列聯合王國締造者，是將國家帶進世界歷史舞台的英明君王。而亞伯拉罕及大衛王都是耶穌的祖先。這一組十四代的族長如下：

(1)亞伯拉罕(Abraham)為以撒(Isaac)之父

(2)以撒為雅各(Jacob)之父

(3)雅各為猶大(Judah)及十一支派之父

(4)猶大和媳婦他瑪氏(Tamar)生法勒斯(Perez)及謝拉(Zerah)
　　雙胞胎

(5)法勒斯為希斯崙(Hezron)之父

(6)希斯崙為亞蘭(Aram)之父

(7)亞蘭為亞米拿達(Aminadab)之父

(8)亞米拿達為拿順(Nahshon)之父

(9)拿順爲撒門(Salmon)之父

(10)撒門娶耶利哥城娼妓喇合氏(Rahab)生下波阿斯(Boaz)

(11)波阿斯娶摩押婦女路得(Ruth)生下俄備得(Obed)

(12)俄備得爲耶西(Jesse)之父

(13)耶西爲大衛王(King David)之父

(14)大衛王爲所羅門(Solomon)之父

2. 從大衛王到被擄異邦巴比倫

這一組的十四代又從大衛王開始，從而延續到主前586年南王國猶大被巴比倫帝國毀滅，猶太人被擄到巴比倫的世代爲止。其代順序之排列如下：

(1)大衛王(King David)跟赫人烏利亞(Uriah)之妻生下所羅門(Solomon)

(2)所羅門爲羅波安(Rehoboam)之父

(3)羅波安爲亞比雅(Abijah)之父

(4)亞比雅爲亞撒(Asaph)之父

(5)亞撒爲約沙法(Jehoshaphat)之父

(6)約沙法爲約蘭(Joram)之父

(7)約蘭爲烏西雅(Uzziah)之父

(8)烏西雅爲約坦(Jotham)之父

(9)約坦爲亞哈斯(Ahaz)之父

(10)亞哈斯爲希西家(Hezekiah)之父

(11)希西家爲瑪拿西(Manasseh)之父

(12)瑪拿西爲亞們(Amon)之父

(13)亞們爲約西亞(Josiah)之父

(14)約西亞爲耶哥尼雅(Jechoniah，另名Jehoiachin)之父。約
西亞王時代南王國滅亡，百姓被擄往巴比倫受盡
羞辱與苦難

3. 從被擄巴比倫到耶穌誕生

這一組的十四代從南王國猶大覆亡到耶穌誕生爲止。
其中凸顯猶太人的苦難與希望，尤其指出耶穌的降世，將
要使那些被奴役的人們獲得釋放，使世人蒙上主之救贖。

(1)耶哥尼雅(Jechoniah)爲撒拉鐵(Salathiel)之父

(2)撒拉鐵爲所羅巴伯(Zerubbabel)之父

(3)所羅巴伯爲亞比玉(Abiud)之父

(4)亞比玉爲以利亞敬(Eliakim)之父

(5)以利亞敬爲亞所(Azor)之父

(6)亞所爲撒督(Zadok)之父

(7)撒督爲亞金(Achim)之父

(8)亞金爲以律(Eliud)之父

(9)以律爲以利亞撒(Eleazar)之父

(10)以利亞撒爲馬但(Matthan)之父

(11)馬但爲雅各(Jacob)之父

(12)雅各爲約瑟(Joseph)之父

(13)約瑟爲耶穌(Jesus)之養父，馬利亞(Mary)的丈夫

(14)耶穌爲童女馬利亞所生(見：一：18-25)

從上列三組四十二代的家譜看來，作者馬太不但要證明耶穌是"猶太人所生的猶太人"，也是"聖神投胎降世"由童女馬利亞所生的一位人類救主(見：馬太一：18-25)。祂是人類的"基督"(Messiah)，所以堪得稱呼祂爲"耶穌基督"。(見：馬太一：16、18)

二、耶穌家譜的重要意義

　　英國蘇格蘭長老教會新約學者巴克萊(William Barclay)，在其《Gospel of Matthew》(Vol. I, 1969)一書中，用"人類夢想之實現"爲題，來註解《馬太福音書》(一：1-17)這段經文，委實凸顯了耶穌家譜的重要意義。原來基督教神觀強調耶穌基督爲"三位一體"(Trinity)之第二位格(即父、子、聖神之"聖子上帝")。然而祂也是亞伯拉罕的後裔，更是具有大衛王統的「救世主」。《新約聖經》爲要證言祂是"道成肉身"(見：約翰一：1-18)及"上帝羊羔"(見：約翰一：29、35-36)，又是具備人性的"人子"，就特別強調祂是來自"大衛後裔"的天國君王(非屬世者)。《使徒行傳》(二：29-36)這篇使徒彼得(Peter)之證道詞就說到："上主要從大衛子孫設立一個王坐在他的寶座，即從死裡復活的主基督。"(見：使徒行傳二：31-36)使徒保羅(Paul)同樣證言："耶穌基督按肉體說，是從大衛後裔生的。"(見：羅馬書一：3)在他的牧會書信之中也勸勉義子提摩太(Timothy)："要紀念耶穌基督乃是大衛的後裔，祂從死裡復活。"(見：提摩太

後書二：8)《啓示錄》作者也得到如下的啓示：“我(基督)是大衛的根，又是他的後裔。”(見：啓示錄廿二：16)

其實當代的猶太人眼見耶穌行了神跡及所作所爲時，就公然地說：“這不是大衛的子孫所行的嗎？”(見：馬太十二：23)推羅西頓的外邦婦人也喊著說：“主啊！大衛的子孫。”(見：馬太十五：22)又有兩位瞎眼的人喊著說：“主啊！大衛的子孫，可憐我們吧！”(見：馬太二十：30、31)當耶穌最後一次進入耶路撒冷，迎接祂來臨的群眾不禁叫喊著：“和散拿歸於大衛的子孫(來自大衛子孫的拯救者)，奉主名來的是應當稱頌的。”(見：馬太二十一：9)接著群眾又在耶路撒冷聖殿公然喊著：“和散拿歸於大衛的子孫。”(見：馬太二十一：15)這等於是說，耶穌是來自大衛後裔的救主(基督)，是當代被羅馬帝國統治下被壓迫的猶太人之希望。然而做爲“救主”的基督不是政治性之王者角色，而是人類所夢想的“救世主”(普世的基督)，這點是當代猶太人沒有想到的。爲此，這位來自“大衛後裔”的救世主，就必須成爲“贖罪羊羔”犧牲於各各他(Golgotha)十字架上，藉以完成救世大功！

此外，耶穌家譜所凸顯的意義尚有下列三點，即：強調男女平等、突破種族主義及罪人蒙主重用。

(一)強調男女平等

前已提到：在猶太人的家譜中根本不會有婦女家長的

名字出現。可是在耶穌的家譜之中，卻出現他瑪(Tamar)、喇合(Rahab)、路得(Ruth)、烏利亞之妻(wife of Uriah)，及耶穌母親馬利亞(Mary)等五位婦女的名字。這點充分顯示：這個家譜具有強調男女平等之特色及意義，並且對於「基督教」(Christianity)的影響甚大。從今日的眼光見之，男女平等主義已經是現代社會必然之走向，沒有什麼特色可言。可是在耶穌所處的時代，猶太社會之婦女既被輕視，又根本沒有社會地位可言(也可以說是家中父親或丈夫可以隨意處置的物品或財產)。所以猶太男人在早禱時，都爲他們不是生爲"外邦人"、"奴隸"及"婦女"而感謝上主。所以在猶太人的家譜中出現婦女的名字是不可思議的一件事，可是"耶穌的家譜"則一反傳統猶太人之見解。如此革命性的作風，正凸顯了基督福音所包含的男女平等之精神。

(二)突破種族主義

　　猶太人有一種倨傲的態度表現，就是輕視外邦異族。猶太人向來自視爲上主之選民，從這一"選民意識"形成強烈之種族主義。反觀"耶穌的家譜"卻一反猶太人傳統，在其中出現多位異族婦女。這點正證明：馬太這位福音書作者大膽的突破猶太人的種族主義，據實將耶穌的女性祖先列入家譜之中，實在是一種創舉。這些外邦婦女有：迦南(耶利哥)的女子喇合(Rahab)、摩押女子路得(Ruth)，以及屬於阿利安族的赫人烏利亞之妻(wife of Uriah)。她們在耶穌的家譜中有一席之地位，在在顯示出一種突破種族主義的偉大眞理：在基督裡不分猶太人與外邦人，都是天父上主的兒女。在此，人可以發現基督福音的普世性，尤其是上主慈愛人類萬族此一事實。

(三)罪人蒙主重用

　　這個家譜的另一重要啓示，就絲毫沒有隱惡揚善，將歷史上家長之劣跡一一據實列述呈現，以做爲後人之儆戒。更可貴的一點，就是上主重用罪人與祂同工，藉以成就歷史大事這點。這些歷史上的家長是：族長雅各十二個兒子(也是十二支派族長)之一的猶大(Judah)和媳婦他瑪(Tamar)亂倫(這是根據台灣社會之觀點)，生了一對雙胞胎法勒斯(Perez)與謝拉(Zerah)。而這件事分明是猶大的過失，所以他瑪才會去勾引他(見：創世記三十八：1-30)。令人驚異的是：撒門(Salmon)之妻喇合(Rahab)是迦南地耶利哥城中的一個娼妓，不過她卻是掩護兩個以色列偵探有功的罪婦(見：約書亞記二：1-24)。摩押女子路得(Ruth)爲要給夫家留下名分，就受婆婆拿俄米(Naomi)指使勾引波阿斯(Boaz)成親，因而生下大衛王的祖父俄備得(Obed)，成功爲原來的夫家留下名分家業(見：路得記三：1～四：22)。

　　可是「摩西律法」(Moses' Law)明文規定："亞們人或是摩押人不可入耶和華的會幕，他們的子孫雖過十代，也永不可加入耶和華的會幕。"(申命記二十三：3)由此可見，猶太人是如何憎恨摩押人這個異族。可是耶穌卻有一位摩押祖嬤路得，此即耶穌所締造之「新約」與摩西的「舊約」最大不同處。在家譜中也提到"大衛跟烏利亞的妻子生所羅門"(見：馬太一：6)這件事。誰都知道，這件事是大衛王一生之中最大醜聞，因為他設計害死忠心的異族將軍烏利亞(Uriah)，又強奪其妻拔示巴(Bathsheba)而生下所羅門(Solomon)。可是勇敢的先知拿單(Nathan)卻舉發大衛王之罪惡，大衛王也因此深深懺悔(見：撒母耳記下十一：1～十二：15、24-25)。相傳《詩篇》(五十一篇)就是大衛王的懺悔詩，因他知過必改上主才繼續重用他。由此可見，即使是罪人，只要他們真心改過，上主也會藉著他們去完成祂的旨意。耶穌降世目的，就是要救贖人性軟弱的罪人。所以當耶穌選召一位"稅棍"(黑社會角頭)名叫馬太作祂門人時，即遭到法利賽黨偽君子之責難，耶穌的回應是："健康的人用不著醫生，有病的人才用得著。……因為我來的目的不是要召好人(義人)，而是要召罪人。"(見：馬太九：1-13)

三、路加記載的耶穌家譜

《路加福音書》(三：23-38)也記載另一個耶穌家譜。雖然其內容盡都是以男性家長為主而排除女性先人，卻也凸顯其中之重要特色。這個家譜使人知道：耶穌進入公生涯傳道的年紀大約是三十歲。又特別交代一句："依人看來，他是約瑟(Joseph)的兒子。"(路加三：23)這正暗示約瑟僅只是耶穌的"養父"及"家譜上的父親"而已。那麼為何耶穌到了三十歲左右才進入宣教生涯呢？傳統之說法是：養父約瑟英年早逝，耶穌為要負起供養母親及弟妹的責任(據說是以木匠為業)，才等到弟妹能夠照顧家庭時才開始獻身於宣教事業。不管這類說法是否屬實，至少耶穌在三十歲年紀時才開始傳道，可以瞭解已經是盡其照顧家庭責任之後所做的決定。

(一)路加與馬太兩個耶穌家譜之比較

若將路加(Luke)記載的"耶穌家譜"(三：23-38)與馬太所記載的"耶穌家譜"(一：1-17)做一比較，可以發現路加的作品多了從始祖亞當(Adam)到族長亞伯拉罕(Abraham)這一部分。從先祖亞伯拉罕到大衛王(King David)這部分，兩個家譜都互相吻合。只是路加隻字不提他瑪(Tamar)、喇合(Rahab)、路得(Ruth)，與烏利亞之妻拔示巴(Bathsheba)這些問題婦女的名字。兩個"耶穌家譜"的最大不同處，就是從大衛王(King David)到約瑟(Joseph)這部分。於是有學者不斷嘗試要去解釋其中之差別，歸納起來不外下列幾點：

1.一般學者認為：馬太記述的"耶穌家譜"以約瑟(Joseph)家系為主；路加記述的"耶穌家譜"是以馬利亞(Mary)家系為主。

2.兩個家譜有不同的強調：馬太記述的"耶穌家譜"強調"王族血統"；路加記述的"耶穌家譜"則強調"祭

司血統"。

3.約瑟父親的問題：馬太記述"約瑟是雅各(Jacob)所生"(一：16)；路加記述"約瑟是希里(Heli)的兒子"(三：23)。於是學者認為約瑟的母親曾經結婚二次，約瑟的生父是希里，也即其母的第二位丈夫。但從猶太婚姻法言(參照：申命記二十五：5以下)，約瑟也是其母首任丈夫雅各的兒子。如此見解是否正確，尚待學者做進一步的考證。

(二)路加的家譜之貢獻

在路加所記載的耶穌家譜之中，作者特別強調耶穌具有真正的"人性"。在路加看來，耶穌不是半人半神之角色，祂是人中之人，有血有肉。亞當這個史上第一位人類是"上帝的兒子"(三：38)，耶穌這位來自亞當後裔之不平凡人類(人子)也是"上帝的兒子"。然而耶穌是"上帝聖子"(神子)，為了要拯救人類才取了"人類之樣式"做猶太人的後裔。此是耶穌家譜在路加這位作者筆下所凸顯的意義。另外一點，馬太記述的"耶穌家譜"，其祖先止於亞伯拉罕(Abraham)；路加所記述的"耶穌家譜"，卻追溯到人類始祖亞當(Adam)。這點正可以看出：馬太心目中的耶穌是屬於猶太人的；對路加而言，耶穌卻是屬普世人類的。這就是路加所記述的"耶穌家譜"，並沒有止於猶太人的始祖亞伯拉罕的主要原因。這也難怪，因為路加是一位外邦人(據說是希臘馬其頓人)。所以路加記述"耶穌的家譜"時，就必須追溯到人類始祖亞當。其目的旨在把種族及國家的藩籬除去，才足以凸顯耶穌基督降世之真正意義。

▌結語

就基督教信仰而論，"耶穌的家譜"在在顯示：無限真神天父上主為要使有限的人類認識祂，祂就必須在歷史的某一時空"道成肉身"(約翰之證言)成為人類，使人類認識祂的本相(見：約翰一：18)。只是這位真神所化身的人類是猶太人，為此才有"家譜"之存在。雖然在《新約聖經》中的四本"耶穌傳"(馬太、馬可、路加、約翰四卷福音書)，只有《馬太福音書》(一：1-17)與《路加福音書》(三：23-38)記載"耶穌的家譜"，已經足以證明耶穌基督(Jesus Christ)確實是一位歷史人物。藉著信仰，基督徒告白耶穌基督也是一位曾經得勝死亡(死而復活)的"三一真神"(即父、子、聖神的"聖子"位格)。為此，馬太這位作者於記述"耶穌的家譜"之結語時特別加上一句："那被稱為「基督」的耶穌是從馬利亞生的。"(一：11)這句話證言耶穌不只是一位猶太人(亞伯拉罕後裔)，也是一位來自大衛王統的「彌賽亞」(王者)。不過做為"基督"的耶穌不是人間的王者，而是"天國君王"，此即馬太這位作者記述"耶穌的家譜"之重要信仰告白。同時馬太也證明耶穌並非"凡人"，祂是由聖神投胎感孕童女馬利亞所生的一位王者(見：馬太一：18-25)。並且一出生即有東方的智者(占星師)帶著"黃金"、"乳香"、"沒藥"三件禮物前來朝拜，從而驚動那時當政的希律王。(見：馬太二：1-12)

3 Jesus 03
耶穌的先驅：施洗約翰

　　約翰所作的見證記在下面：猶太人從耶路撒冷差祭司和利未人到約翰那裏，問他說：「你是誰？」他就明說，並不隱瞞，明說：「我不是基督。」他們又問他說：「這樣，你是誰呢？是以利亞嗎？」他說：「我不是。」「是那先知嗎？」他回答說：「不是。」於是他們說：「你到底是誰，叫我們好回覆差我們來的人。你自己說，你是誰？」他說：「我就是那在曠野有人聲喊著說：『修直主的道路』，正如先知以賽亞所說的。」

　　那些人是法利賽人差來的(或譯：那差來的是法利賽人)；他們就問他說：「你既不是基督，不是以利亞，也不是那先知，為甚麼施洗呢？」約翰回答說：「我是用水施洗，但有一位站在你們中間，是你們不認識的，就是那在我以後來的，我給他解鞋帶也不配。」這是在約旦河外伯大尼(有古卷：伯大巴喇)，約翰施洗的地方作的見證。次日，約翰看見耶穌來到他那裏，就說：「看哪，　神的羔羊，除去(或譯：背負)世人罪孽的！這就是我曾說：『有一位在我以後來，反成了在我以前的，因他本來在我以前。』我先前不認識他，如今我來用水施洗，為要叫他顯明給以色列人。」約翰又作見證說：「我曾看見聖靈，彷彿鴿子從天降下，住在他的身上。我先前不認識他，只是那差我來用水施洗的，對我說：『你看見聖靈降下來，住在誰的身上，誰就是用聖靈施洗的。』我看見了，就證明這是　神的兒子。」

再次日，約翰同兩個門徒站在那裏。他見耶穌行走，就說：「看哪，這是　神的羔羊！」兩個門徒聽見他的話，就跟從了耶穌。耶穌轉過身來，看見他們跟著，就問他們說：「你們要甚麼？」他們說：「拉比，在哪裏住？」(拉比翻出來就是夫子)耶穌說：「你們來看。」他們就去看他在哪裏住，這一天便與他同住；那時約有申正了。聽見約翰的話跟從耶穌的那兩個人，一個是西門彼得的兄弟安得烈。他先找著自己的哥哥西門，對他說：「我們遇見彌賽亞了。」(彌賽亞翻出來就是基督)於是領他去見耶穌。耶穌看見他，說：「你是約翰的兒子西門(約翰在馬太十六章十七節稱約拿)，你要稱為磯法。」(磯法翻出來就是彼得)

約翰福音一：19-42

閱讀《路加福音書》(一：5-80)這段經文，就知道施洗約翰(John the Baptist)及耶穌(Jesus)誕生的故事。就親情關係言，施洗約翰是耶穌的表兄，其父撒迦利亞(Zechariah)是耶路撒冷之祭司，母親以利莎白(Elizabeth)是耶穌母親馬利亞(Mary)之表姊。以利莎白年老才懷孕得子，年輕的馬利亞則由「聖神」(The Holy Ghost)感孕。但作者路加(Luke)描述他們兩人的誕生故事如此生動的目的，旨在指出施洗約翰於來日將是"爲主預備道路"的先驅者(先鋒)。以便後來耶穌這位「彌賽亞」(基督)的偉大事工能夠順利進行。所以施洗約翰才見證說："在我以後要來的那一位，比我偉大多了。我就是蹲下去替他脫鞋子也不配。我用水給你們施洗，他卻要用「聖神」給你們施洗。"(馬可一：7-8)爲此，咱就用"耶穌的先驅：施洗約翰"爲題，來探討基督徒如何學習施洗約翰去爲主預備道路，以便做時代之見證人。

一、經文的內容

《約翰福音書》(一：19-42)，這段經文記載耶穌的先驅者施洗約翰之見證，既直接又清楚："耶穌是上主的羊羔。"(一：29、35-36)雖然「共觀福音書」(馬太、馬可、路加)都有記載施洗約翰的故事，卻沒有像《約翰福音書》言及他見證耶穌是"上主的羊羔"之記述，僅指明他是耶穌的先驅者(爲主預備道路之先知)而已。關於這段經文，其所記述的內容如下：

(一)施洗約翰的事工　一：19-28

在耶穌尚未進入公生涯時代，施洗約翰已經出現於猶太曠野做"彌賽亞(基督)將很快降臨"之有力見證。因此轟動耶路撒冷的祭司集團和利未族人(在聖殿工作的一族)，猶太教拉比、經學士及法利賽人這些宗教人士，更特別留意施洗約翰之動向。他們於是派人到施洗約翰那裡，問及他的真實身分是"先知"或"彌賽亞"（基督）？但他堅決否認自己是"彌賽亞"，同時否認自己是和偉大先知以利亞同等之"先知"。可是那些人尚不放過施洗約翰，而且繼續追問。施洗約翰只好表明自己僅是在曠野呼喊："為主預備道路"的那一位（引自先知以賽亞的話）。既然施洗約翰否認自己是"基督"或"先知"（如同以利亞），那些人又一再追問。他只好回應：有一位他們所不認識者，連他自己都不配解開其鞋帶（為他脫下鞋子）。因自己只有用「水」給人施洗，他卻要用「聖神」給跟從者施洗。約翰這位作者特別交代：這些事發生在約旦河對岸的伯大尼，也就是施洗約翰為人施洗的地方。

(二)見證耶穌是 "上主羊羔" 一：19-34

次日施洗約翰看見耶穌走過來，立即公開宣告："看哪！上主的羊羔，就是除去世人的罪（人性軟弱）者。"（二：29)接著見證耶穌是比自己更偉大的那一位（也是早就存在的那一位）。他用水施洗之目的，為要使以色列人民都認識祂，並且接納祂。因為施洗約翰已經看透「彌賽亞」（基督）來臨之秘密，又見證自己的經驗：「聖神」像鴿子降臨在耶穌身上，因上主啟示他認識"上主的兒子"，就是要用「聖神」為人施洗的那一位。

(三)兩位門人跟從耶穌 　一：35-42

　　再過一天，施洗約翰又當著他兩位門人面前見證耶穌就是"上主的羊羔"。(一：35)那兩位門人一聽到這話，就轉而離開施洗約翰去跟隨耶穌。耶穌看到他們的決心，便開口問他們想要什麼。可是他們只問耶穌住在那裡？於是耶穌指著自己的住處給他們看。當天，那兩位門人就和耶穌同住。這兩位原本是施洗約翰的門人(因聞訊其師的見證而跟隨耶穌者)，就是西門彼得(Simon Peter)及他的弟弟安得烈(Andrew)。兩人當中弟弟安得烈首先跟隨耶穌，西門彼得再由他引進成為耶穌的門人。兩人跟隨耶穌的動機，就是他們相信已經遇見「彌賽亞」(基督)。其時耶穌特別對西門彼得說："你是約翰的兒子西門，你的名字要叫磯法(石磐)。"(一：42)這是西門彼得將來要擔負基督教會重任之預告。而「磯法」和「彼得」同義，均為「石磐」的意思(教會的石磐)。

二、施洗約翰的偉大

　　施洗約翰被希律安提帕(小希律)下在監獄之時，曾經派遣門人求見耶穌(見：馬太十一：2-19、路加七：18-35)。那時耶穌稱讚施洗約翰是一位先知中之先知："我告訴你們，在人間沒有比施洗約翰更偉大的人。"(路加七：28)原因無他，因在以色列民族史上從來沒有人看見過"上主聖子"(真正的基督)。惟有施洗約翰既親身目睹，又爲祂作見證(祂是"上主的羊羔")，更爲祂的來臨預備道路。在此就來認識這位偉大之大時代見證人——施洗約翰及其事工。

(一)施洗約翰之出身

前已言及：施洗約翰是當時耶路撒冷祭司撒迦利亞，及其妻以利莎白於年老時所生之獨子。在他尚未出生之前，便於母親胎內和馬利亞胎中的耶穌相遇(路加一：41)。從親戚關係言，他是耶穌表兄，早耶穌六個月出生。年輕時代即習慣於曠野的生活，也在那裡宣教(路加一：80、馬可一：4-5)。他在耶穌進入公生涯半年前，就已經在猶太曠野成名。全國人民都從各地前來聆聽這位先知之教誨。不過他在曠野的生活十分簡樸，穿駱駝毛衣服，腰間繫著皮帶，吃的是蝗蟲和野蜜。他所宣揚之信息簡單有力，即教人悔改、離棄罪惡，因爲天國快要實現。他爲人施行悔改的「洗禮」，勇敢指斥法利賽人及撒都該人的罪惡，並且稱他們爲"毒蛇之類"(馬太三：1-12、馬可一：1-8)。這位先知怪人始終自稱是"爲主預備道路的人"。成名時不以「彌賽亞」(基督)自居，反而將耶穌介紹給當代的猶太人，他視耶穌比自己更爲偉大："我只用「水」施洗，祂要用「聖神」與「火」爲人施洗。"(馬太三：11)

(二)施洗約翰的事工

耶穌因爲敬仰施洗約翰當仁不讓的性格，以及喚醒猶太人昏睡心靈之貢獻，也毅然接受他施洗。儘管施洗約翰謙卑加以拒絕，耶穌卻以"盡人子的義"來加以回應(馬太三：15)。然而施洗約翰卻因這件事情發現耶穌的眞正身分是新時代的「彌賽亞」(基督)，是"上主的羊羔"及"擔當世人的罪債"之祭品。(約翰一：29)

1. 他看見上主親自爲「基督」加冕

耶穌接受施洗約翰「洗禮」之事件，雖然是個"盡人子的義"之儀式，卻是一次天父上主爲「基督」(救世主)的加冕之大典。因爲耶穌從水裡上來時，上主的榮耀如同"鴿子"降在耶穌身上。又有聲音宣告："這是我的愛子，我所喜悅的。"(馬太三：17、馬可一：11、路加三：22)

(1)這句"這是我的愛子"的用語，是「君王」登基大典的加冕詞。證言耶穌是「上帝國」這一生命共同體大家庭的"君王"及人類的兄弟。

(2)這句"我所喜悅的"的用語，是「祭司」就任大典的祝福辭，是祭司長代表上主所宣告的。這正證言耶穌是"大祭司"，也是將自己獻上爲祭品的"贖罪羊羔"。

這等於是說，施洗約翰就是這場上主爲「基督」進行加冕大典的司儀，因此使他發現耶穌就是「基督」(彌賽亞)

的秘密。此即施洗約翰偉大事工之第一件事。

2. 他見證耶穌是「上主的羊羔」

　　施洗約翰見證耶穌是"贖罪的上主羊羔"，就是在他為耶穌施洗之後的重大發現。原來猶太人以"羊羔"(公羊)為贖罪之祭牲。所以施洗約翰一連兩次證言耶穌是"上主的羊羔"及"擔當世人之罪"的基督(約翰一：19、35)，旨在見證耶穌將成為拯救世人的「祭牲」。這等於看透：耶穌最後將死在十字架上成為人類的「贖罪祭」。施洗約翰如此之洞察力，委實不同於傳統猶太人的「彌賽亞觀」——大衛王統榮顯的政治性君王。因為他看到「聖神」如同"鴿子"降臨在耶穌身上時，便領悟出這位「彌賽亞」是和平仁君，是為建立「上帝國」而犧牲之"羊羔"(祭品)。因為天父上主解除"人類罪惡"不是靠世俗的武力，而是獻上自己為"贖罪祭"。此即施洗約翰見證耶穌是擔當世人罪債的"上主羊羔"之理由所在。

3. 他是為耶穌預備道路之偉大先知

　　施洗約翰的出現，的確震動當代整個猶太教社會，使當代的猶太教徒大大的振奮來期待「上帝國」的降臨。他本可以因此成名，但卻謙卑地向同胞介紹真正的「彌賽亞」(基督)是隨後而來的那一位，並不是他自己。在他看來，自己不過用「水」給人施洗，而隨後來的這位"救世主"，卻要用「聖神」與「火」給罪人施洗。何況祂偉大得連爲其解開鞋帶也不配，因爲"祂必興旺，我必衰微"（路加三：16、約翰一：29-34）。爲此，四福音書作者(馬太、馬可、路加、約翰)均肯定指出施洗約翰之先知性使命，就是先知以賽亞所預言的那一位"爲主預備道路的人"(以賽亞書四十：3-5、路加三：4-6)。耶穌也稱讚他是一位偉大的先知，以及基督之見證人(馬太十一：11)。先知的使命是指斥當代的社會罪惡，而且毫無妥協。施洗約翰的最後，就是因爲指斥希律安提帕(Herod Antipas, B. C. 21-A. D. 39)的罪惡而被殺頭犧牲(見：馬可六：14-29)。因爲這位加利利省的分封王，強佔其同父異母的兄長腓力第一(Philip I)之妻希羅底(Herodias)被施洗約翰指斥，爲的這在「摩西律法」上是一件罪惡(見：利未記十八：16、二十：21)。這就是一位偉大先知之結局：一生未曾踏進希律王宮的施洗約翰，最後進入希律王宮時竟是他的一顆頭顱！

三、基督徒當學習施洗約翰

就上面的討論可以看出施洗約翰一生的貢獻，就是爲耶穌所欲宣揚的"上帝國福音"預備道路。也即見證耶穌是"基督"，是擔當世人罪債之祭品——"上主的羊羔"，從而成爲大時代的重要見證人。主耶穌於往後的聖工及選召門人能夠如此順利，不外施洗約翰努力打先鋒"爲主預備道路"之結果。他的偉大之處是：謙卑、勇敢、當仁不讓、不怕犧牲及其敏銳之洞察力。他看透彌賽亞的真正角色，就是成為擔當世人罪債的祭品(上主的羊羔)。最後他自己也成為當代社會罪惡的祭品，用自我犧牲之勇氣來指斥希律安提帕之罪惡。為此真正死得像一位偉大的先知。

那麼基督徒從施洗約翰的一生行止可以學習到什麼？在此僅指出兩點，就是：學習為主預備道路的功課，以及做時代的見證人。

(一)為主預備道路

現代基督徒雖然不比施洗約翰之偉大，然而每年在慶祝「救主誕」(聖誕節)時，當向這位偉大的先知學習"為主預備道路"的功課。一位能夠"為主預備道路"的人，必須學習施洗約翰一樣的"謙卑"，勿使自己的驕傲及社會地位，成為阻斷人與人之間關係之絆腳石。尤其是當今的台灣社會各種宗教林立，基督教宗派的山頭很多。加上人人對於物質生活及金錢、地位、聲望之追求，以致人心的道路崎嶇又彎曲，社會倫理不受尊重。所以宗教頻頻脫序、政治家成為騙人的魔術師(尤其是現任親中國總統馬英九)、人民不講道義而只講利害關係。甚至基督教界也受其影響，以致基督徒和上主的關係不正常。如果當代基督徒要使每年的「救主誕」過得有意義的話，就要謙卑自省去為主的降臨預備道路。具體來說，就是以宣揚"公義"及"博愛"的福音，及協助台灣人去接受健全的宗教信仰。

唯有如此才能夠掃除人心一切的障礙：填滿阻斷神人溝通之山谷、削掉宗教家的山頭，修直人心彎曲犯罪之路徑、剷平崎嶇不平等之族群情結。這些斯土台灣社會倫理問題之"路障"，若能夠用基督福音的力量加以"修直"，台灣基督徒就可以"爲主預備道路"。台灣基督徒若個個都懷抱如此理想，就能夠凸顯慶祝「救主誕」的眞正意義。當斯土人心能夠歡迎主耶穌的來臨時，「上帝國」此一生命共同體理念就臨到他們的內衷。

(二)做時代的見證人

　　基督徒要學像施洗約翰做大時代的見證人，第一步是"爲主預備道路"(對內與對外)，第二步就是去做這個"大時代的見證人"，將耶穌基督的愛與希望的信息宣揚出去。像台灣這一宗教脫序頻頻的社會，人心彎曲不正，政治一黨(國民黨)獨大，因此如同死寂的沙漠與重重的山谷一樣，阻斷"人與上主"、"人與人"和"人與自然界"之間的和諧關係。因此亟需有健全的宗教信仰來協助同胞親近上主，使"人與上主"、"人與人"、"人與大自然"(生態環境)的關係正常。這點正是基督徒要爲「上帝國」(上主是天父，人類是兄弟姊妹的生命共同體)做見證之理由所在。特別是去見證上主的"慈愛"與"公義"，"赦免"與"救贖"的「福音」。

　　基督徒要向斯土台灣的同胞做如下的見證：上主不是

像民間信仰那些稱"王"稱"帝"之人鬼神類，或是"后妃"與"娘娘"一類之女性人鬼，而是一位慈愛的"天父"。既然是"天父"，就比"帝王"及"后妃"的專制神格更容易親近，當然也可以自由自在的向祂祈求。"天父"只有一位，普世人類在同一信念的共同體(教會)之下都是兄姊與親友，這是「命運共同體」(上帝國)之基礎。

　　基督徒也必須為"社會公義"及"人權"(民主)做見證，勿做"政治意識形態"(political ideology)的奴隸。因為上主(天父)之大愛包含"公義"與"尊重人權"，所以見證"上主的公義"(審判與赦免)也是基督徒的本分。社會上的各種制度為維護秩序而設，經過人的支配與運作就會產生是非。加上政治意識形態之操控，就容易成為欺騙、邪惡、不公、不義、蹂躪人權的惡勢力。基督徒之職責，就是要有先知先覺之精神勇於指斥社會上(尤其是一黨獨大之邪惡面)之不是，與公義的上主站在一邊，這就是每個基督徒的時代見證。信仰生活就是以身作則。昔日施洗約翰之所以犧牲生命，便是斥責社會罪惡之結果。雖然其下場很是悲慘，卻完成"為上主預備道路"之時代使命！見證"上主的公義"需要行動，更需要信心及膽識。上主聖子耶穌基督也因力言"上主的公義"，指斥當代「猶太教」(Judaism)之腐敗而犧牲生命。世人卻因其捨生取義而得救。所以施洗約翰見證耶穌是"上主贖罪羊羔"並非是一種空談，而是基督徒的重要信仰。

▌結語

　　從昔日施洗約翰這位耶穌之先驅的見證，足以認識他
於當代「猶太教」社會如何喊醒猶太教徒之心靈，進而為
主預備道路。值此「救主誕」前夕的「待降節」時間中，
斯土基督徒也得向他學習見證「眞理」(耶穌是"上主羊羔"與
"贖罪羊羔")之熱情。進而見證上主的"愛"與"公義"，
"赦罪"與"拯救"的希望福音。耶穌基督是當今這一問
題世界之希望，罪人因信靠祂而被"新造"(哥林多後書五：
17)，世界因祂的來臨而有"希望"(啟示錄二十一：1-4)。這就
是現代基督徒要向台灣人民及普世人類做見證的主要內
容。

2009.10.12

耶穌的思想

JESUS'S CONCEPTS

4 耶穌與誘惑

　　當時，耶穌被聖靈引到曠野，受魔鬼的試探。他禁食四十晝夜，後來就餓了。那試探人的進前來，對他說：「你若是 神的兒子，可以吩咐這些石頭變成食物。」耶穌卻回答說：「經上記著說：『人活著，不是單靠食物，乃是靠 神口裏所出的一切話。』」魔鬼就帶他進了聖城，叫他站在殿頂(頂：原文是翅)上，對他說：「你若是 神的兒子，可以跳下去，因為經上記著說：『主要為你吩咐他的使者用手托著你，免得你的腳碰在石頭上。』」耶穌對他說：「經上又記著說：『不可試探主——你的 神。』」魔鬼又帶他上了一座最高的山，將世上的萬國與萬國的榮華都指給他看，對他說：「你若俯伏拜我，我就把這一切都賜給你。」耶穌說：「撒旦(就是抵擋的意思，乃魔鬼的別名)，退去吧！因為經上記著說：『當拜主——你的 神，單要事奉他。』」

馬太福音四：1-11

　　基督教教義的重要入門，就是大膽指出"人性"的軟弱(教義上將其叫做"原罪")，因為人類本性時常抗拒不住人間之各種誘惑。與東方諸宗教（印度教、耆那教、佛教、儒教等）不同者，就是不相信人能夠藉著自己的"修行"去改造"人性"之弱點，得勝錢財、勢利、性慾的各種誘惑。台灣民間這句"喫素（菜）喫到肚臍為界"的俗語，正是指出那些喫素（菜）的修道人，也抗拒不了肚臍以下性慾之誘惑。畢竟飲食男女、食色性也，"人性"本是如此！為此，基督教強調人人都犯了罪（均是指人人均具人性弱點），沒有真正的"義人"（見：羅馬書三：9-20、23）。所以"人性"之改造，需要一位救主。這位救主就是耶穌基督。因為祂擔當世人的"人性軟弱"，使不完全的人類得以和天父上主有合宜的關係。（見：羅馬書三：24-25、五：1-2）

上列之比較，可以看出「一神論」(Monotheism)的基督教，和「多神論」(Polytheism)的東方宗教，不但於"人性"的理解上不同，於宗教信仰之追求上也不同。東方宗教講究自力主義的"修道論"及"解脫論"，基督教則強調他力主義的"拯救論"（需要救主之協助）。至於超越"人性"本具的七情六慾之誘惑，東方宗教主張靠自力之修持，基督教則強調以信仰，尤其是信靠來自上主的"真理"（見：約翰八：32），加上聖神的幫助才能夠得勝。耶穌進入公生涯開始宣教之前，得勝人性三方面之誘惑（經文譯作"試探"）的經驗，就是最好的例證。對基督教信仰而言，耶穌具有"神、人兩性"。既然耶穌曾經降生為人，當然避免不了有"人性"上之各種誘惑。《馬太福音書》（四：1-11）所記載的故事，就列述耶穌如何遭受"人性"各種誘惑的經過。

一、經文的故事

《馬太福音書》(四：1-11)言及：耶穌在進入宣教生涯之前，受聖神帶到曠野禁食四十晝夜，如同昔日摩西頒布「十誡」之前，也前往西乃山禁食四十晝夜一樣。之後，耶穌受到"人性"上肉慾之挑戰，即"魔鬼之律"的誘惑(經文譯作試探)。面對三種誘惑：食慾、勢利慾及權力慾之試探，耶穌均一一克服獲得勝利，"天使之律"就來伺候他。其實這個故事除了馬太(Matthew)這位福音書作者記述外，也可以在《馬可福音書》(一：12-13)、《路加福音書》(四：1-13)看到同樣的故事，只是其記述內容有些不同而已。就如馬可(Mark)這位作者言及耶穌如同施洗約翰一樣，先是在曠野與野獸同住，馬太就省去這樣的描述。路加(Luke)這位福音書作者，就記述耶穌受魔鬼誘惑之秩序和馬太前後不同；除了第一次"肉慾"飢餓之誘惑相同外，第二次"權力慾"之誘惑於馬太的記述次序是第三次；第三次"勢利慾"(從聖殿高處跳下)之誘惑，在馬太的記述是第二次。不過內容皆同，只是受誘惑之順序有別。下面經文之分析係以馬太的記述爲主。

(一)耶穌進入公生涯之前的各種誘惑

故事開始言及：耶穌受其表兄施洗約翰(John the Baptist)

在約旦河洗禮之後，受聖神引導來到曠野退修四十晝夜，思考未來聖工的方向及計畫。因爲禁食四十晝夜之緣故，結束禁食之後就餓了。耶穌人性中的"魔鬼之律"趁機向他挑戰：

> 你若是上主的兒子，可以吩咐這些石頭變成食物。
> (見：馬太四：3)

耶穌餓了正需要食物，他也可以用行神跡的權能使石頭變成食物來滿足自己的食慾。可是耶穌卻得勝食慾之誘惑(魔鬼之律)，所以耶穌做了如下之回應(引用：申命記八：3)：

> 人活著不是單靠食物，乃是倚靠上主口裡所出一切的話。(見：馬太四：4)

當耶穌勝過第一個"食慾"的誘惑之後，第二個"魔鬼之律"的誘惑接踵而至。惡者帶耶穌進了聖城，叫他站在聖殿頂說道：

> 你若是上主的兒子，可以跳下去。因爲經上記載：「上主要爲你吩咐祂的使者用手托著你，免得你的腳碰在石頭上。」(見：馬太四：5-6)

這種利用神跡出鋒頭的"勢利慾"之誘惑，耶穌也引用《申命記》(六：16)的話加以回應：

> 不可試探(誘惑)主你的神。(馬太四：7)

　　耶穌又以上主的話語及權威擊退惡者的誘惑之後，第三次"魔鬼之律"的誘惑更大：即放任自己的"權力慾"(做世俗的君王)去統治世界。因此惡者之律引導耶穌到了一座最高的山(象徵權力之頂峰)，將世上萬國及榮華富貴都指給他看，並且宣告：

> 你若俯伏拜我，我就把這一切都賜給你。(見：馬太四：8-9)

　　面對此一最具挑戰性的"權力慾"之誘惑，耶穌同樣用上主的話語來加以克服，而且帶有責備的口吻〔參照：《申命記》(六：13)，《撒母耳記上》(七：3)〕：

> 撒旦退去吧！因為經上記著說：「當拜主你的神，唯獨要敬奉祂。」(見：馬太四：10)

　　由此見之，耶穌面對三次的誘惑，均以聖經的話語(律法與先知的教導)來征服"魔鬼之律"。當耶穌得勝誘惑之後，"天使之律"立即呈現與耶穌相伴。聖經對其所做的描述是："於是魔鬼離開耶穌，有天使來伺候他。"(見：

馬太四：11)

(二)耶穌救世使命之心路歷程

耶穌進入公生涯之前禁食四十晝夜從事救世使命之思考，之後又受到私慾之誘惑(用魔鬼試探加以敘述)，這分明是他要擔負救世使命的一種"心路歷程"。明顯地，耶穌"人性"之中的私慾(魔鬼之律)及其救世使命(上主國度之任務)，在內衷始終有所鬥爭。也就是說，要做民族(猶太人)的彌賽亞，還是要做世人(普世人類)的基督？前者十分容易，所以是一種"魔鬼之律"；後者必須付出奉獻及犧牲，是一種拯救世人及服務世人的"天使之律"。

1. 猶太人心目中的彌賽亞有四十晝夜之歷練

傳統上，猶太人心目中的彌賽亞(Messiah)此一王者(基督)之角色，均有過獨自一個人禁食四十晝夜的經驗。之後又經過一番靈肉鬥爭的嚴酷考驗。就像《舊約聖經》記載摩西(Moses)與以利亞(Elijah)這兩位猶太人心目中的彌賽亞，前者曾經在西乃山(何烈山)上禁食四十晝夜，而後者也曾經行走四十晝夜前往上主聖山。摩西為其創立「猶太教」(Judaism)的時代使命而登上西乃山禁食四十晝夜，接受上主頒布的「十誡」，將內容明載於"約碑"之上(見：出埃及記二十四：18)。可是當摩西下山時卻目睹以色列同胞崇拜「金牛」(這是埃及多神宗教之影響)。可見以色列人奴性不改(見：出埃及記三十二：15以下)，使他感嘆以色列同胞之無知。另一個歷史故事指出，先知以利亞在迦密山(Mount Carmel)上得勝四百五十名巴力(Baal)神棍之後，被王后耶洗別(Jezebel)追殺而奔走四十晝夜，前往何烈山(Horeb, the Mount of God)接受上主的啟示(見：列王紀上十九：1-18)。這些描述在在指出以色列民族之彌賽亞，為了與上主同行均有四十晝夜的禁食苦行歷練之經驗。

2. 耶穌禁食四十晝夜為救世使命做準備

耶穌大約生於主前四年，三十歲左右結束私人家庭生活進入公生涯，從事宣揚"天國福音"的偉大事工。他先是接受施洗約翰"洗禮"之後，再前往猶太曠野禁食四十晝夜，為救世使命做一心理上的準備。而後接受"魔鬼之律"對其"人性"之挑戰，藉以清楚其救世大愛之使命不能被人性之私慾所左右。由此可見，耶穌禁食四十晝夜及其受誘惑所凸顯的意義，正是一種救世使命的必經之道。如此考驗可視為耶穌的心路歷程，這就是馬太、馬可，及路加這些「福音書」(耶穌傳)作者都記述這則故事的用意。也就是說，歷史上偉大的彌賽亞(救世主)角色，其公生涯的開始都必須經歷"人性"受到"魔鬼之律"的誘惑與考驗，而且最後他們都是有"天使之律"伺候的勝利者。

二、耶穌與誘惑

耶穌禁食四十晝夜之後，其人性中的"魔鬼之律"即刻誘惑他的慾望。也就是說，他進入公生涯的選擇是：要做政治上的彌賽亞(基督)？還是虛己謙卑做上主國度(天國)的彌賽亞？因此耶穌所經歷的三次有關人性私慾之誘惑，可以說是他接受救世使命的一種心路歷程。

就歷史觀點言，耶穌所處的時代，猶太人正遭受羅馬帝國的殖民統治。為此，猶太人時時都在期望一位彌賽亞(基督)出現，藉以拯救猶太民族能夠出頭天。當代許多猶太青年均懷有拯救民族之大志，做為猶太青年的耶穌自然也沒有例外。所以說，耶穌三次受到人性私慾之挑戰(魔鬼誘惑)，實在是他的一種使命感選擇之心路歷程，是"順服私慾"或"順服上主"的二律矛盾之內在鬥爭(正與邪之衝突)。用宗教象徵語言加以描述，就是「魔鬼」(邪)與「天使」(正)之對立，是上主膏立的彌賽亞(基督)必經之人性考驗。

(一)第一個誘惑：石頭變食物的肉慾考驗

耶穌所處的當代猶太社會，相當缺乏民生必需品的食物。如果耶穌能夠行個用石頭變成食物的神跡使人民滿足，猶太人一定會擁護他做彌賽亞(基督、王者)。這是耶穌禁食四十晝夜之後，由於自己飢餓於肉慾上所呈現之，

"人性軟弱"(魔鬼之律)的第一個誘惑。也就是說,如果行了用石頭變做食物的神跡為手段,既可以解決自己及同胞的飢餓,又可以使猶太人起而擁戴他為王(基督),可謂一舉兩得。根據《出埃及記》(十六:4-35)所載:摩西也要求過上主降下「嗎哪」(Manna)與「鵪鶉」(Quails),來滿足以色列人在曠野飢餓之需求,使他們不必留戀在埃及做奴隸時有肉鍋可食之情形。先知以利亞也行過一個食物吃不完的神跡,使住在西頓撒勒法(Zarephath of Sidon)一位寡婦的食物無缺,以免全家在飢荒中餓死(見:列王紀上十七:8-16)。由此見之,《舊約聖經》中的彌賽亞角色,都行過用食物來滿足同胞需求,解救同胞飢餓的神跡。

因為耶穌於飢餓中動了這個人性中食慾(魔鬼之律)之誘惑:行神跡將石頭變成食物來吸引人心,使人民擁護他為基督(彌賽亞王)。可是做為「上主國度」(天國)的基督,豈需要以變把戲的"神跡"為手段來吸引人心嗎?斷然不是!《申命記》(八:3)就明言:"人活著不是單靠食物,要靠上主口裡所出的一切話語。"耶穌強調"上主話語"才是人性的真正糧食(生命之糧)為理由,去得勝肉慾之誘惑。用石頭變食物的神跡,不是絕對的,只有信靠"生命之糧"的耶穌才是真理(比較:約翰六:25-59)。不過當代的猶太人實在十分缺乏食物,為此許多人跟隨耶穌之目的是為了填飽肚子,為此嚮往他變餅飼四千人(見:馬太十五:32-39、馬可八:1-10)以及五千人(見:馬太十四:13-21、馬可六:30-44、路加九:10-17、約翰六:1-14)的神跡。由此見之,耶穌因為得勝肉慾

上食物之誘惑，他才有資格成爲人類心靈上最迫切需要的
"生命之糧"。(見：約翰六：35)

(二)第二個誘惑：彌賽亞能力的勢利慾考驗

傳統上，猶太人相信歷史上出現的彌賽亞角色，一定
都會行"神跡"。因爲上主給了他們行神跡異能的本事，
藉以號召人民信從他們，使他們領導人民歸向上主。所
以希伯來民族英雄摩西爲拯救同胞脫出埃及爲奴之地，
在埃及行了「十災」神跡(見：出埃及記七：14～十一：10，也就是
血災、蛙災、蝨災、蝹災、瘟災、瘡災、雹災、蝗災、黑暗之災、死頭胎子
之災)、使「紅海變旱地」神跡(見：出埃及記十四：1-31)、降下
「嗎哪及鵪鶉」做爲食物神跡(見：出埃及記十六：1-34)、擊打
「石磐出水」神跡(見：出埃及記十七：1-7)等等異能。又復興
「耶和華宗教」的先知以利亞，也曾經行了使西頓撒勒
法寡婦「麵粉與油吃不完」(見：列王紀上十七：8-16)、叫「寡
婦兒子復活」(見：列王紀上十七：17-24)、在迦密山叫「天火焚
祭品」得勝眾巴力先知(見：列王紀上十八：1-40)，以及使「約
旦河水分開」(見：列王紀下二：1-9)等等神跡異能。爲此，耶
穌在成爲"上主國度"(天國)的基督之先，他的人性之勢利
慾(魔鬼之律)也誘惑他去試一試：藉著行"神跡"爲手段，
從而教人擁護他做彌賽亞來出鋒頭！這個勢利慾的誘惑就
是：從耶路撒冷聖殿頂端往下跳，又保證不會受傷。因爲
舊約經典《詩篇》(九十一：11-12)明載："上主要差派天使

看顧你，在你行走的路上保護你，他們要用手扶著你，使你的腳不至於在石頭上碰傷。"

可是此一出鋒頭的勢利慾之誘惑，可以完全證明耶穌是基督的角色嗎？靠著上主的權能去檢驗上主是否會守護，是對上主應許的一大挑戰。所以耶穌再次引用上主的話語，《申命記》(六：16)的教導去征服勢利慾(魔鬼之律)的誘惑："不可試驗(test)主你的神。"這可是對人性自我本位主義的挑戰，耶穌也順利得勝此一內在及外在的雙重誘惑：內在者即勢利慾，外在者就是出鋒頭的倨傲。畢竟彌賽亞(基督)之救世使命，是一種對上主之順服及完全的交託。更是一種代天行道的利他偉業，不是追求個人的榮光或誇耀自己的才能。

(三)第三個誘惑：做屬世基督的權力慾考驗

最後"魔鬼之律"又誘惑耶穌人性內在的權力慾，那就是做一位自己民族(猶太人)的彌賽亞(基督)，藉以救拔同胞脫離羅馬帝國殖民統治之壓迫。因為當代的猶太人實在急迫需要一位政治性的基督，他們為此而時刻向上主祈求。憑著耶穌的權能，他是有能力滿足同胞之寄望的。經文對於這次"魔鬼之律"，在耶穌人性內衷所發動的權力慾誘惑做這樣的描述："魔鬼帶他上最高的山，用天下萬國的榮華富貴指給他看。條件是：只要俯伏敬拜魔鬼，他就可以擁有這一切。"(馬太四：8-9)這等於是說：只要耶穌降服人性"魔鬼之律"的權力慾(可能採取暴力革命及戰爭為手段)去取得政權，將羅馬帝國壓迫下的同胞救出來。進而建立屬於猶太人的獨立國度，藉以滿足同胞的期待。然而這並非「上主國度」(天國)的彌賽亞(基督)之真正使命。他的真正使命，不是這類民族性質的"權力情結"(power complex)，也不在於"政治權力"(political power)之擁有。他的真正使命，就是做普世人類的彌賽亞(基督)，並且將犧牲自己生命去完成救世大任。

在此一"人性權力慾"之重大誘惑之上，耶穌拋棄了"權力情結"的私慾，決心不投降暗世魔鬼去做一位世俗的彌賽亞(基督)。因此引用《申命記》(六：13)及《撒母耳記上》(七：3)這句"當拜主你的神，單要事奉祂"的名言，從而得勝人性之中"魔鬼之律"的權力慾誘惑。耶穌在此留給咱一個征服人性權力慾之祕訣，就是始終尊上主為大。因為"真神是上主，人類是祂的同工"。人的本分是"善用生命，經營人生，服務世人，榮耀上主"。

三、耶穌受誘惑之啟示

做為人類的耶穌，其"人性"受到魔鬼之律的誘惑就是一種"心路歷程"。關於這點，到底對現代基督徒的你我有何啟示。它顯然指出耶穌對於自己"人性"中魔鬼之律的征服與勝利，同時教導基督徒得勝魔鬼誘惑的要領。

(一)啓示使徒保羅的類比論

　　如果用使徒保羅所教導的 “類比論”(Typology)做說明：始祖亞當(及夏娃)受魔鬼誘惑，因失敗墮落而出了樂園；耶穌卻因得勝魔鬼誘惑，而成爲恢復與上主和好關係的第二亞當(見：羅馬書五：12-21)。如此分析，就可以明白基督教「拯救論」旨在解釋 “人性” 問題，使容易受 “魔鬼之律” 誘惑的人類(有原罪之人類)，因主耶穌之功勞得以與上主重新建立關係。

1. 第一個類比

　　(1)始祖亞當(與夏娃)因受魔鬼誘惑貪食 “禁果” 而失敗，結果使 “人性” 墮落。從此其後裔之人類，就有「原罪」(人性之弱點)之遺傳。

　　(2)人類救主耶穌於禁食四十晝夜之後，因肉體及心靈上之飢餓，其 “人性” 同樣受到魔鬼之誘惑(肉慾、勢利慾及權力慾之誘惑)。可是主耶穌卻以上主的話語得勝誘惑，從而完成救世功業。

2. 第二個類比

　　(1)始祖亞當(與夏娃)因背叛上主之叮嚀，貪食 “禁果” 而出了「伊甸樂園」。從此做爲始祖後裔之人類不但有了 “原罪”(人性之弱點)，也失去了永恆生命而難免死亡。更可怕的是：與神的關係變成了敵對，墮落之人性變得容易受"魔鬼之律"的誘惑而導致犯罪。

(2)人類救主耶穌，不但得勝"魔鬼之律"對其人性的三次誘惑挑戰，也以犧牲一己生命擔負人類原罪(成為第二亞當)，締造因信稱義的恩典福音，從此促使罪人與神(上主)和好。人類因此獲得永恆的生命，成為天父上主的兒女。

所以對使徒保羅而言，主耶穌得勝魔鬼誘惑的經驗，正是普世基督徒的軟弱人性，靠著信仰得勝私慾(即"魔鬼之律")的好榜樣。當今基督徒所面對的"人性"誘惑，有下列的各種事實：私利慾、權力慾、金錢慾，以及失敗、苦難及孤獨之挑戰。面對這些人性之弱點及生存危機，但願學像主耶穌以"上主話語"(聖經之教導)得勝之。

(二)影響長老約翰的教導

《新約聖經》中長老約翰勸勉初代教會基督徒說：

> 不要愛這世界，或任何屬於世界的東西。如果你們愛這世界，你們就沒有愛天父的心。(見：約翰一書二：15)

作者長老約翰在此所指的"世界"，就是誘惑"人性"又導致"人性"墮落的各種慾望之場合，以及"人性"中的魔鬼之律。為此，作者特別加以做了下列之註解：

因為一切屬於世界之事物，好比肉體的情慾、眼目的情慾，和今生的驕傲與虛榮，都不是從天父來的，反而是從世界(邪惡之律)來的。(見：約翰一書二：16)

值得留意的是：《約翰一書》(二：16)所指的"肉體情慾"、"眼目情慾"及"今生之驕傲"，可理解為主耶穌人性面受到"魔鬼之律"誘惑的三類慾望之說明，可以說是長老約翰的另一種「類比論」(Typology)。

1. 肉體情慾

相等於主耶穌禁食四十晝夜之後，因飢餓而擬用"石頭變作食物"的食慾之誘惑。對於此一"魔鬼之律"的食慾(肉體情慾)之誘惑，始祖亞當(與夏娃)因抵擋不住而食了禁果，主耶穌卻以"人活著非單靠食物"(申命記八：3)的經文加以回應，從而壓制"肉體情慾"。

當今許多基督徒，同樣受到"肉體情慾"這類人性中"魔鬼之律"的誘惑。它不只是"食慾"而已，而是"色慾"、"物慾"樣樣都有。雖然人性之中"食、色，性也"(儒家之教導)，可是基督徒是肉體慾求的主人，不是它們的奴隸。爲此，《新舊約聖經》時常提醒基督徒如何征服肉體慾望之要領，就是要有堅強之信心以及學習上主的話語。

2. 眼目情慾

這是對於上主權能及叮嚀(吩咐)視而不見的試探，是一種"勢利眼"之誘惑。主耶穌有行神跡異能的大能力，其人性之中的"勢利慾"，同樣誘惑他用神跡異能(從聖殿頂端一躍而下而不受傷之本事)去教人擁護。同時滿足人"眼目之慾望"，藉此擁護他爲救世主(基督)。始祖亞當(及夏娃)也失敗於眼目情慾，他們看上"禁果"既好看又好吃而摘下來共食，因而犯下"眼目情慾"之大過失，終於出了樂園。然而主耶穌卻得勝"眼目情慾"之勢利慾，使他以神跡異能去助人與救人(不是藉此出鋒頭)。

台灣基督徒已看慣了民間的童乩及神棍用劍與刺球的自虐流血方式，來滿足善男信女追求靈異之心態。這種由"看"而"入信"的迷信方式，也是眼目情慾之一種。其實神靈附身不必做如此恐怖之表演，那是邪靈的作爲。基督徒理所當然避免由"看"(眼目情慾)去做出犯罪行止，應當勝過"眼目情慾"之誘惑。眼目有人形容做"靈魂之窗"，爲此基督徒要仰望"生命之光"的主耶穌，勿追求只看神跡的迷信，像「神醫治病」的傳教手段就很不健全。

3. 今生之驕傲

　　"人性"之中的"權力慾"，是一種自我中心以及驕傲之流露。所以說，"今生之驕傲"是一種"人性"之誘惑。人時常自我中心想做首領去支配別人，甚至奴役同胞、蹂躪人權。這分明就是僭越上主主權，自以為"神"的一種"今生之驕傲"。也可以說是"魔鬼之律"對於人性權力慾之挑戰。主耶穌留給基督徒的榜樣就是敬拜上主，勿崇拜權力："當拜主你的神，唯獨要敬拜祂。"(馬太四：10)尊主為大即得勝權力慾之要領。不是說"權力"不好，應該是避免去濫用所擁有之"權力"當做"今生之驕傲"這點。當一個人擁有政治權力成為團體領袖(或國家領導者)之時，若將它視同為代天行道之使命，就會謙卑待人，亦不可能將"權力"絕對化。可惜的是：當今世界的專制政治之獨裁者(包括台灣的馬英九)，均利用權力壓迫異己、蹂躪人權(台灣人總統陳水扁下台不到半年，即成為馬英九政權的頭號政治犯。未判罪就"被押取供"，其政治團隊及其全家落難可以為例)。

　　坦白說，"今生之驕傲"此一人性權力慾之誘惑，同樣困擾當今「台灣基督長老教會」的"代議制"議會組織。許多擁有牧師職的傳教師一旦有了機會，就心不在"宣教"，反而一心一意想競選中會、大會、總會"議長"之大位。這種現象不能不說是人性中魔鬼之律的"權力慾"誘惑！傳教師一旦執迷於權力，就相等於崇拜世界，自甘墮落。前幾年台灣神學院有一位教書匠鄭仰恩，因「教授職」之升等被教授會投票否決，竟然利用自己派下的學生及夜間神學的學員，於2003年6月10日，台灣神學院應屆畢業典禮之時"拉布條"抗爭，使是日主持畢業典禮的廖上信院長十分難堪！為此，筆者寫了〈耶穌也搖頭！〉一文，表達對當今神學教員因戀棧"權力慾"之墮落行徑的無奈。一位執教神學院(授教會史課)的人竟然不能學像耶穌的謙卑，以及得勝權力慾誘惑之職志，實在沒有好見證。這種人物根本沒有資格教授神學，如今卻還在「教會公報」連載他的"加爾文神學"之文章哩！如今斯人已是台灣神學院的教授，應該可以滿足他的"今生之驕傲"了！

■ 結語

探討主耶穌進入公生涯之前，受到人性中"魔鬼之律"的那些："食慾"、"勢利慾"及"權力慾"的誘惑，卻能夠一一克服勝利而受到"天使之律"的護衛，的確對於現代基督徒有莫大的啟示。主耶穌因為得勝各種"人性之誘惑"：肉體情慾、眼目情慾、今生之驕傲("天使之律"勝過"魔鬼之律")，從而成為基督徒的榜樣。時下世人的社會生活，對於"人性之誘惑"實在太大。為此，基督徒生活於現代社會要去面對誘惑與挑戰，就得要有堅強的信心以及上主話語(聖經)的幫助。"人性"是軟弱的，時常禁不起"魔鬼之律"所發動的食慾、色慾、物慾之誘惑與挑戰。所以說，主耶穌得勝"魔鬼之律"的各種慾望之

誘惑，從而贏得"天使之律"的守護，正是現代基督徒所
要學習之重要功課。

2009.08.20

5 耶穌的救世宣言

耶穌滿有聖靈的能力，回到加利利；他的名聲就傳遍了四方。他在各會堂裏教訓人，眾人都稱讚他。耶穌來到拿撒勒，就是他長大的地方。在安息日，照他平常的規矩進了會堂，站起來要念聖經。有人把先知以賽亞的書交給他，他就打開，找到一處寫著說：「主的靈在我身上，因為他用膏膏我，叫我傳福音給貧窮的人；差遣我報告：被擄的得釋放，瞎眼的得看見，叫那受壓制的得自由，報告 神悅納人的禧年。」於是把書捲起來，交還執事，就坐下。會堂裏的人都定睛看他。

耶穌對他們說：「今天這經應驗在你們耳中了。」眾人都稱讚他，並希奇他口中所出的恩言；又說：「這不是約瑟的兒子嗎？」耶穌對他們說：「你們必引這俗語向我說：『醫生，你醫治自己吧！我們聽見你在迦百農所行的事，也當行在你自己家鄉裏。』」又說：「我實在告訴你們，沒有先知在自己家鄉被人悅納的。我對你們說實話，當以利亞的時候，天閉塞了三年零六個月，遍地有大饑荒，那時，以色列中有許多寡婦，以利亞並沒有奉差往她們一個人那裏去，只奉差往西頓的撒勒法

一個寡婦那裏去。先知以利沙的時候，以色列中有許多
長大痲瘋的，但內中除了敘利亞國的乃縵，沒有一個得
潔淨的。」會堂裏的人聽見這話，都怒氣滿胸，就起來
攆他出城(他們的城造在山上)；他們帶他到山崖，要把他推下
去。他卻從他們中間直行，過去了。

路加福音書四：14-30

　　時下基督教會為了自己的增長與擴展，都在強調主耶
穌升天前，吩咐其門人前往普天下宣揚"救世福音"之所
謂「大使命」。宣揚"救世福音"使世人知道上主愛這個
問題世界的"好消息"，以期聖會擴展於人間社會，其
重要性固然無可置疑(見：馬太二十八：18-20)。可是"救世福
音"之主要內容到底包含什麼？則很少有傳教者及一般
基督徒去留意到。大家都知道：耶穌基督"救世福音"之
主要內容是「上帝國」，也即上主為"天父"，人類都是
"兄弟姊妹"之「生命共同體」。可是如何教導世人去奉
行天父上主旨意於人間之社會倫理職責，使人人成為"上
帝國公民"及實踐"人類一家"的公平正義親情，則十分
疏忽。然而「上帝國」這個人類大家庭(地球村)的公平正義
之社會倫理責任，耶穌於進入公生涯的"救世宣言"就已
經提出來，而且是引用《舊約聖經》中先知以賽亞的話來
加以強調的(見：以賽亞書六十一：1-2，比較：路加四：16-21)。由此
可見，基督福音的內容，除了邀請世人信仰天父上主而成
為基督徒之外，也包含社會倫理責任。因為這是印證救世

福音內容之具體行動。所以咱用"耶穌的救世宣言"為題，來探討這個基督徒必須明白的社會責任。

一、關於經文的內容

　　具人道主義的《路加福音書》作者「路加」(Luke)，向來就特別關心耶穌的救世事工之內容。因此才記載耶穌首次在故鄉拿撒勒會堂持守「安息日」時，宣讀《以賽亞書》(六十一：1-2)為其"救世宣言"之事蹟。而《路加福音書》(四：14-30)，就是耶穌在猶太曠野受到魔鬼試探，又得勝魔鬼加給祂的「肉慾」(用石頭變餅止飢)、「能力慾」(從聖殿高處跳下去也不會受傷之神跡)，及「權力慾」(擁有政權做王統治天下)的誘惑之後，回到加利利開始宣教生涯之記事。

(一)耶穌開始在加利利宣教　　四：14-15

　　研讀四本福音書(馬太、馬可、路加、約翰)，就知道耶穌一生的宣教地區都是在巴勒斯坦的加利利省。因為加利利省是耶穌成長的故鄉拿撒勒(Nazareth)所在地，也是祂招收門人之處。這段經文言及：耶穌回到加利利之後，聖神的能力與祂同在。因此耶穌的名聲傳遍加利利省地區，在各處猶太教會堂教導人均獲得熱烈回響，也贏得大家的稱讚。當然耶穌之公生涯能夠如此順利，也得力於表兄施洗約翰之引介。如果沒有這位"為主預備道路"的先知為開路先

鋒，猶太人是很難一下子就接納耶穌的。(見：路加三：1-17)

(二)在拿撒勒會堂之宣告　四：16-21

　　當耶穌回到加利利省之後，不忘返回拿撒勒的故鄉傳道。這段經文記載，耶穌於「安息日」按例前往拿撒勒的猶太教會堂做禮拜。有人將先知作品《以賽亞書》給祂宣讀，祂就打開書卷念(六十一：1-2)的這一段：

　　"主的神臨到我，因為祂用油抹我，揀選我，叫我向貧窮的人傳福音。祂差遣我宣告：「被擄的，得釋放；瞎眼的，得光明；受欺壓的人，得自由。並且宣告主拯救祂子民的恩年！」"

　　耶穌宣讀完畢即捲起羊皮書卷交給會堂助理，然後坐下(宣讀聖經時都要站立著)。當全會堂的人都注目看祂時，祂便宣告："今天，你們所聽見的這段經文，已經應驗了。"(四：21)意下明指：這些福音的內容雖然由早期的先知以賽亞所說出來，現在已經應驗在祂的身上。因為這是祂的"救世宣言"，也是祂降世之重要使命！

(三)先知在家鄉不受歡迎　四：22-30

　　這段經文言及：耶穌在拿撒勒這個自己家鄉的猶太教會堂，用先知以賽亞的言論所做的宣告，不但令大家印象深刻及驚奇，也引發一個問題："這個人不是約瑟(木匠)的兒子嗎？"(四：22)之質疑。耶穌知道他們心中在想什麼，就引用這句當代猶太人的俗語："醫生啊，治好你自己吧！"來回應拿撒勒鄉親之想法(四：23)。他們也要求耶穌行神跡，如同祂在迦伯農(Capernaum)所做的一樣。耶穌即時對著拿撒勒鄉親說："我實在告訴你們，先知在自己的家鄉是不會受人歡迎的。"(四：24)接著提到昔日先知「以利亞」(Elijah)，在三年半飢荒時並無找上以色列中的寡婦協助，反而前往外邦的西頓(Sidon)找上撒勒法(Zarephath)的一位外邦寡婦，並且又行神跡協助她(見：列王紀上十七：8-24)。又先知「以利沙」(Elisha)時代全國有眾多的痲瘋病人，先知以利沙卻只有使敘利亞(Syria)將軍「乃縵」(Naaman)得到醫治(見：列王紀下五：1-27)。耶穌言下明指：先知在家鄉雖然不受歡迎，卻是外邦人的救主。拿撒勒會堂裡的鄉親聞訊都憤怒填胸，就將耶穌拉到城外的懸崖上，要把祂推下置之於死地。然而他們的計謀沒有得逞，因為耶穌從容地從人群中走出去(四：28-30)。

通常基督徒僅將主耶穌當做信仰對象來看待，僅留意到祂的受苦、犧牲與復活，很少注意到主耶穌的"先知性"(Prophethood)使命，也即祂的"救世宣言"及其助人的實際行動。而《路加福音書》(四：16-21)這段經文，就是祂借用先知以賽亞對當代人民(包括君王、祭司及以色列民族)所宣告之使命，來做為"救世宣言"。其意義除了表明祂自己為新時代的先知角色外，也在宣告祂降世之社會使命就是：向窮人傳福音、宣告瞎眼者重見光明、被擄的政治犯與被壓制的人民將獲得釋放與自由、宣告上主拯救之恩年已經來到。下面之討論，將以這段經文爲中心來思考有關基督福音之先知性及其救世內容。

二、耶穌的社會福音

主耶穌公然宣讀昔日先知以賽亞的這段發言，來當做祂的"救世宣言"，在在凸顯其對於「社會福音」(Social Gospel)之關懷。因爲「福音」的內容是「上帝國」，而「上帝國」是個人類一家，"上主爲天父，人類都是兄弟姊妹"之「生命共同體」。所以除了以信仰立場去"愛上主"及"愛人類"(包含愛敵人)之外，也必須爲"社會公義"而奮鬥，來促進社會倫理品質之提昇。也就是說，大時代先知之使命，除了促進「上帝國」降臨於人間外，也要關心社會倫理品質之優劣。據此而論，基督福音的內容，除了教人追求「上帝國」眞理，認識天父上主以外，就是宣示「社會福音」的實際行動了。如果詳細檢視《路加福音書》(四：18-19)這段耶穌借用先知以賽亞的教導，來宣示其"救世宣言"內容的話，就耶穌的「社會福音」，是與宗教和政治有關的。在宗教上就是宣告上主拯救之恩年，尤其是向貧窮的人傳福音這點；在政治上則宣告人權與社會公義應該伸張，人民才有眞正之自由。下面就針對這兩個問題來加以思考，以期基督徒能夠明白何謂耶穌的「社會福音」。

(一)上主的拯救行動

主耶穌以「道」成肉身降世，就是上主對人間社會拯救行動之具體表現。先知以賽亞告白：上主的神感召與膏立他、揀選他，目的是要藉著他向"貧窮人"傳佳音。這句話再度由主耶穌的口中，在故鄉拿撒勒猶太教會堂宣示出來，旨在表明祂的降世目標就是一種拯救行動之實踐。人間的"窮人"的確多過"富人"，古今人間社會都是如此。而主耶穌所帶來的「福音」，就是要服務窮人(見：馬可十：45，言及耶穌強調人子即為服務世人而降世)。既然上主拯救人間的佳音是為"窮人"所預備，就此處的"窮人"所指者，就具有心靈上與物質上的雙重意義。

1. 心靈上的貧窮

主耶穌曾經得勝魔鬼對於祂肚子餓了的食物慾之誘惑(試探)之後，用"人活著，不是單靠著食物，而是倚靠上主的話語"(馬太四：4)來做為回應。也就是說，人心靈上之貧窮，實在需要"生命之糧"這種精神糧食加以補充。關於這點主耶穌可以滿足人類之所需，因為祂本身就是"生命之糧"(見：約翰六：35、53-56)。主耶穌又在「山上寶訓」的開頭教導人說："飢渴慕義的人有福了，因為他們必得飽足。"(馬太五：6)一個人儘管他的學識如何淵博，社會地位有多高，甚至富甲天下，可惜心靈貧窮、精神空虛、憂鬱不樂，其生命也是灰色的。可是只要他勇於親近主耶穌，享用祂的"生命"之糧食，將會獲得飽足，從而看見生命的光明面。這就是咱的聖會要向"心靈貧窮者"傳福音之用意，因爲主耶穌就是"心靈貧窮者"的「福音」。祂是"生命之糧食"，能夠使人人獲得飽足。

2. 物質上的貧窮

　　古今社會上不乏窮苦人家，而窮人最需要的就是能夠填飽肚子的物質——「糧食」。關於這點，主耶穌早就注意到。因此祂在「主禱文」中的首要祈求，就是教人向天父上主祈求填飽肚子："賜給我們今天所需要的飲食。"(見：馬太六：11)由此可見，主耶穌所指"向貧窮人傳福音"的言論(路加四：18)，並不是說說而已。正確地來說是一種實踐，也即"福音"應該包含資助窮苦人家填飽肚子。因爲"食物"這種日常生活之必需品，正是人間窮苦人家最需要的東西。就這一件事而論，基督徒口頭中的"大使命"，就不只是將耶穌基督救世眞道介紹給人間而已，也包含關心窮苦人家的"食物"(喫飯)問題。所以說，基督教所強調的"愛心"，應該是一種關懷窮人的行動。日本的人道主義者賀川豐彥先生就做到這一點。「台灣的乞食救星」施乾先生(1899-1944)因受賀川豐彥先生之影響，而於1922年在艋舺創建收容窮苦乞食的「愛愛寮」。還有孫雅各牧師娘(「芥菜種會」創始人)孫理蓮女士(Mrs. Lillian Dickson)，以及四十年前美軍顧問團的聖公會牧師Father Morris(每禮拜六在延平北路的媽祖廟口分發中餐)，就是傳這類福音的偉人。思及於此，咱的教會實在有待努力，因為咱實在缺乏這類實際行動的愛心。

(二)社會福音的內容

主耶穌借用先知以賽亞的言論宣告：被擄的(政治犯)得釋放、眼瞎的得光明，及受欺壓的民族得自由。這些上主救拔祂兒女之"恩年"已經來臨之信息，就是「基督教社會福音」之內容。也就是說，基督福音也包含這些"政治使命"，為社會公義及人權而奮鬥。而這些使命，也同樣被眾多的台灣教會所忽略，即只傳麻醉式的福音不敢過問政治。

1. 被擄者得釋放

歷史上的以色列民族，曾經於主前721年北王國以色列亡國時，被亞述帝國擄往亞述。又於主前586年南王國猶大亡國時，被巴比倫帝國擄往巴比倫。所以"被擄者"是指當代的"亡國奴"猶太同胞而言，他們也即時下所謂之「政治犯」。主耶穌的時代，猶太人被羅馬帝國所統治，因此當代的猶太人也是"亡國奴"與次等民族。所以主耶穌也意有所指特別關心同胞的自由(釋放)與人權(社會公義)問題。不過主耶穌也關心"人性"被罪惡所俘擄，從而做"罪的奴隸"而不自由的問題。"人性"的原罪使人與上主隔絕，而耶穌基督的福音則要救拔人脫離罪惡，使人人都成為上主兒女。這就是福音書作者約翰所指的"永生"(約翰三：16)及"重生"(約翰三：3)之意義，也是保羅所指"新創造"(哥林多後書五：17)的經驗。

2. 盲人重見光明

主耶穌在世時，曾經用行神跡的實際行動使多位盲人得以重見光明(馬太二十：29-34、馬可十：46-52、路加十八：35-43、約翰九：1-34)。在此可以看出耶穌對於殘障人士之關心(其他尚有治好啞巴、聾子、跛子及半身不遂的可憐人)，因為這是「社會福音」的重要內容之一。不過盲人重光之教訓，也包含"人性"之盲目，以及否定上主之拯救而生活於罪惡中之盲目。所以主耶穌特別指出，"靈性之盲目"遠比"肉體之盲目"更為不幸(約翰九：35-41)。因為靈性之瞎眼者拒絕那位救拔人間黑暗面的真光耶穌，所以沉淪於黑暗罪惡中生活而無法自拔。

3. 被欺壓者得自由

主耶穌在世之時，始終關心兒童、婦女、寡婦、稅棍(黑道角頭)、奮銳黨人(愛國志士)，以至乞丐與娼妓這些社會上的邊緣人物。這正印證「社會福音」之內容，就是要為被欺壓之弱勢人群爭取人權與自由，伸張「上帝國」的愛與公義。這點又明指基督福音之內容不在於"言論"之宣揚，而是在於愛心之"行動"。所以近代的基督教神學是

"由下而上"的神學,而不是"由上而下"的神學。也就是說,「神學」應該從當代社會所面對的種種社會問題做起,來與上主同工,為弱勢人群爭取人權。從獨裁政權之壓制中為人民爭取自由,在政治謊言之中說誠實話。因為「上帝國福音」是社會性的,上主也是"向前的上主"(與人類同甘共苦之神),不是"喜愛受敬拜讚美的上主"。

二十世紀初期,就有幾位關心「社會福音」的學者強調主耶穌的"社會救贖"理念。像「格拉甸」(Washington Gladden, 1836-1918)就主張:"上主在基督裡的拯救對象,就是人間社會。"要建立一個"基督化社會",教會就必須關心弱勢人群,而不能站在特權階級那一邊。另位學者「饒先布西」(Walter Rauschenbusch, 1861-1918)也強調:"主耶穌的「社會福音」,足以使現世人間社會成為「上帝國」。"這就是教會存在於人間社會所從事之重要使命。要使天父上主的"愛"與"公義"彰顯於社會中,才是基督福音的真正見證。

▌結語

當咱重新思考,主耶穌借用先知以賽亞的言論做為祂"救世宣言"內容之時,也重新喚起台灣基督徒,關於宣揚「基督福音」的真正內容為何。「基督福音」不但拯救"人性",也包含拯救"人間社會"。目的不外使「上帝國」此一"生命共同體"能夠實現於人間。如果基督徒的信仰生活僅只孤立於教會中，一天到晚均狂然於作秀式不像"禮拜"的敬拜讚美，焉能完成宣揚「社會福音」之使命？主耶穌教導，人人要先求「上帝國」這個生命共同體實現於人間(見：馬太六：33)，就是指出「社會福音」一旦廣傳，以"上主為天父，人類即兄弟姊妹"之「地球村」才有可能實現於人間。

6 耶穌與政治

當時，法利賽人出去商議，怎樣就著耶穌的話陷害他，就打發他們的門徒同希律黨的人去見耶穌，說：「夫子，我們知道你是誠實人，並且誠誠實實傳 神的道，甚麼人你都不徇情面，因爲你不看人的外貌。請告訴我們，你的意見如何？納稅給凱撒可以不可以？」耶穌看出他們的惡意，就說：「假冒僞善的人哪，爲甚麼試探我？拿一個上稅的錢給我看！」他們就拿一個銀錢來給他。耶穌說：「這像和這號是誰的？」他們說：「是凱撒的。」耶穌說：「這樣，凱撒的物當歸給凱撒； 神的物當歸給 神。」他們聽見就希奇，離開他走了。

馬太福音二十二：15-22

舉凡生活於民主政治社會(即民主國家)的人民，他們不但要做熱愛鄉土的"好公民"，也理所當然要盡其公民責任。因爲民主政治社會的"公民"是國家的主人，所以和專制政權之所謂"百姓"是獨裁政府的奴隸不同。當咱翻閱「四福音書」(馬太、馬可、路加、約翰)時，必須認清耶穌及其門人的時代，正是一個羅馬帝國專制政權之統治時期。因爲羅馬帝國統治巴勒斯坦，猶太人被專制殖民政治壓迫。爲此耶穌及其門人都要納"人頭稅"(及其他稅金)給羅馬政府，否則就是犯法。其時羅馬帝國殖民政府，也懂得利用被奴役的猶太人做課稅之稅吏，而這些替異族向同胞課稅的猶太人，均爲地痞流氓一類的地方角頭。這就是在「四福音書」中一提及"稅吏"，都是以惡人、黑道或稅棍來加以認同之原因(見：馬太九：9-13、馬可二：13-17、路加五：17-26)。

《馬太福音書》(二十二：15-22)這段經文，清楚記載耶穌被一些意欲加害祂的法利賽黨人，利用擁護羅馬帝國的希律黨人士去見耶穌，故意問及一個與政治有關的敏感問題：納稅給殖民政府的凱撒(Caesar)可以不可以？此一猶太民族主義及羅馬殖民主義衝突的，"愛上主"與"愛凱撒"的敏感問題，其背後動機與目的無他，那就是欲找機會加害耶穌(入罪於耶穌)。可是這個故事卻留給後人可以借鏡的政治態度，尤其是有助於被中國國民黨殖民主義政府統治慣了(中國國民黨這個走路政權，就是以殖民主義統治台灣)的台灣人，有個有關"轉型正義"之啓發。

值得留意者，就是這個故事同樣記載於《馬可福音書》(十二：13-17)與《路加福音書》(二十：20-26)裡面。故事提及當代法利賽黨人打算要設計陷害耶穌，於是從耶穌的政治態度去找碴，特別是要從祂對於"納稅給羅馬皇帝凱撒可否"之問題上下手。於是找來希律黨徒(擁護當代羅馬皇帝殖民政府分封王之保王黨)面見耶穌，質問耶穌此一納稅給凱撒是否合宜，以及納稅給凱撒有否違背「猶太教」律法的問題。耶穌心中明白這幫人有心懷不善之動機與目的，就當場指斥他們的假冒偽善外(耶穌向他們說："為什麼要陷害我")，立即叫他們取出一個納稅用的銀幣給祂看。接著反問他們關於銀幣上面的頭像及名號，他們的回答是"凱撒的"。耶穌隨即直接回應："那麼將凱撒之物給凱撒，將上主之物給予上主。"這幫希律黨徒聞訊耶穌機警的回應，既驚訝又無言以對，就紛紛走開不見人影。這件記事留下了"耶穌與政治"的問題，也引出斯土基督徒有關公民責任之思考。

一、聖經有關宗教與政治的教導

閱讀《新舊約聖經》時，就可以發現《舊約聖經》裡面有豐富的"宗教與政治"的記載(摩西、約書亞、眾士師、列王都是政治家，諸先知則是政治品質之批判者)。至於《新約聖經》，雖然不是猶太人的政治史，卻是一部有關「上主國度」(上帝國)的"生命共同體政治史"。只是早期基督徒受到世俗的專制政治所迫害，尤其是猶太教與羅馬帝國。所以說，「舊約歷史」與「新約歷史」在"宗教與政治"的展現上，對於基督徒之啟示十分不同。

(一)《舊約聖經》之教導

在三十九卷《舊約聖經》之中，舉凡「摩西五經」(創世記、出埃及記、利未記、民數記、申命記)、「約書亞記」與「士師記」，都是以色列民族處於"神權政治"(宗教與政治結合)時代的重要記述。從「撒母耳記」(上、下卷)、「列王紀」(上、下卷)，以及「歷代誌」(上、下卷)來看，就是以色列民族進入"君權政治"(宗教與政治分開)時代的歷史記錄。而「先知書」(以賽亞書、耶利米書、以西結書、但以理書、何西阿書、約珥書、阿摩司書、俄巴底亞書、約拿書、彌迦書、那鴻書、哈巴谷書、西番雅書、哈該書、撒迦利亞書、瑪拉基書)則證言以色列諸先知是國家命運之守望者，也是政治品質的監督者。

1. 神權政治 (Theocracy)

根據《創世記》(十二章至五十章)的「族長史」內容見之，上主揀選亞伯拉罕(Abraham)、以撒(Isaac)、雅各(Jacob)為以色列"選民"之族長，並且和他們立"約"(Covenant)。從此這些族長開始採取"神權政治"(Theocracy)，族長一面要領導族群實踐上主與選民立約之宗教性「約法」(Covenant)，另面統治人民並抵禦外敵。《出埃及記》介紹民族救星摩西(Moses)，如何成功領導以色列民族脫出埃及(Egypt)為奴之地，並且頒布「十誡」之新約法，明文規定神人之間(前四條誡命)及人與人之間(後六條誡命)的信仰倫理。

而輔佐摩西的"神權政治"者，就是負責宗教祭儀的亞倫(Aaron)。從《約書亞記》到《士師記》，更可以發現從事游擊戰軍事天才的約書亞(Joshua)，及十三位領導以色列民族抵抗外敵的士師：俄陀聶(Othniel)、以芴(Ehud)、珊迦(Shamgar)、底波拉(Deborah)、巴拉(Barak)、基甸(Gideon)、陀拉(Tola)、睚珥(Jair)、耶弗他(Jephthah)、以比讚(Ibzan)、以倫(Elon)、押頓(Abdon)和參孫(Samson)，都是以"神權"為後盾從事施政的偉人。由此足見，《舊約聖經》揭示了自族長史以後，歷經摩西與約書亞時代以至後期的士師時代，均是施行"神權政治"之史實。

2. 君權政治(Monarchy)

從《撒母耳記》(上、下卷)可以發現士師時代結束，撒母耳(Samuel)這位最後的士師首先建立以色列民族之聯合王國。首任君王為掃羅(King Saul)，繼而由大衛王(King David)治國，締造了史無前例後無來者之強盛王國。立國時君王皆由士師撒母耳膏立，而且以敬奉上主的傳統施政。而《列王紀》(上、下卷)及《歷代誌》(上、下卷)也詳細記述大衛王朝的世襲制，所羅門王(King Solomon)建築聖殿及城牆之盛世。可惜其子昏君羅波安(King Rehoboam)之失策，導致王國分裂。北方十族從此成立以色列國，首任君王為耶羅波安(King Jeroboam)，前後有十九位君王統治，於主前721年被亞述帝國滅亡。南王國由兩族組成，首任君王也是昏君羅波安(King Rehoboam)，前後也有十九位君王統治，主前586年被巴比倫帝國所亡。此一近四百年(922B. C.- 586B. C.)的南北王國之"君權政治"，仍然受到「猶太教」之監督。因此君王也都敬畏上主(僅少數君王背道)，宗教與政治從而密不可分！

3. 先知運動(Prophecy)

《舊約聖經》中之"先知角色"，是一種代神宣示正義與人權(代神發言)的宗教領袖，也是與政治有關的國家命運守望者。所以不同於台灣民間道教「占驗派」的"術士"之輩(所謂："未卜先知"者)。猶太人心目中著作之先知，計有以賽亞(Isaiah)、耶利米(Jeremiah)、以西結(Ezekiel)、但以理(Daniel)等四位"大先知"，以及何西阿(Hosea)、約珥(Joel)、阿摩司(Amos)、俄巴庇亞(Obadiah)、約拿(Jonah)、彌迦(Micah)、那鴻(Nahum)、哈巴谷(Habakkuk)、西番雅(Zephaniah)、哈該(Haggai)、撒迦利亞(Zechariah)、瑪拉基(Malachi)等十二位"小先知"(所謂"大先知"與"小先知"，係以作品之大小而論)。他們既然是國家與民族命運之守望者，就每當政治、宗教及社會道德腐敗之時，均勇於出面指斥其不是，藉以維護以色列選民之尊嚴及國家社會之秩序。所以"猶太先知"之角色，既是宗教家，也是為民喉舌的政治家。為此，君王與人民都必須聽命於他們的呼籲及教導，藉此挽救國家之命運，建立健全的耶和華宗教，喚醒人民之社會道德責任。

(二)《新約聖經》之教導

　　耶穌及其門人展開宣揚"上帝國福音"的時代(也即
「新約」時代)，猶太人已經淪為羅馬帝國殖民地之次等國
民。因此在二十七卷《新約聖經》中，讀者可以發現"宗
教"與"政治"之間的緊張關係。就如《馬太福音書》
(二：1-23)記載：耶穌誕生時，聽命於羅馬帝國的分封王希
律(King Herod)聞訊猶太省伯利恆有一位"新生王"出現，立
即下令屠殺伯利恆及附近地區兩歲以內的男嬰。耶穌的父
母只好逃往埃及居住，直到亞基老(King Archelaus)為分封王
的時期，才回到加利利省的拿撒勒定居。又可以在施洗約
翰(John the Baptist)這位勇敢的先知被殺頭的故事中(他因指斥獨裁
者小希律淫亂之罪惡而犧牲，詳見：馬太十四：1-12、馬可六：14-29、路加
九：7-9)，看到為羅馬帝國殖民政府效命的走狗分封王小希
律，如何殺害上主先知之邪惡劣跡。下面就以耶穌的政治
態度、保羅的政治立場，及《啟示錄》的政治展望三個段
落來做簡要的討論。

1. 耶穌的政治態度

　　像猶太人這種具選民意識之民族主義極強的民族，對
於羅馬帝國異族之殖民統治是痛恨不過的。做為當代被異
族統治的猶太人耶穌，就一定難以忍受這類次等國民之待
遇。何況耶穌誕生不久，為要逃避羅馬帝國分封王(走狗君

王)大希律之迫害而隨著父母亡命埃及，因此始終對於殖民主義者的羅馬人不懷好感。所以耶穌視羅馬帝國的凱撒奧古斯督(Caesar Augustus)是一位"暗世君王"，也故意收留一位游擊隊員：奮銳黨的西門(Simon the Cananaean)爲門人(見：馬太十：4)。因爲耶穌在當代的宣教場合，處於與「猶太教」祭司集團以及羅馬帝國殖民政府敵對的關係(耶穌宣揚的「上帝國福音」既與猶太教敵對，又被羅馬殖民政府視爲一種影響帝國統一的新宗教)，所以耶穌特別叮嚀祂的門人留意將要面對的各種迫害及苦難："要留意！我派遣你們出去，正像把羊送進狼群中一樣。所以你們要像蛇一樣的機警，像鴿子一樣的溫柔。當心那些要拘捕你們的人。"(馬太十：16-17)儘管如此，耶穌也和一般次等國民的猶太人按規矩納稅："將凱撒之物納給凱撒。"(馬太二十二：21)甚至沒有錢納稅時，特別行了一個"魚口得銀神跡"去繳納人頭稅，爲的是不願去冒犯這幫(像中國國民黨一樣的)統治階級外國人(馬太十七：24-27)。

　　耶穌並不憎恨這些替異族課"人頭稅"的"猶太稅吏"(稅棍)，因此不但促使稅棍撒該(Zacchaeus)悔改，更收了一位稅棍利未(Levi，也就是馬太)做祂的門人(見：路加十九：1-10、馬可二：13-17)。這正證明：耶穌是一位改造黑道角頭、化敵爲友、超越政治立場之先知！耶穌一向不齒「猶太教」統治階級的祭司集團及經學士，更厭惡法利賽黨人偽善之罪惡。所以公開斥責他們之不是，宣稱他們將會遭殃(見：馬太二十三：1-36)。當耶穌知道祭司集團包庇奸商，而故意將猶太農夫自養之祭牲(有牛、羊、鴿子)檢查不通過，向聖殿商人購買的才加以檢查通過時(其實這批檢查不通過之祭牲又流入商人手中)，耶穌憤而潔淨聖殿(見：馬太二十一：12-17、馬可十一：15-19、路加十九：45-48、約翰二：13-22)。此一轟動全國之"耶路撒冷事件"，終於導致耶穌被祭司集團拘捕，並被冠上叛亂犯罪名"猶太人的王"，被釘死於十字架上(關於耶穌在祭司長及羅馬總督彼拉多面前受審及被處以死刑之記事，見之於：馬太二十六：57～二十七：66、馬可十四：53～十五：47、路加二十二：54～二十三：56、約翰十八：13～十九：42)。由此可見，耶穌始終不與政治及宗教之惡勢力妥協，並且寧可爲正義犧牲生命也在所不惜。

2. 保羅的政治立場

使徒保羅(Paul the Apostle)與主耶穌(Jesus the Lord)之政治立場，比較其最大的不同點就是，保羅是"羅馬帝國公民"；耶穌是羅馬帝國殖民地巴勒斯坦的"次等國民"。爲此他們兩人的政治立場當然不同，對於當權者之觀感更是分歧。台灣基督徒因爲不懂這個差異，每於論及如何面對中國國民黨這個"吃台灣人吃夠夠"的外來獨裁政權時，就時常引用保羅答羅馬教會之書信《羅馬書》(十三：1-7)，來強調："人人都應該服從國家的權力機構，因爲權力的存在是上主所准許的，當政者的權力是從上主來的。所以抗拒當政者就是抗拒上主的命令，這樣的人難免受審判。"又說："所以你們應該向他們徵納所該納的稅……，也應該表示對他們應有的尊敬。”這段經文就是身為羅馬帝國公民的保羅向羅馬教會基督徒(有猶太人及羅馬人)所說之勸言，而非向巴勒斯坦在地那些身為次等國民的猶太基督徒所說的。由此見之，保羅的政治立場旨在強調羅馬帝國公民之“公民責任”，所以沒有涉及人權及社會公義問題。

　　也許，這就是保羅沒有膽量去招收一位，反抗羅馬帝國專制政權的游擊隊員(如奮銳黨人)為門人的主要理由。可是主耶穌的門人就有一位反抗羅馬帝國之游擊隊員，即奮銳黨人西門(Simon the Cananaean)。此一被當權者視為收留叛國政治犯的門人之行為，做為羅馬帝國公民的保羅絕對做不出來！也許有人會提到《彼得前書》(二：13-15)的一段話做為反駁，認為，基督徒雖然身為次等國民以至因信仰而受到迫害，也要：“順從人間的掌權者，就是在上的君王和他所委派執行賞善罰惡的長官。”(比較：提多書三：1)然而大家應該注意作者這句“為了主的緣故”的話。其理由不外：“因為上主的旨意是要你們，以好行為來堵住那班糊塗人的無知之上。”可見該書作者是以無奈心情去“順服”專制政府的，並不是“是非不明”的一種投降主義說辭。

3.《啟示錄》的政治展望

　　耶穌的門人及其跟隨者所宣揚的「基督教」(Christianity)在當代社會出現，不但是「猶太教」之眼中釘，又是「羅馬帝國」所猜忌(影響帝國統一)的一個“新興宗教”。為此，

《啓示錄》這部經典正可以反映當代基督徒之處境，以及基督徒身處於水深火熱的被迫害中，對於羅馬帝國殘暴君王的正面態度。此書作者用"象徵性語言"斥責羅馬帝國政府的無道，以"默示"與"異像"強調暴政必亡。當無始無終的上主──「阿爾法」(Alpha)與「奧米加」(Omega)出面干預歷史之終末時刻，"新天新地"將會出現。作者藉此勸勉來安慰當代被迫害中的基督徒，同時鼓勵他們在苦難中堅守信仰。「基督教」是崇尚和平的宗教，但並非主張"無抵抗主義"。不過《啓示錄》的"反政府"立場不是採用武力，而是採取公義之言論。

當羅馬帝國皇帝多米田(Domitian, A. D. 81-96)治下時代，基督教會正處在嚴酷的被迫害中。人要信耶穌等於是一種冒險，被抓到就得送往競技場餵猛獅，或被販賣為奴。因此作者期待暴君控制的邪惡世代趕快結束(世界末日快快到來)，"新天新地"能及時出現(上主選民能夠"出頭天")。而作者之反政府言論也十分高明，諸如用"大巴比倫"影射羅馬帝國，以"大淫婦"與"十角七頭怪獸"形容歷代羅馬皇帝。又以"七座小山"形容羅馬城(它就建造於七丘之上)。這樣看來，「基督教」的社會倫理包含尊重人權、反抗政府之獨裁專制，以及為社會公義而奮鬥。因此不是愚昧地順從暴君之政權，做"恨命無怨天"的自我宿命之順民。對「人」以"愛心"對待(包含愛敵人)，對於人所運作之「制度」(政治及法律)則強調"公義"。此即基督教社會倫理之基本原則。

二、耶穌與政治

「政治」(politics)是一種政治人物用以管理人類社會之制度或方式，因此有專制極權及民主政治之分野。雖然耶穌不是一位世俗之政治家，事實上祂卻是一位「上帝國」(Kingdom of God，或做「天國」或「上主國度」)之政治家。因為耶穌在世時所宣揚的真理就是"上帝國福音"。為此《馬可福音書》作者開宗明義證言："上主的兒子耶穌基督，是福音的起頭(福音的開始)。"(一：1)而宣揚這一"上帝國政治學"之先驅，正是施洗約翰(John the Baptist)。他就是先知以賽亞(Isaiah)所預言的那位偉大的先知(六：2-8)。因為在耶穌尚未進入公生涯宣揚救世福音真道之時，施洗約翰就在猶太曠野開始宣揚"上帝國福音"。他的信息簡潔有力："你們要離棄罪惡，接受洗禮，上主就赦免你們的罪。"(馬可一：4、路加三：3)然而馬太這位福音書作者再加上一句："因為天國(上帝國)快實現了！"(馬太三：2)既然「洗禮」(Baptism)是人人進入「上帝國」這個生命共同體政治社會的重要記號，所以耶穌於進入其公生涯之前也接受施洗約翰的洗禮(見：馬太三：13-17、馬可一：9-11、路加三：21-22)。可是這位啟蒙"上帝國政治學"之偉大先知，卻因大膽指斥加利利省羅馬帝國分封王小希律(Herod Antipas)，侵占其兄腓力(Philip)之妻希羅底(Herodias)的罪惡而犧牲生命(見：馬太十四：1-12、馬可六：14-29、路加九：7-9)。耶穌對這位"上帝國政治學"之先驅的評語是："我實實在在告訴你們，在人間沒有比約翰更偉大的人。"(馬太十一：11、路加七：28)那麼耶穌的政治觀點為何？祂的"上帝國政治學"之內容是什麼？

(一)耶穌的政治宣言

在「四福音書」(馬太、馬可、路加、約翰)之中，惟有在《路加福音書》(四：16-21)提到耶穌進入公生涯時，首先在拿撒勒故鄉會堂發表其救世的"政治宣言"之記事。而這一救世的"政治宣言"，就是《以賽亞書》(六十一：1-2)之預言。

> 上主的神臨到我，因為祂膏立我、揀選我，要我向貧窮的人傳佳音。祂差遣我宣告：被擄的得以釋放，瞎眼的得見光明，被欺壓的得到自由。並且宣告上主拯救祂子民的恩年！

雖然作者路加少記錄這一句"祂差遣我醫治傷心的人"的話(見：以賽亞書六十一：1)，卻不失耶穌"政治宣言"之基本精神。就耶穌一生的言行舉止見之，他的確是一位上主所膏立的"上帝國政治家"(猶太人稱呼祂為"彌賽亞"及"拿撒勒的先知")。像"被擄的得釋放"(政治犯之釋放)、"被欺壓的得自由"(被奴役的次等國民之自由)，均為重要的政治主題。而"向窮人傳佳音"、"宣揚上主之拯救恩年"，正是「上主國度」(上帝國)之政治理念。大家應該認識：耶穌是以「上帝國」這一生命共同體的政治家身分"向貧窮人傳佳音"的。並且成為婦女(包括寡婦)與兒童，以至稅棍與娼妓這類罪人的朋友。祂制壓邪靈惡魔對於人身心之控制，使各種病人的病痛得以解除。祂斥責祭司集團及希律黨這些羅馬帝國走狗之罪惡，批判經學士、法利賽黨人及猶太教拉比之偽善。其畢生所追求者即「山上寶訓」(馬太福音五章至七章)此一"上帝國政治理念"，並且包含"被擄者"(政治犯)得釋放、瞎眼的(不知自由為何物的奴隸性不改者)得光明、被欺壓的(被殖民政府奴役的同胞)得自由。為此，耶穌在其"人生哲學"之重要教導中，要求跟隨者要："追求「上帝國」(上主主權)的實現，遵行祂(天父)的旨意。"(馬太六1：33)由此可見，「上帝國」此一生命共同體的政治體制不僅是"屬靈的"(Spirituality)，也是"世俗的"(Secularity)；是"國際性的"(International)，不是"民族性的"(National)。當然「上帝國」之建造需要從"心靈改造"開始。惟有耶穌的"上帝國政治體制"之教育，才能夠達到此一目標。

(二)耶穌的「上主國度」

前已提及耶穌的"上帝國政治學"，本段將探討耶穌所指的「上主國度」(Kingdom of God)之內涵。就名詞見之，「上帝國」(上主國度)是個十足的政治用語，而且具有"君權政治"(帝王集權)之背景。何況基督徒也時常歌頌：上主是一位"萬主之主,萬王之王"的獨一眞神(參照:長老教會「聖詩」第58首)。必須留意者,耶穌所要建造的"上主國度"與俗世君權政治的"王國"(Kingdom)全然不同,它是屬於普世人類的一個"生命共同體"(地球村)。爲了要使當代的猶太人明白此一"天下一家"之大同理念,耶穌只有借助"王國"(Kingdom)這個政治術語來形容:上主爲"天父"(不是專制獨裁君王),人類是"兄弟姊妹"(不分種族膚色)之"生命共同體"(或命運共同體)。爲此,耶穌教導門人要向"天父上主"祈禱,因爲"父親"容易親近,"萬主之主,萬王之王"人人難以親近(參照:馬太六:9-15)。人如有日常生活之需求,也要向"天父"求討(馬太七:7-12)。如果"上主國度"有其戒律的話,「山上寶訓」(見:馬太五章至七章)之重要教導便是。這個"上主國度"要在地上出現,就必須宣揚其中的「福音」。此即耶穌教導門人及跟隨者,務要事先追求"上主國度"及其公義之理念,也即一個不愁飲食與穿著的"生命共同體",新社會秩序才能夠在地上出現的主要原因(見:馬太六:10、24-34)。

1. 上主國度之領土與人民

一個國度必須要有"領土"及"人民"。耶穌所指的「上主國度」之領土,就是與兩者結合的"人心"。凡是告白上主爲"天父"之人群,「上主國度」已經存在於他們的內衷(見:路加十七:20-21)。這等於是說,人類之"心靈"若肯受上主管理,「上主國度」就已經臨到他們的內衷。因此耶穌用比喻來說明「上主國度」是"無價之寶"(見：馬太十三：44)，像"一顆寶珠"(見：馬太十三：45-46)一樣。並且「上主國度」的發展無可限量，如同一粒"芥菜種子"能夠成長如樹(馬太十三：31)，更像麵粉中之"酵母"一樣能夠發展開來(路加十三：20-21)。

2. 上主國度之基本國策

　　一個國度需要社會倫理，也可以說是建構於社會倫理關係之"基本國策"。而「上主國度」的"基本國策"就是"人與人關係"之社會倫理，即"愛心"(見：約翰十五：12-13)，尤其是"愛敵人"(見：馬太五：43-48)。因為天父上主就是"愛"(見：約翰一書四：7-12、約翰福音三：16)。所以有"愛"的地方沒有恐懼，又有天父上主的生命在其中(見：約翰一書四：16-21)。使徒保羅因此證言，在"信"、"望"、"愛"三個信德之中，以"愛心"為最大(見：哥林多前書十三：13)。至於"人與制度關係"之社會倫理就是"公義"(參照：馬太二十三：1-36)。而耶穌以身作則的公義行動，就是獨力對抗阻礙人入「上主國度」的祭司集團、經學士、法利賽黨人及會堂拉比這些宗教領袖，又以行動潔淨耶路撒冷聖殿(見：馬太二十一：12-17、馬可十一：15-19、路加十九：45-48、約翰二：13-22)。因為"人與制度的關係"是事際關係，"制度"(如：法律體制、社團組織等等)本身並無是非。然而運作它的人，就會因私心及理念之不同去製造是非。為此，一種過時的"惡法"經過人道主義者耶穌的運作，竟然可使一位犯了唯一死刑的姦淫罪現行犯婦女免於"死刑"（見：約翰八：1-11）。反之，再好的一部《六法全書》，經過不公不義的中國國民黨御用法官加以運作，國民黨總統候選人馬英九(將特支公費存進私戶又報所得稅)及賄選明確的高雄市長候選人黃俊英(以五百元走路工買票)，都會被一、二審判決無罪。由此見之，「上主國度」的社會倫理是講究"犧牲的愛"(sacrificial love)以及"社會公義"(social justice)為其原則。

(三)耶穌的政治抗爭

　　耶穌一生以宣揚「上主國度」(上主國度即生命共同體)為目的，到底祂真的有"政治抗爭"之表現嗎？這個問題於表面上看來似乎沒有，事實上卻有其事實的一面。只是在當時那種暴政特權橫行的時代，耶穌的政治抗爭係以"智慧"取勝，也以自我犧牲之"行動"劃下句點(以莫須有罪名被釘死於十字架之悲劇收場，卻是一種"輸輸仔贏哲學"之起步)。其實耶穌從事以"智慧"取勝之政治抗爭，可以從祂的"政治宣言"(參照：路加四：18-19)及"上主國度"(上帝國)此一政治用語看出來。而招募期待"彌賽亞降臨"(恢復大衛王國之王者)的十二位門人(其中一位是奮銳黨游擊隊員)，則可以說是耶穌政治抗爭之柔性表現。耶穌騎著驢子，如同"王者角色"榮耀進入耶路撒冷城之公然"和平示威"行動，以及"潔淨聖殿"之公義表現，可以說是耶穌最直接的政治抗爭行止。

1. 以王者姿態榮耀進城

　　耶穌在從事宣教事工時，均禁止門人吐露出祂的"彌賽亞角色"。可是當祂走向十字架苦路之前卻一反過去作風，公然展示祂的"王者"(彌賽亞)身分，接受前來耶路撒冷聖殿赴逾越節的國內外猶太人歡呼(見：馬太二十一：1-11、馬可十一：1-11、路加十九：28-40、約翰十二：12-19)。耶穌故意按照先知撒迦利亞的預言"看，你的王來了，溫柔又騎著一匹驢子"之姿態進城(參照：撒迦利亞書九：9)，即印證先知預言之應驗。此一政治性之和平遊行的確振奮了猶太民心，使群眾用自己的衣服及棕樹枝鋪在路上，高呼"和散拿"(Hosanna，即"現在拯救"之意)做為稱頌與期望仁君之來臨。按當代猶太人以崇尚武力到處征服的君王是騎戰馬進城的，一位和平仁君卻是騎著沒有人騎過之驢駒(小驢子)進城的。由此可見，耶穌騎著小驢子進城係以"和平仁君"姿態，直接向羅馬帝國殖民政府示威的。這點也正是羅馬總督彼拉多(Pilate)，無法即時下手逮捕耶穌的理由，反而是當代「猶太教」祭司長，找機會製造"猶太人的王"之罪名欲逮捕祂。其實耶穌的大膽作風(耶路撒冷對耶穌言實在危機四伏)不外對首都的祭司集團領袖及羅馬總督宣示，祂的角色正是"猶太人的王"(The King of the Jews)，然而是一位「上主國度」之救世仁君(不屬於這個世界)，不是一位蹂躪人權(像羅馬帝國殖民政府一樣)的暴君。此即耶穌以王者姿態，騎著小驢子榮耀進入耶路撒冷城的政治意義，也可以說是一次和平的示威遊行。

2. 以先知口吻斥責宗教領袖

　　耶穌在世時最激烈的言詞抗爭，就是在耶路撒冷公開斥責「猶太教」的宗教領袖——經學士及法利賽黨人之僞善。按 "經學士" (文士) 形成於主前五世紀，其開山祖師爲以斯拉(Ezra)。他們精研摩西律法，也是律法之解釋者及抄錄者(抄寫於羊皮紙上)，因此往往擔當「猶太教」的拉比(Rabbi)及祭司職位。主前二世紀「猶太教」的敬虔主義者爲欲對抗希臘文化之影響，因而出現 "法利賽人" (Pharisees)，其名稱就是 "分別出來" 的意思。這些宗教領袖之律法教導，在耶穌時代已經是一種猶太教徒信仰上的重擔。尤其是他們能說不能行，自負又僞善。耶穌爲要發揮正義的先知性使命，就公開斥責這些宗教領袖七種罪惡(見：馬太二十三：1-36)，那就是：一、關閉天國之門，阻礙人進天國(馬太二十三：13-14)；二、引人進教，卻使他做地獄之子(馬太二十三：15)；三、胡亂詮釋律法，教人逃避責任(馬太二十三：16-22)；四、不重視公義憐憫，其教導如同瞎子引路一樣(馬太二十三：23-24)；五、注重外表，不注重內在之道德精神(馬太二十三：25-26)；六、假冒僞善，掩飾腐敗(馬太二十三：27-28)；七、流先知的血，是罪大惡極的毒蛇之類(馬太二十三：29-36)。就是因爲「猶太教」這些宗教領袖有如此之罪惡，所以耶穌才預言耶路撒冷必遭受毀滅，並且預告自己將要犧牲(見：馬太二十三：37-39)。

3. 潔淨聖殿之抗爭行動

耶路撒冷聖殿可以說是「猶太教」之政教中心，爲的是"聖殿"只有耶路撒冷城這一座(其他的敬拜地點是"會堂")。而"祭司長"則握有羅馬帝國殖民政府所授與的政治權力(這是耶穌最後也必須在祭司長及長老議會面前受審判之原因)。猶太教徒於習慣上要於一年中的三大節期：逾越節、五旬節、住棚節，前往"聖殿"巡禮獻祭。祭牲有鴿子、羊及牛(以經濟能力而定)，均不能有瑕疵者。而捐獻於聖殿之錢幣不得有凱撒的頭像，因此才有兌換"聖殿錢幣"桌子攤位之設置。問題是：在聖殿周圍經營牛、羊、鴿子這些祭牲買賣之商人，均由祭司集團包庇。祭司與商人交結之必然結果，就是祭司故意將信徒帶來的祭牲，以"瑕疵"爲由不予檢查通過，他們也無可奈何的把帶自故鄉的牲畜賤賣，卻又全數落入祭司包庇的商人手中。最可惡的，不外凡是向商人購買的祭牲，祭司只做形式上的檢查就全數放行。而信徒購自聖殿商人之祭牲，竟然是被祭司認爲有"瑕疵"的那些自己帶來之牲畜。這種"內神通外鬼"唯利是圖的惡行，耶穌早就看在眼裡。當然耶穌視這類祭司勾結商人又剝削信徒之罪惡，相等於公然關閉"天國之門"，是阻擋信徒進入聖殿朝見上主之重罪。難怪「共觀福音書」(馬太、馬可、路加)明言，耶穌直指那時的耶路撒冷「聖殿」是"賊窩"，所以非要進行"潔淨聖殿"之抗爭不可(見：馬太二十一：12-17、馬可十一：15-19、路加十九：45-48、約翰

二：13-22)。其中福音書作者約翰特別指出：耶穌係用"拿
繩子爲鞭"的不流血抗爭進行"潔淨聖殿"行動，把牛羊
從聖殿裡趕出，將兌換銀錢的桌子推倒(約翰二：15)。耶穌
清楚祂的公然抗爭一定得罪「猶太教」的宗教領袖(尤其是
祭司長)，在羅馬總督看來也是製造"耶路撒冷事件"之動
亂行止。他們爲此而公然以"猶太人的王"之叛亂犯罪
名，展開搜捕耶穌的行動。耶穌終於被叛徒猶大(Judas)出
賣，在客西馬尼園被捕(見：馬太二十六：47-56、馬可十四：43-51、
路加二十二：47-53、約翰十八：1-11)。之後經過祭司長及羅馬總
督彼拉多審判，最後以叛亂犯(猶太人的王)罪名將耶穌處死
於十字架上(見：馬太二十七：32-44、馬可十五：21-32、路加二十三：
26-43、約翰十九：16-30)。由此可見，耶穌係用"以死明志"
的先知精神，去對抗不公不義之強權及"潔淨聖殿"。祂
明白上主之拯救行動必須自己付出生命，用不怕死亡之精
神去寫人類歷史。

▌結語

　　關於"耶穌與政治"的論題，只能做上列各段之簡
要討論。基督徒也要從這些探討去思考自己的"公民責
任"，擺脫以往不問政治而任憑"中國國民黨"這類外來
政權的欺騙、蹂躪、強奪及打壓。"台灣是台灣、中國
是中國"，凡是有自覺的台灣基督徒均應該關心台灣前
途，爲斯土台灣不被彼岸的中國併吞而奮鬥不懈。台灣基

督徒應該牢記：昔日耶穌做為不屬這個世界的"上帝國政治學"之開山祖師，仍然被世俗之祭司集團及羅馬帝國政權處死，當然就不能置政治生活於度外。也就是說，基督徒必須關心政治，監督政治家之所作所為，才能盡到自己之公民責任。特別斯土台灣的基督徒擁有選舉、罷免、創制、複決四權，藉以制衡政府的行政、立法、司法、考試、監察五權。為此必須關心斯土台灣之政治品質，為民主、人權與社會公義而與上主同工。

台灣基督徒也必須從歷史去學習教訓，因為這是批判政治品質好壞的立足點。台灣人因為曾經被日本帝國統治五十年(1895～1945)，在二十世紀三〇年代的台灣基督徒，也曾經於"皇民化運動時代"做禮拜時唱「日本國歌」，而感到苦悶與無奈，所以期望"祖國"(中國)之解放。當然台灣人的"祖國夢"，的確隨著二次世界大戰日本向盟軍無條件投降而兌現。1945年中國軍隊也以戰勝者姿態進佔台灣與澎湖，筆者對於當時，在火車站迎接那些沒有紀律的"散漫中國兵"仍然留有深刻之印象。一年過去了，台灣人開始發現來自中國的新統治者無惡不作，其政治品質遠不如日本帝國前統治者。而1947年2月28日發生的大屠殺事件，終於使台灣人從期望祖國統治的惡夢中醒來。人可以從當時一首學校教唱的歌去看出台灣人之不滿，也實在十分諷刺。其原文如下：

三民主義好政治，正是台灣平等時。

六百萬民同慶祝，高唱自由、高唱自由。

同胞齊齊來，同胞齊齊來，歡迎表誠意。

　　可是不久就被當時萬分失望的台灣人改做下列之諷刺性歌詞：

三民主義好嗆鼻，正是台灣無了時。

六百萬民受侮辱，無影自由、無影自由。

紅包齊齊來，紅包齊齊來！可惡的阿山返返去!!

　　基督徒當然不應該懷有種族歧視，可是面對中國一千五百多顆飛彈的威脅，及國民黨政客之"統一論"(馬英九之"終統主張")，也不得不為台灣未來的安危加以關心。

　　時下的台灣雖然自我強調為"民主國家"，事實卻仍然"政教不分"一黨獨大(總統大位及立法院均控制於國民黨手中)。而且政府繼續在維護一個「國家儒教」(其奉祀官為支領院長級薪水的，已故"大成至聖先師奉祀官"孔德成)，利用「教師節」舉辦"祭孔大典"，花費大筆人民稅金維護各地"孔子廟"。這類中國國民黨故意留下來的"愚民政策"，基督徒豈能坐視？到底台灣基督徒是"尊上主為大"，或繼續在"信仰孔夫子"？

2009.03.08

7 Jesus 07
耶穌與法律

　　於是各人都回家去了；耶穌卻往橄欖山去，清早又回到殿裏。眾百姓都到他那裏去，他就坐下，教訓他們。文士和法利賽人帶著一個行淫時被拿的婦人來，叫她站在當中，就對耶穌說：「夫子，這婦人是正行淫之時被拿的。摩西在律法上吩咐我們把這樣的婦人用石頭打死。你說該把她怎麼樣呢？」他們說這話，乃試探耶穌，要得著告他的把柄。耶穌卻彎著腰，用指頭在地上畫字。他們還是不住地問他，耶穌就直起腰來，對他們說：「你們中間誰是沒有罪的，誰就可以先拿石頭打她。」於是又彎著腰，用指頭在地上畫字。他們聽見這話，就從老到少，一個一個地都出去了，只剩下耶穌一人，還有那婦人仍然站在當中。耶穌就直起腰來，對她說：「婦人，那些人在哪裏呢？沒有人定你的罪嗎？」她說：「主啊，沒有。」耶穌說：「我也不定你的罪。去吧，從此不要再犯罪了！」

約翰福音八：1-11

　　耶穌雖然不是一位法律專家，然而祂對於「法律」

(Law)之態度，不但影響基督徒，更影響後代的法律學者至巨。就像二十世紀三〇年代，做過納粹德國(Nazi Deutschland)司法部長的拉布魯克(Radbruch)這位法學大師之法學理論，即受到耶穌的影響。其法學理論之靈感，就是來自《約翰福音書》(八：1-11)的這段故事。後來拉布魯克因批判德國殺人魔王希特勒(Adolf Hitler, 1889-1945)迫害猶太人的邪惡不人道作風而被免職，並且被革除海德堡大學法學教授之職務。可是拉布魯克依然不改其志，甚至餓著肚皮仍然發表其公義之言論。從他這句"一個不公不義國家的政府，如同有組織的土匪集團"之名言，就可以領會拉氏的"法治"立場。畢竟"惡法"也有它的所謂"法治"。具有人權及公義基礎的「國家法律」，則以民主和人道主義為出發點，這當然最為健全。「法律」是人所制定的，專制政治及民主政治的「法律」，當然有天淵之別。問題是：再理想的「法律」經過執法者之運作，均會出現偏差。就像耶穌時代的"摩西律法"(摩西制定之法律)，凡是觸犯姦淫罪之男女，均以唯一死刑的法律處置。這對於耶穌的人道主義言，就是一種"惡法"。可是摩西所訂立之"惡法"經過耶穌之運作，竟然使一位干犯唯一死刑之姦淫罪的婦女免於受死。在此凸顯了耶穌對於「法律」的態度，以及耶穌的「人道主義」(Humanitiarianism)之精神。

　　有關耶穌的「人道主義」之精神，可以從《馬太福音書》(五章至七章)的「山上寶訓」教導中看出來。其「人道主義」之精神，遠遠超過"摩西律法"及當代猶太教的"口傳律法"。人人應該知道「人道主義」之奉行，正是文明世界之所以能夠被稱爲"文明"的要件。近世人道主義者史懷哲博士(Dr. Albrecht Schweitzer, 1875-1965)、德蕾莎修女(Blessed Mother Teresa, 1910-1997)、俄國文豪托爾斯泰(Leo Tolstoy, 1828-1910)、法國文豪雨果(Victor Marie Hugo, 1802-1885)，以及日本人道主義者賀川豐彥(Toyohiko Kagawa, 1888-1960)，都是令人敬仰的人道主義者。英國長老教會宣教師馬雅各醫師(Dr. James L. Maxwell, 1831-1921)、甘爲霖牧師(Rev. William Campbell, 1841-1921)、戴仁壽醫師(Dr. George G. Taylor, 1883-1954)、孫理蓮師母(Mrs. Lillian Ruth Dickson, 1901-1983)等人，均爲台灣史上著名的人道主義代表性人物。而這些偉人的人道主義，都是來自耶穌基督人道精神之感召。關於耶穌的人道精神與其對「法律」的態度，可以從下面這則故事的討論看出來。

一、從經文的故事談起

《約翰福音書》(八：1-11)記載一則，有關耶穌對於當代猶太教"法律觀"大膽挑戰的故事。耶穌每次來到耶路撒冷這個猶太教重要的政治中心之時，都成爲法利賽人及經學士、拉比、祭司集團所欲加害之對象。爲的是耶穌的言論先進，大膽批判當代猶太教內部的腐敗。故事提到耶穌來到耶路撒冷聖殿教導人之際，有經學士和法利賽人，將一位犯姦淫罪的婦女現行犯帶到耶穌面前，目的是要試探耶穌對「法律」(摩西律法)的態度，藉機將耶穌入罪並加以逮捕。經學士及法利賽人，先是命令那位被抓到的罪婦站在人群中間。這群偽君子的宗教家，隨即提出一個有關"宗教法"(摩西律法)及"羅馬法"(政治性實證法)的敏感性問題，質問在人群中間的耶穌："按照摩西在律法上的吩咐，我們要把這個婦人用石頭打死。老師，你說該如何處置？"(八：4-5)經上指出他們的質問，意在找出耶穌回話的把柄而將其入罪(八：6)。人要明白上述對話所引起的利害關係，必須還原當代政治及宗教的社會背景。

(一)當代摩西律法對淫亂之處置

耶穌時代的"摩西律法"，是羅馬帝國殖民政府所承認的「猶太教實證法」(Positive Law of Judaism，見：約翰十八：31)。因為「摩西五經」之一的《申命記》(二十二：22)這樣明載：

> 如果有人跟別人的妻子通姦而被人抓到，兩人都必須處死，藉以除滅以色列中的罪惡。

同樣在《申命記》(二十二：23-24)又記載：

> 如果有人在那城姦淫別人的未婚妻，你們就必須將兩人帶到城外用石頭打死。女的該死，因為她雖然在城裡卻不出聲求援；男的該死，因為他姦淫別人的未

婚妻。這樣,就除掉了你們中間的這種惡事。

由此見之,經學士與法利賽人帶到耶穌面前的那位婦人所犯的罪,就是和上列"摩西律法"有關的通姦罪,也即唯一死刑(用石頭打死)的重罪。耶穌是當代的猶太教徒,面對這類宗教實證法的問題,祂必須慎重回應。因為那位婦人的生死,均與耶穌回應的態度有關。

(二)耶穌超然的臨機應變

人可以想像:耶穌必定因這件有關人命的大事而內心痛苦,也看透那些宗教領袖的不人道、奸詐、偽君子之眞面目而感到不平。對耶穌而言,這幫猶太教"教棍"所犯偽善的罪,遠比這位"罪婦"更加邪惡。於是不發一言彎下腰來,用正義之勇氣在地上寫字。耶穌寫什麼,經上並無交代。其時耶穌面對的困境有二:

1. 贊同摩西律法處死罪婦

如果耶穌贊同按照"摩西律法"處死那位罪婦,雖然符合猶太教的宗教實證法唯一死刑之規定,在羅馬總督彼拉多(Pilate, the Roman Governor)的轄地這麼做的話,就必然犯下羅馬法律之教唆殺人的重罪。因為違反羅馬法律,耶穌必然會被羅馬官方入罪拘捕。

2. 反對以摩西律法處死婦人

耶穌如果公開反對將婦人處死，等於中了這些無良心宗教家的計謀，視耶穌為猶太教之叛徒。那些教棍立刻可以公然將耶穌拘捕，在祭司長面前受審。果真如此，問題將會更加嚴重！不但這位罪婦必死無疑，連耶穌都脫不了身。

那些人又不停地要求耶穌回應，耶穌只好站起來用挑戰性口吻質問他們(見：約翰八：7)：

> 你們當中誰沒有罪，誰就可以率先拿起石頭打死她！

這句話一針見血刺痛那些心懷惡念的偽君子宗教家之良心。因為「摩西五經」的《創世記》(三章)明指，人性具有"墮落的原罪"，他們無法否認自己也是"罪人"之一。於是耶穌再次彎下腰在地上寫字(有學者主張：耶穌寫的就是「十誡」第六誡："不可殺人")。結果那些偽君子宗教家一個一個溜走，年紀大的先走，其餘的也只好跟著走開(見：八：8-9)。

(三)耶穌對罪婦之裁判

對耶穌而言，「法律」不是人性最後的裁判。當然

「法律」旨在維護社會秩序，淫亂之罪可憎也不容許。然而運作「法律」的人，難免有正義之士及草菅人命的執法者。誰有資格剝奪具有"上主形像"的人類生命呢？人類天生之良知可以向殘害人權之「法律」投降嗎？當那些偽君子的宗教家溜走之後，只剩下耶穌和那個被控之罪婦在場。其時耶穌就和那個罪婦對話(見：八：10-11)：

> **耶穌**："婦人，他們都那裡去了？沒有人留下來定你的罪嗎？"
> **罪婦**："主啊，沒有。"
> **耶穌**："好，我也不定你的罪。去吧！今後別再犯罪了。"

在此耶穌並無做"無罪"的裁判，但卻明確留給罪人一個悔改的機會。這點正是耶穌基督降世拯救罪人之目的，畢竟無罪的救主只有赦罪而不定人的罪。然而耶穌力勸罪人必須悔改，所以留給罪人悔改的機會。唯有誠心悔改，罪人才有資格投靠天父上主。那位罪婦因耶穌的作為而得救，耶穌真正是罪人的朋友。

就聖經文學批判言，聖經學者發現這個故事原本不在《約翰福音書》之中，而是收錄於《路加福音書》第二十一章結尾。有些古抄本就曾經做此安排，因其人道主義屬於路加的文學路線。前英國坎特布里大主教湯普威廉(Bishop William Temple)便是做此主張。無論如何，這個故事啓示咱認識耶穌對當代「法律」的態度，及其人道主義精神。而且也引發出"人道主義"與"法律主義"的現代社會倫理問題，基督徒應該抱持何種態度去面對。

二、耶穌的法律觀

耶穌時代的"摩西律法"，正是一種猶太教的實證法。它也可以說是由祭司集團主導的，「猶太教宗教法庭」之實用法律。當代羅馬帝國殖民政府爲維護巴勒斯坦殖民地治安，不得不承認這類猶太教宗教法律之合法性。只有像「死刑」這樣的重大案件，就必須經過羅馬法律之認可。爲什麼耶穌被當代祭司集團，以"猶太人的王"這個政治叛亂罪名(釘十字架之唯一死刑)控告時，還要被送往羅馬總督彼拉多面前做最後之判決，就是基於這個原因(見：馬太二十七：1-2、11-26、馬可十五：1-15、路加二十三：1-5、13-25、約翰十八：28～十九：16)。

(一)耶穌對摩西律法的態度

如果從耶穌的傳記文學之四本福音書：馬太、馬可、路加、約翰等作品見之，昔日耶穌對於"摩西律法"及"古人遺傳"(口傳律法)的態度均一反傳統作風。如摩西「十誡」的第四誡："謹守安息日爲聖日……勿從事任何勞動。"(見：出埃及記二十：8-11)就嚴格規定「安息日」不可工作。此一宗教法條經歷長久的口傳及宗教家的加工，就成爲不人道又違反人權的教條，使醫師在「安息日」不能醫病，人飢餓也不能去摘麥穗充飢。可是耶穌卻不理會此一不合時宜的法律，所以公然在「安息日」治好精神病患(馬可一：21-26、路加四：31-36)、治好手枯萎的病人(馬太十二：9-14、馬可三：1-6、路加六：6-11)、治好十八年駝背婦女(路加十三：10-17)、治好患水腫病人(路加十四：1-6)，以及治好生來就瞎眼的盲人(約翰九：1-17)。耶穌這麼做的理由很簡單：在「安息日」做善事，符合摩西的立法精神。因爲"摩西律法"，對於人在「安息日」做善事並沒有加以禁止。又一次在「安息日」，耶穌的門人經過麥園，因爲飢餓而摘取生麥穗咬食。僞善的法利賽人見之，即指責耶穌及其門人違反「安息日」不能工作之禁令(見：馬太十二：1-8、馬可二：23-28、路加六：1-5)。可是在耶穌看來，「法律」只能說是一種規範社會秩序的東西，尤其是"摩西律法"，因太過於古老，更有它的時效性。所以人不是「法律」的奴隸，"人性"不可受「法律」所奴役。"人子是「安息日」的主。"(見：馬可二：28)這句耶穌的名言，在在指出人不可活在"過時的宗教公式"之下，老是受制又被奴役於古人的遺傳！

耶穌爲要印證"人子是安息日的主"(宗教公式的主人)，祂在世之時始終打破猶太人傳統社會之禁忌。就像親近角頭兄弟的稅棍、社會所不齒的娼妓。而當代宗教人士所不齒的兒童及婦女，耶穌更樂於接納他們。如此作風，卻是猶太教宗教家及上流階級做不到的。爲此，耶穌十二位門人當中，就有漁夫、稅棍、紳士、文人、商人。甚至還有一位反羅馬帝國殖民政權的游擊隊員：奮銳黨的西門 (Simon the Cananaean)。由此可見，耶穌的十二位門人弱勢成員居多，並且這個團體有反抗"惡法"之意味。值得留意者，耶穌並不是故意和"摩西律法"過不去，而是賦予它一種新的法律精神。所以耶穌才公開宣告說："我來不是要廢掉摩西的律法與先知。我來不是要廢掉，乃是要成全它的真義。"(馬太五：17)至於耶穌對"舊律法"類比"新誡命"的差別及解釋，可見之於「山上寶訓」(馬太五章至七章)之中。對於耶穌而言，"舊律法"教導人以牙還牙，"新誡命"則強調非報復之精神(見：馬太五：38-42、路加六：9-30)；"舊律法"主張痛恨敵人，"新誡命"卻教人學像天父去愛仇敵(見：馬太五：38-43)。其實「法律」是人所制訂的，具時效性與政治性。「法律」經過人之運作，很容易受私心的執法者誤用而去殘害同胞與人權。一國之專制獨裁者就慣於立法奴役人民，古代如此，現代也如此！可是耶穌卻留下"反法律主義"之榜樣，因為「法律」不是"人性"最後的裁判。

(二)耶穌反對死刑

這個故事明顯指出：耶穌反對引用"摩西律法"所規定的姦淫罪唯一死刑之法條處死那個婦人。耶穌拯救那位婦人之法寶，正是法律學者所稱具有宗教信仰背景的"自

然法"（耶穌認爲沒有"人性原罪"者，才有資格執行同類之死刑）。前
所提及的德國著名法律學者拉布魯克(Radbruch)，其法學理
論就是來自此一耶穌反對死刑的故事之啓蒙。這位德國人
權法學家，將「法律」分爲"實證法"(Positive Law)與"自
然法"(Natural Law)兩大類。前者的"實證法"即一國明文
規定的法律，用咱台灣社會政治場合言，就是明載於《六
法全書》的法律條文；後者"自然法"係來自宗教信仰良
知、人權與正義、社會輿論及健全民意，此即外國法院設
置「陪審團」運用"自然法"之依據。按照拉布魯克之法
學理論言，國家所立的"實證法"一旦危及人權及社會公
義，而且背離民意之時，就自然失去「法律」的效用。其
時，代之而起者，便是以民意及社會公義爲基礎的"自然
法"。因爲"自然法"之運用必須基於民意（諸如公民投票）、
符合社會正義、尊重人權，在社會公義的條件下運作（諸如
組織陪審團或和平示威之訴求）。也就是說，一國之"實證法"若
蹂躪人權、失去社會正義、引發社會不安（國家安定性）時，
"自然法"就必須優先，其時"實證法"因失去民意而隨
之無效！可惜這種先進的「法律」運作，在當今國民黨一
黨專政又"假民主、眞獨裁"的台灣政局，始終不曾出現
過。

　　從耶穌放棄當代"猶太教實證法"，而運用"人道主
義的自然法"反對處死罪婦的作爲，也直接影響拉布魯克
公開反對"死刑"惡法。他認爲人類無權處死同類，執法
者必須尊重生命。"人性"有其弱點，因此人人均有犯罪

之傾向。人類本性之「原罪」(sin)，一不小心就有可能犯下過失之「罪」(guilt)。爲此耶穌才說：“你們當中沒有罪(sin)的，誰就可以率先拿石頭打死她(婦人)。”（見：約翰八：7）耶穌反對死刑，但是並非忽視人所犯的罪(guilt)。所以祂才勸說那位罪婦：“去吧！以後別再犯罪了。”（見：約翰八：11）

三、耶穌的人道精神

　　美國著名神學家及社會倫理學家尼布爾(Reinhold Niebuhr, 1892-1971)，就明指國家所立的「法律」這類“實證法”，僅是維護一個社會秩序的“必然之惡”(Necessary Evil)。由此可見，“實證法”之立法基礎是一種政治手段，而法官執法難免會因人性之弱點及私心而有所偏差，可是沒有它又會引起社會混亂，故稱它爲“必然之惡”。然而與其相對的“自然法”之基礎，卻是“人道主義”，耶穌就是應用以“人道主義”爲基礎的“自然法”爲裁判原則，使那位罪婦免受死刑，從而使她重新做人的。在此耶穌留給世人一種偉大的“人道精神”榜樣。

(一)耶穌瞭解人性

　　耶穌對於“人性”(Human Nature)之洞察，是祂赦免罪人以及拯救罪人的動機。對耶穌來說，“人性”是軟弱的，它本具始祖亞當(Adam)之原罪。有始祖原罪之人類，豈有資格定人死刑？剝奪同類之生命？儘管「法律」賦予執法者有決定人類生死之權柄，畢竟執法者並不是賦予人類生命之上主。因此他們不能僭越上主，剝奪同類的生命，任意置人於死地。在耶穌看來，那幫經學士與法利賽人宗教家儘管外表無罪，事實上他們都是自以為是瞧不起別人的"僞君子"，他們隱藏著人性之諸多邪惡。因為他們對自己的虛僞並不自覺，又自視道德高人一等，從而不意識到自己的"原罪"。其實這幫宗教家的傲慢與蹂躪人權的罪惡，並不亞於那位罪婦所犯的姦淫之罪。無論如何，耶穌總是認爲"摩西律法"的條文，絕對不是"人性"最後的裁判。唯有上主的愛與赦免，才是眞正的公義以及裁判的最後原則。這句"你們當中誰沒有罪(原罪)，誰就可以率先拿起石頭打死她(婦人)"(約翰八：7)，就是耶穌瞭解"人性"之最好註解。

(二)耶穌尊重生命

明顯地，耶穌並不姑息那位婦人所犯的姦淫之罪。婦人所犯下的罪惡固然爲「法律」所不容，可是尊重上主賦予人類的生命，在耶穌看來遠比人遵守陳舊的"摩西律法"更爲重要。父母生成每個人的肉身，上主卻賦予人類生命及生命中的靈魂。因此帶有"人性原罪"之人類，那有資格去剝奪同類的生命？又利用「法律」去處死同類？

生命既然來自天父上主，具有"人性原罪"之執法者自然無權處置同類之生命！然而玷污生命與靈魂的"罪惡"則必須處置，這是尊重生命的基本前提。"以後不可再犯罪。"(八：11)這句耶穌的叮嚀，正可以說明耶穌並不姑息罪惡之用心。對於耶穌來說，執法者必須處置者是罪人所犯的"罪"，而不是罪人的"生命"本身。過時的"摩西律法"因不懂尊重生命，所以將"罪"等同於"罪人生命"一併處置，所以人人一旦觸犯法律就必死無疑。現代落伍的法律因不尊重生命，所以也將"犯人"當做"罪惡"本身看待。人一旦犯下「死刑」法律，執法者就加以處死。可是這個犯下"摩西律法"唯一死罪的婦女，卻是耶穌拯救的對象。可見尊重生命的耶穌，並沒有將犯罪的"人"等同於"罪惡"本身看待。因爲犯罪者是"人"，是擁有"上主形像"及"氣息"(靈魂)的人類，天生就享有"人權"與"生存權"。耶穌的人道精神就是本於這樣的認知，所以祂始終尊重生命(參照：創世記一：27、二：7、馬太六：25-34)。也就是說，"尊重生命"比奉行人所設立的「法律」更爲重要，畢竟「法律」不是"人性"最後的裁判！

▊結語

咱從耶穌拯救犯姦淫罪面臨死刑婦女的故事之討論，可以學習耶穌的"法律觀"及其"人道精神"。耶穌教導世人不要拘執於老舊又蹂躪人權的「法律」，因爲它是政府所立的一種約法，是維持社會秩序的"必然之惡"。「法律」雖然白紙黑字有其明文規定，執法者因有"人性"之弱點，其執法時必然有所偏差。何況「法律」不是"人性"最後之裁判。「法律」是人爲的東西，僅具政治約法的意義及一時性效用，並非一成不變永久存在的東西。對基督教精神而言，只有赦免、同情、憐憫、愛心，以及激發人人知罪悔改的眞理，才是裁判的最後原則。因爲"人性"眞正的裁判者是天父上主，不是帶有"人性原罪"之人類。爲此，基督徒就要學像耶穌懷有人道主義精神、瞭解人性軟弱、期待罪人悔改、爲尊重生命而有所作爲。人人若能夠學像耶穌尊重生命，自然就懷有人道精神。進而擁護人權、追求「上帝國」(生命共同體)博愛及公義的社會倫理。基督徒應當學習耶穌勇於接納罪人，赦免人的過犯。畢竟"赦免"是醫治"人性弱點"的妙方，能夠教人勿再犯錯，進而促進社會和諧。所以說，尊重生命之功課何其重要！耶穌的人道精神，使摩西留下的"死刑惡法"變成無用武之地。在此耶穌留下了建立"自然法"的偉大榜樣，同時教導人人以人道精神去拯救罪人，運用尊重生命的"自然法"去醫治有罪的社會。唯有如此才能夠使咱的社會充滿希望，人間滿有寬恕、友愛、正義與和平！

　　走筆至此，筆者必須提醒台灣基督徒，去正視當今在台灣的中國國民黨這個外來政權之"一黨獨大"，利用

「法律」欺壓在野黨政治人物的邪惡事實。就如國民黨的馬英九於2008年取得總統大位之後，甫下台的台灣人反對黨總統陳水扁先生，不到半年即成為馬英九的第一位政治犯，現在已被關了兩百多天(自2008年11月至2009年7月)。特偵組以白色恐怖手段押入取供，又半途換主審法官，故意一再延押。更有進者，凡是"阿扁團隊"的成員均被入罪，無一倖免！2009年9月11日此案第一審宣判，陳水扁前總統及其夫人吳淑珍女士，被蔡守訓法官判處"無期徒刑"，罰款新台幣五億。十分明顯地，這類政治性宣判旨在警告台灣人不可以坐上"總統大位"，因為台灣是中國國民黨的殖民地，至終應該和中國統一，不容台灣獨立建國。難怪國民黨前大官許水德敢於公然宣稱："法院是國民黨開的。"意下不外警告被國民黨殖民統治慣了的台灣人不要反抗，要永遠做"乖乖牌順民"。台灣人如果與國民黨作對的話，就以"法院"伺候，有官司可打。這就是馬英九那麼喜歡控告人，包括控告起訴他的檢察官侯寬仁的原因所在(侯檢察官已被判無罪確定)。所以說，當今台灣社會的「法律」少有"正義"可言。

2009.09.12

8 耶穌與道德家

　　有一個法利賽人，名叫尼哥底母，是猶太人的官。這人夜裏來見耶穌，說：「拉比，我們知道你是由　神那裏來作師傅的；因爲你所行的神蹟，若沒有　神同在，無人能行。」耶穌回答說：「我實實在在地告訴你，人若不重生，就不能見　神的國。」尼哥底母說：「人已經老了，如何能重生呢？豈能再進母腹生出來嗎？」耶穌說：「我實實在在地告訴你，人若不是從水和聖靈生的，就不能進　神的國。從肉身生的就是肉身；從靈生的就是靈。我說：『你們必須重生。』你不要以爲希奇。風隨著意思吹，你聽見風的響聲，卻不曉得從哪裏來，往哪裏去；凡從聖靈生的，也是如此。」

　　尼哥底母問他說：「怎能有這事呢？」耶穌回答說：「你是以色列人的先生，還不明白這事嗎？我實實在在地告訴你，我們所說的是我們知道的；我們所見證的是我們見過的。你們卻不領受我們的見證，我對你們說地上的事，你們尚且不信，若說天上的事，如何能信呢？除了從天降下，仍舊在天的人子，沒有人升過天。摩西在曠野怎樣舉蛇，人子也必照樣被舉起來，叫一切信他的都得永生。 神愛世人，甚至將他的獨生子賜給他們，叫一切信他的，不致滅亡，反得永生。因爲 神差他的兒子降世，不是要定世人的罪，乃是要叫世人因他得救。信他的人，不被定罪；不信的人，罪已經定了，因爲他不信 神獨生子的名。光來到世間，世人因自己的行爲是惡的，不愛光，倒愛黑暗，定他們的罪就是在此。凡作惡的便恨光，並不來就光，恐怕他的行爲受責備。但行眞理的必來就光，要顯明他所行的是靠 神而行。」

約翰福音書三：1-21

　　耶穌在當代「猶太教」(Judaism)廢墜的時代進行宣教活動，的確引起猶太人的兩極反應。贊成他的猶太人(各種階層的人都有)，就認爲耶穌的教訓革新了「猶太教」的舊教條，使猶太人的傳統信仰注入新的活力(見：馬太七：28-29)；反對他的人(以撒都該人、法利賽人、希律黨人居多)認爲耶穌的教訓十分反傳統，根本就是「摩西律法」的叛徒。所以被認爲是擾亂猶太社會之罪魁禍首，非置他於死地不可(馬太二十六：3-5)。不過有良知的猶太教徒，仍然是欽佩耶穌的言談及其教訓的。因爲他的教訓是猶太人的希望，不同於「猶太教」的祭司集團、經學士與法利賽人那麼守舊呆板。尤其是他勇敢指斥那些經學士，與走敬虔主義路線的法利賽人之不是與虛僞，是一般猶太人所辦不到的(馬太二十三：1-36)。而且耶穌的「人道主義」作爲，更受猶太人及外邦人所擁護。就像醫病趕鬼、親近罪人、婦女、兒童，就連羅馬軍人(馬太八：5-13、路加七：1-10)以及迦南婦人(馬太十五：21-26、馬可七：24-30)，他也同樣協助。如此種種「猶太教」的拉比、祭司、經學士與法利賽人做不到的事，耶穌都能一一做到。爲此，耶穌贏得了一位法利賽紳士的尊敬，並且在夜間專程去拜訪他。《約翰福音書》(三：1-15)，就記載這位名叫「尼哥底母」(Nicodemus)的法利賽紳士故事，他是一位典型的猶太社會道德家。

一、法利賽人的尼哥底母

根據《約翰福音書》(三：1-15)之介紹，這位名叫「尼哥底母」(Nicodemus)的法利賽人(即「猶太教」敬虔主義派)，是猶太社團的一個領袖。有人以爲他是「猶太議會」的七十議員之一，是上流階級的官員。而他的名字也很有意思，因爲「尼哥底母」的意思就是"人民的勝利者"(Conqueror of the people)。值得留意的是：這個「名字」在當代的猶太社會十分流行，如同「約翰」(John)與「西門」(Simon)的名字一樣。這位法利賽紳士不同於其他法利賽人始終和耶穌的事工與言行作對，反而深具正義感又是非分明，也十分尊敬耶穌。一次耶穌來到耶路撒冷佈教，法利賽人即會同祭司長所派之警衛要去逮捕耶穌。因爲群眾信服耶穌之言談，警衛即不敢下手(約翰七：32-43)。理由是：從來沒有人之教導像耶穌那麼精彩。所以他是「先知」，也有人說他就是「基督」(彌賽亞)。法利賽人認爲群眾與警衛均受愚弄，因為「先知」與「基督」應該出自大衛王城的伯利恆(屬猶太省)，而不是加利利省(指拿撒勒)，因為這是「摩西律法」的教訓。當時法利賽紳士尼哥底母在場，他立即提出反問：〝咱的律法豈容許人在沒有聽當事人口供及查明真相之前，就定人的罪嗎？〞(約翰七：45-52)由此可見這位法利賽紳士之為人處世十分公正，其行止完全和一般的法利賽人不同，既明理又有慈悲心。那麼為何尼哥底母在夜間訪問耶穌？大概其原因及目的有二：

(一)夜訪耶穌的原因

尼哥底母是猶太省上流階級的官員，在白天就教於出身加利利拿撒勒的先知耶穌，一定會受到耶路撒冷聖殿的祭司集團、猶太教拉比、經學士及法利賽同道之誤會。因為耶穌時常公然指斥這些猶太教領袖的罪惡，為此這些猶太教領袖，計謀以耶穌違反「摩西律法」(猶太教教條)為理由要逮捕他。所以尼哥底母才於夜間專程就教於耶穌，避免這些人藉口攻擊他。因為尼哥底母平素歆慕「永生之道」，所以非要親近這位來自加利利的先知耶穌不可。

(二)夜訪耶穌之目的

尼哥底母不但認同耶穌的教導，也對他親近弱勢人群及協助一般庶民的偉大人格深受感動！也就是說，耶穌的教導既真切又有內容，不像耶路撒冷的祭司、拉比、經學士、法利賽人一樣，只會說而不會去實行。因此相信耶穌是來自上主的拉比，不是一位普通人。何況耶穌行了許多醫病趕鬼的神跡，勇於親近婦女、兒童，又感化社會上的角頭兄弟(罪人)使他們改過自新。而這些事實均非猶太教領袖能夠做得到的。所以耶穌是「先知」、是「基督」(彌賽亞)，足以為自己的導師。就是這些原因使尼哥底母慕名而於夜間就教於耶穌，目的是要從耶穌那裡學習"永生之道"，甚至想在暗中做他的門人。為的是「猶太教」所強調的「摩西律法」已經成為"死教條"，無法滿足自己的需要。

二、耶穌對尼哥底母的教導

尼哥底母和耶穌見面時，便開始一段有趣的對話。尼哥底母先是說出他對耶穌的印象是：一位來自上主那裡的教師，因為有上主同在才能夠行他人所不能夠行的神蹟(三：2)。耶穌的直接回應是：人若不「重生」(Being born anew)，就不能進入「上帝國」(三：3)。可是尼哥底母實在不明白耶穌的教導，認為老人怎麼能夠再回到母胎重生一次呢？(三：4)。耶穌聞訊就指點他：「肉身」由父母所生，「心靈」由水(指洗禮記號)與聖神所生。所指的「重生」及「心靈」(靈性)之更新，也就是從「聖神」而來的新生命。因此「重生」之教導不必想入非非，是指"人性"

(心靈)獲得完全自由的意思。人一旦「重生」，其心靈就會如同「風」一樣隨意吹動、自由自在(三：5-8)。其時，尼哥底母十分驚奇耶穌的教導，便又質問耶穌怎麼會有如此的經驗？於是耶穌直指：當今猶太教領袖(以色列教師)最大的缺失，就是不明白這種使「人性」獲得真正自由(重生)的真理。而這種重要真理，係來自從天上降下的「道」成肉身之「人子」。

只是這位「人子」最後必被舉起(指被釘死於十字架上)，如同摩西在曠野舉起「銅蛇」一樣(三：9-14)。「人子」之犧牲無他，就是要使一切信他的人均獲得"永恆的生命"(永生)。因為上主為要愛這個問題世界，才賜下祂的「獨生愛子」(這是希臘文化之「信仰語言」，表示「上主本質」之分化)給予世人，使一切相信他的人不至於滅亡，反而得到"永恆的生命"(永生)。因為上主聖子來到人間，不是在於審判這個世界，而是要使這個世界因著他而得救(三：15-17)。不過「真光」來到人間，世人卻加以拒絕反而愛黑暗，所以都要被定罪。作惡者都恨「真光」，唯恐其惡行露餡。可是依照真理作事的世人卻親近「真光」，來顯明他們所作所為均依照"上主的旨意"(三：18-21)。從這些教導不但使法利賽紳士的尼哥底母大開眼界，也使咱基督徒明白下列兩點：

(一)「重生」是一種新的宗教經驗

耶穌要求尼哥底母必須「重生」的原因，不外要他走出「摩西律法」此一踐踏靈性生活的老教條。人若甘願脫離「猶太教」古板教條之囹圄，才能夠「重生」。因為「摩西律法」的老教條一旦在人之上壓迫「人性」的話，相等於踐踏「生命」，也就沒有「重生」之可能。所以「重生」就是一種勇於棄絕「猶太教」老教條的宗教經驗，是離假就真的新嘗試，也是人進入「上帝國」這個大家庭的第一步。所以說，耶穌要求尼哥底母「重生」，相等於要求他務必須接受一個「新宗教」。惟有如此，才會擁有"永恆的生命"。至於耶穌言及「重生」的媒介是「水」，係指「洗禮」而言。「猶太教」的入門是「割禮」，然而悔改進入「新宗教」的記號，即施洗約翰之「洗禮」(約翰一：26-28)。施洗約翰是為主耶穌預備道路的一位偉大的先知，他建立「水」的洗禮來象徵「人性」被淨化(悔改)之後，進入「重生」的新宗教經驗。可是耶穌更進一步強調"聖神的洗"，即「內在生命」(靈性)的被淨化，此即「重生」之必要條件。

(二)「重生」來自信靠耶穌基督

當耶穌要求尼哥底母，必須「重生」才能夠進入「上帝國」此一"上主是天父，人類是兄弟姊妹"的生命共同體之時，他誤會耶穌的意思，以為是還要重回母胎重生一次。所以耶穌才在他的面前言及「新宗教」之內涵，即上主聖子進入世界之無條件的愛："因為上主將其獨生愛子賞賜世間，使凡一切信祂的人不至滅亡，反而得到永生。"(約翰三：16)其實約翰這位福音書作者所證言的「永生」(永恆的生命)，也就是「重生」之結果，也和「復活」具同樣的意義。因爲耶穌說過："「復活」在我，「生命」在我，信我的人雖然死了也必「復活」。凡活著信我的人，必永遠不死。"(約翰十一：25-26)所以「重生」與「復活」(永生)具平行的意義，人要「重生」之唯一管道就是信靠耶穌基督。因爲祂是「永生」之主，既能使人「重生」，也能使人從「舊人性」的罪惡中「復活」過來。所以「重生」不是一種空談，而是一種信仰經驗，這是耶穌要求尼哥底母要去追求之目標。因爲「重生」不但是棄舊迎新之經驗(脫離「猶太教」的死教條做新宗教之天國民)，也是「人性」被淨化之必經過程。這種「人性」眞正的自由，就是由信靠耶穌基督而來。

三、人人都需要「重生」

基督教要求信徒接受信仰的第一步，就是承認「人性」之軟弱，也就是勸人悔改「認罪」(原罪)。許多不明就裡的未信者，一聽到信耶穌的入門是「認罪」悔改便非常反感，認爲自己沒有偷、搶、殺人，那裡有「罪」可認？那裡需要「悔改」？問題是在於"文字障"所引起的誤會，因爲將"人性的軟弱"翻譯成漢文的"罪"，難免使人想入非非。爲的是"罪"的用字使人想到偷、盜、搶劫、殺人這些"過犯"的問題，而無法凸顯"人性的弱點"。這點在英文世界比較容易解決，因爲將"人性過犯"用"sin"來翻譯，人眞正行爲上之"犯罪"用"guilty"(or guiltiness)來加以說明。所以當這位法利賽紳士於夜間拜訪耶穌時，耶穌才會教導他「重生」的道理，否則就和「上帝國」這個生命共同體沒有分。

　　也就是說，連敬虔的法利賽道德家也同樣有"人性之弱點"，所以要「重生」(棄舊近新)才會得救，才能進入「上帝國」成爲天父上主之兒女。據此而言，不是只有那些犯有過失的"罪人"需要悔改，就連"道德家"也需要「重生」。因爲凡是亞當的後裔，其"人性"都有弱點，均需要「重生」。如同保羅所說："沒有義人，連一個也沒有。"(羅馬書三：10)又說："因爲人人都犯罪，上主的榮光得不著。"(羅馬書三：23)爲此，人類的得救不是靠著道德家之「善功」及宗教家的「修行」，而是信靠耶穌基督白白賞賜的「恩典」。從而人性軟弱的人(罪人)，才有可能被「稱義」(羅馬書三：24-26)。由此可見，人人都需要「重生」，畢竟"人性"之弱點唯靠耶穌基督「救贖之恩典」才能夠徹底解決。

　　既然世人要進入「上帝國」這個"天父上主大家庭"之第一步，是坦然承認自己"人性之弱點"(即悔改認罪)，所以「重生」的經驗非常重要。人人要有「重生」經驗之要領無他，唯有信靠耶穌的救贖。因爲「救贖恩典」唯來自耶穌基督。信靠這位將"上主本相"啓示出來的「眞光」(約翰一：9、18)，以及揭露人性弱點又呼籲人「重生」的主耶穌，才會擁有「永生」(永恆的生命)。普世基督教會為要見證此一重要教義，就用兩種教會「儀式」來做為人委身於基督教信仰之表徵，那就是「洗禮」(Baptism)與「聖餐」(Holy Communion)。

(一)「洗禮」象徵「重生」

耶穌教導尼哥底母："人要不是從「水」(儀式的洗淨)和「聖神」(人性的真正洗淨者)來「重生」，就不能成為「上帝國」的子民。"(約翰三：5)在此指出「洗禮」即象徵「重生」，是決志信靠耶穌基督的記號。關於「洗禮」與「重生」的關係，使徒保羅解釋得很好。他在《羅馬書》(六：3-4)作如下的解釋："你們知道，咱「受洗」來與主合而為一，也就是「受洗」跟祂同死。藉著「洗禮」，咱已經和祂同死，也一起埋葬(舊人性)，使咱能夠過著新的生活，正如同天父以祂榮耀大能使基督從死裡復活(即「重生」)一樣。⋯⋯咱知道，咱的舊我(舊人性)已經與基督同釘十字架，為的是要摧毀咱的罪性，使咱不再做「罪」的奴隸。"又說："無論是誰，一旦有了基督的生命，就是「新造」(重生)的人。舊的已經過去，新的已經來臨。"(哥林多後書五：17)所以說，人性之「重生」，相等於「新創造」。

(二)「聖餐」體驗「永生」

耶穌在變餅飼養五千人的神跡事件中，凸顯了主耶穌是"生命之糧"(活命的餅)的意義(約翰六：1-15、35)。約翰這位作者更將這件神跡，當做一種可以體驗「永生」之重要「聖餐」。因爲耶穌說："我就是從天上降下來那賜生命的糧食，吃這糧食的人必永遠不死。"(約翰六：51)又說："吃我的肉(以麵包象徵)、喝我的血(以葡萄酒象徵)就有「永生」，在末日我要使他「復活」。"(約翰六：54)爲此，「聖餐」這一聖禮，正是協助基督徒體驗現世「實存永生」的管道。由此可見，「重生」就是人性淨化進入「上帝國」之條件，而「聖餐」印證「永生」始自現世，又是延續到來世之記號。也可以說，「重生」即罪人因悔罪而被「稱義」，「永生」就是與主結連的「成聖」經驗。

▎結語

就上面的討論，使咱明白「重生」是人人進入「上帝國」的新宗教經驗。而軟弱之「人性」必須信靠耶穌基督才能淨化而「重生」，進而體驗「永生」之自由。所以尼哥底母這位法利賽道德家在夜間拜訪耶穌的故事，正代表著"舊宗教"(猶太教)與"新宗教"(基督教)之相遇與對話。舊宗教的「摩西律法」，已經成爲一種無法淨化「人性」之重擔。新宗教藉著信靠耶穌基督之「救贖恩典」，不但能淨化人性而使人「重生」，又能使人得到「永恆的生命」(從現世至來世的「永生」)，成爲天父上主的兒女。現世的教會以「洗禮」象徵「重生」，用「聖餐」體驗「永生」。普世基督教會舉行如此戲劇化的神聖儀禮，正是古今基督徒最重要的信仰產業。

2005.06.05

9 耶穌與婦女

　　過了不多日，耶穌周遊各城各鄉傳道，宣講　神國的
福音。和他同去的有十二個門徒，還有被惡鬼所附、被
疾病所累、已經治好的幾個婦女，內中有稱為抹大拉的
馬利亞，又有希律的家宰苦撒的妻子約亞拿、蘇撒拿，
和好些別的婦女，都是用自己的財物供給耶穌和門徒。

路加福音書八：1-3

　　他們走路的時候，耶穌進了一個村莊。有一個女人，
名叫馬大，接他到自己家裏。她有一個妹子，名叫馬
利亞，在耶穌腳前坐著聽他的道。馬大伺候的事多，心
裏忙亂，就進前來，說：「主啊，我的妹子留下我一個
人伺候，你不在意嗎？請吩咐她來幫助我。」耶穌回答
說：「馬大！馬大！你為許多的事思慮煩擾，但是不可
少的只有一件；馬利亞已經選擇那上好的福分，是不能
奪去的。」

路加福音書十：38-42

　　二十一世紀以前的巴勒斯坦猶太人社會，「婦女」根

本談不上什麼社會地位。這種情形和往昔重男輕女的台灣社會是一樣的。除了她們結婚當了母親(生下男孩之母)，婦女在家庭與社會上根本沒有什麼地位。可是咱從《新約聖經》的「福音書」上之記錄，卻可以看出耶穌是尊重「女權」之主，而且和婦女的關係相當密切。就如：接納有罪婦女、和異族的撒馬利亞婦人談道、治療許多婦女的病痛、啓蒙婦女之信心、同情孤苦寡婦等等，因此獲得許多婦女的愛戴。她們用香膏塗抹祂的腳，盡情地招待祂。當耶穌在各各他被釘時她們勇敢陪伴祂在十字架下，又於七日頭一日前往墓地探望祂的墓。由此足見，主耶穌是人類歷史上「女權」的擁護者及先驅者，所以能夠贏得眾多婦女之愛戴是可以理解的。

《路加福音書》(八：1-3)言及，昔日主耶穌忙於宣揚「上帝國」的福音事工之時，有一群受過祂恩情的婦女不但擁護祂及十二使徒團契，更進一步以物力、財力支援他們的聖工。她們就是：抹大拉的馬利亞(Mary, the Magdalene)、希律(Herod)管家苦撒之妻約亞拿(Joanna, the wife of Chuza)，以及蘇撒拿(Susanna)。當然尚有許多婦女沒有提及她們的名字，只是這三位比較凸顯。爲此在經上特別提起抹大拉的馬利亞，曾經被「七鬼」附身精神錯亂，但被主耶穌治好而使她感恩不盡。約亞拿是分封王希律(Herod)管家(官員)苦撒之妻，收入不錯，因此對主耶穌及十二使徒團契之經濟支援相當出力。至於蘇撒拿雖然沒有特別言及其背景，一定也是相當支持主耶穌宣教的一位婦女，所以作者路加(Luke)

才會提起她的名字。

　　另外於(路加十：38-42)記載主耶穌探望馬大(Martha)與馬利亞(Mary)兩姊妹的故事，也可以看到祂對於婦女之尊重。那時馬大忙著招待耶穌及其門人，而馬利亞只顧坐在主耶穌腳前聆聽祂的教導。結果馬大對妹妹馬利亞不幫忙而有些抱怨。但主耶穌卻爲馬利亞辯護，言及馬利亞所選擇者是最好的福分，沒有人能從她手中奪走。畢竟主的教導，遠比被她們盛情款待來得重要。現就上面經文的故事，來思考主耶穌如何重視「女權」。

一、猶太人的婦女沒有社會地位

　　咱雖然在《舊約聖經》之中認識許多猶太女傑，就如：約書亞(Joshua)征服迦南時協助所派兩個偵探的娼妓「喇合」(Rahab，見：約書亞記二：1-21)、女士師「底波拉」(Deborah，見：士師記四：4-22)、賢慧的摩押媳婦「路得」(Ruth，見：路得記)、猶太人的波斯王后「以斯帖」(Esther，見以斯帖記)等人。傳統上，猶太婦女只有在丈夫保護下才能夠生存，因此一夫多妻風尚被視爲正當。而猶太男人要和妻子離婚也很簡單，只要找理由寫一分「休書」在長老面前宣布便可。

(一)婦女難以直接參與宗教生活

　　摩西「五經」(Torah)：《創世記》、《出埃及記》、

《利未記》、《民數記》及《申命記》這些律法書，當代的猶太婦女是不准研究的。因此猶太教始終反對婦女擔任「拉比」(Rabbi)一職。然而這種風氣已經有所改變，就像現代美國的革新派猶太教已經有「女拉比」出現，這不能不說是反猶太教傳統之作風。因爲傳統上，猶太婦女與小孩(包括奴隸)，都不能誦念祈禱時的 "Schema"(申命記六：4-6，即「聽」之意)。更有進者，猶太男士的日常「祈禱文」當中也有一段這樣的禱辭："讚美上主，因爲你沒有創造我成爲女人。"由此可見，婦女在猶太教社會中，尤其是宗教生活上，根本就沒有什麼地位。

記得二十世紀七〇年代，教末在香港中文大學崇基學院進修博士課程時，曾經有兩次隨著指導教授Dr. Deutch(他是奧地利的猶太人，舊約學教授)，前往「猶太教會堂」做安息日禮拜。其時深深體會到猶太婦女在禮拜中沒有地位之事實。她們在守安息日禮拜時只能坐在次要的位置，即必須和男人分開而坐。這一傳統由來有自，遠在早年猶太人赴耶路撒冷守節(逾越節、五旬節、住棚節)時，雖然有許多猶太婦女同行，她們也只能待在聖殿外院做虔誠的禮拜，根本無機會直接參與猶太教之重要儀式行事。猶太教如此重男輕女作風，當然是主耶穌所不能認同的。

(二)猶太社會限制婦女行動自由

在耶穌時代的猶太人家庭，一旦生下男孩便大肆慶祝，出生第八天也要施行「割禮」(割去包皮)。至於生下女孩就顯得十分平淡，因爲不能爲家族留下「名分」之故。這點和傳統之漢人社會頗爲類似，只是漢人係以「後嗣」爲重(傳宗接代的「香爐耳」)，猶太人則以「名分」(爲家族男人留名而維護其家業)爲主要目的。因爲猶太社會重男輕女風氣太盛，以致丈夫與妻子、父親與女兒，都不能在公開場合交談，若有越軌之行爲是很不名譽的一件事。更有進者，就是不准婦女隨便外出，甚至在家中也不准隨便在男人的住處走動。

猶太人的重男輕女風尚，也使筆者想及基督教剛剛立足於台灣社會時代，其情形也非常類同。因爲台灣傳統社會視"男女授受不親"之故，基督徒要做「禮拜」時男女的座位是分開的。禮拜堂中間都用一面布帘相隔，男女雙方僅能從中間向前方注視著主持禮拜的傳教師。稍後打破這一風氣而促使男女平等者，是從台灣基督長老教會開辦「女學」之時代開始。而於日治時代教育比較普及時，此一男女不平等風氣才逐漸開放落實。

二、耶穌是女權擁護者

閱讀「四福音書」(馬太、馬可、路加、約翰四卷福音書)，就可以明白耶穌對於「女權」之擁護十分積極，這點在傳統猶太社會中可說是史無前例。因爲耶穌尊重婦女之地位相當積極，從而留下許多男女平等的重要榜樣。

(一)耶穌尊重女權之實例

從這一段經文(路加八：1-3)使咱知道：耶穌因爲時常爲婦女解決難題(出自接納婦女及尊重她們而來)，所以那些懂得感恩與回饋的婦女，自然提供財物接濟耶穌及十二使徒團契之所需。又猶太教不准將「摩西五經」的重要道理教導婦女，耶穌卻將「最好福分」的天國眞理，用心教導住在伯大尼的馬利亞(路加十：38-42)，以致引發其姊馬大的嫉妒。猶太拉比們向來就不准男人隨便和婦女交談，耶穌則一反傳統，公然和外邦婦女談道，又稱讚她的信心(馬可七：24-30)。並且和世仇極深的撒馬利亞婦女談道，改變她由壞變好(約翰四：1-42)。耶穌更稱讚一位社會所看不起的窮寡婦的些微奉獻(馬可十二：41-44)，又十分大膽地用"婦女之失銀"爲喻，來強調上主尋找浪子回頭的用心(路加十五：8-10)。而最能夠表達耶穌尊重女權之實例，就是耶穌從死裡復活之時，首次向人顯現的對象竟然是婦女，即那位愛主耶穌至深的抹大拉馬利亞(約翰二十：12、11-18)。接著才向其他的婦女及門人顯現(馬太二十八：9-10、16-20、路加二十四：13-49、馬可十六：9-18、約翰二十：19-23、使徒行傳一：6-8)。上列的這些實證，足以看出耶穌如何尊重女權之用心。因爲在耶穌看來，婦女是「上帝國」所不可缺少的天父上主同工，她們愛主之心及勇氣是男人所比不上的。

(二)耶穌同情弱勢婦女

你我在「四福音書」中，處處可以發現耶穌是弱勢婦女之友這一事實。至少在「四福音書」裡面，有三件使死人復活的神跡都和婦女有關。就像：耶穌使猶太會堂的管理者「睚魯」(Jairus)的女兒復活(馬太九：18-26、馬可五：21-43、路加八：40-56)，又使拿因城(Nain)一位寡婦的獨子從死裡復活(路加七：11-17)，更使伯大尼友人「馬大」(Martha)和「馬利亞」(Mary)的兄弟「拉撒路」(Lazarus)，死亡四天之後復活(約翰十一：1-44)。對於重病之婦女，耶穌更十分同情她們，將她們的重症治好。就像有一位患了十二年「血漏」(婦科重症的病，猶太人視為不潔)的婦女，因其憑信心摸了主耶穌的衣襟(衫仔裾)便獲得痊癒，為的是這類禁忌的病症是污穢重症不能公開(馬可五：25-34、路加八：43-48)。

在昔日猶太人的社會，「娼妓」被視為是下賤的婦女，因為她們是男人發洩性慾之工具。可是耶穌連這麼卑賤之女人也加以接納，只要她能夠重新做人。有一次耶穌到法利賽人的家中做客，突然來了一位惡名昭彰的妓女，帶了一隻盛滿香料的貴重玉瓶在耶穌的腳前懺悔哭泣。又用她的頭髮擦乾滴在耶穌腳上的淚水，用嘴親吻他的腳，而後再把香油抹上。其時主人心裡想著：如果主耶穌是先知的話，一定知道這位婦女的底細。於是知人心意的主耶穌即時採取機會教育，其時不但給主人上了一課，也宣布這位罪婦之得救。因爲她的信心救了她，所以命令她可以平安回家去(路加七：36-50)。難怪主耶穌大膽向猶太教神學家及敬虔主義者宣告說："稅棍和娼妓會比他們先成爲上帝國之子民。"(馬太二十一：31)

　　另外在《約翰福音書》(八：1-11)之中，記載著主耶穌如何採取人道主義立場，拯救一位犯姦淫罪婦女現行犯免於「死刑」的故事(根據：申命記二十二：22以下之規定，姦淫罪即唯一的死罪)。故事言及經學士與法利賽人，帶來了一個犯了姦淫罪婦女，故意入罪於主耶穌。如果當時主耶穌根據「摩西律法」(一種當代適用的猶太教實證法)允許他們用石頭處死那個罪婦的話，羅馬殖民政府官員會將耶穌拘捕，因爲「死刑」也必須照會羅馬統治者。如果主耶穌阻止採用「摩西律法」處死那個罪婦，他們也會反咬一口，說耶穌是羅馬殖民政府之走狗。於是耶穌不發一言在地上寫字(可能寫了「十誡」之第六誡："不可殺人"條文)，可是心硬的那幫人如同台灣立法院那幫國親兩黨之立委一樣，不停地繼續追問。主耶穌只好用那幫僞君子宗教家所熟悉的教條質問他們："你們當中誰沒有「罪」(指人性弱點)，就可以先拿起石頭打死她。"(約翰八：7)因爲主耶穌的發言刺到這幫僞君子之痛處，他們於是一個一個的溜走。最後主耶穌訓誡那位罪婦，吩咐她勿回家之後再犯罪(八：11)，從而保住了她的生命。「法律」將人與罪一併處置，主耶穌則以「自然法」只處置人犯「罪」的問題，而將「人」當做救拔之對象，畢竟人間的「實證法」(positive law)不是「人性」最後的裁判！無論如何，這個故事充分凸顯主耶穌的人道主義，尤其是對於「女權」之擁護這點。

(三)耶穌接受婦女之感恩

《約翰福音書》(十二：1-8)這段經文描述，伯大尼(耶路撒冷附近村落)一個蒙恩家庭的女徒馬利亞，為表達主耶穌對她教導之恩(見：路加十：38-42)，以及使她的兄弟「拉撒路」從死裡復活(見：約翰十一：1-44)的感恩之情，而用她畢生積蓄買來的一瓶非常珍貴的「純哪達香油」(ointment of pure nard，由一種產自喜馬拉雅山中的奇香植物"Spikenard"香草所提煉)倒在主耶穌腳上。又用她自己的頭髮擦拭，使室內充滿了香味。此一故事在另外兩處經文：《馬太福音書》(二十六：6-13)及《馬可福音書》(十四：3-9)均有記載，只是有些差異。因為《約翰福音書》言及此事發生於伯大尼的馬大、馬利亞及拉撒路家中，倒玉瓶中的香料在耶穌腳上的人是馬利亞(與她對主的感恩有關)。而後兩卷福音書，卻說是在伯大尼那位患痲瘋病被主治好的「西門」(Simon the leper)家中，也只言及一位女人而沒有提起「馬利亞」的名字。而且提到有一些人抗議如此之做法太過浪費，因它可賣三百多銀子來救濟窮人。可是《約翰福音書》的記載，只有單單指出「加略人猶大」(Judas Iscariot)一人提出抗議，還加上"他說這話並非真心關懷窮人，因為他是賊，常常盜用團契之公款"(約翰十二：6)等語。其時主耶穌的回應是："由她去做吧！因爲是爲我的安葬做準備。"(約翰十二：8)值得注意的是：這件事發生不久，主耶穌即光榮進入耶路撒冷城，並且踏上十字架犧牲的道路。

三、耶穌的女性門人

咱從上面的兩段經文，至少知道耶穌所招募的女性門人之中有列名者，即抹大拉的馬利亞、約亞拿、蘇撒拿、馬大及馬利亞兩姊妹。她們也是比較接近主耶穌的女徒弟，當然尚有許多女性門人未被列入。下面就來一一介紹這五位最親近主耶穌的女性門人，藉以認識她們之出身。

(一)抹大拉的馬利亞(Mary, called Magdalene)

在《新約聖經》之中，以「馬利亞」(Mary)爲名字的婦女，所知道者一共有六個人。一爲主耶穌的母親馬利亞；二爲革流巴(Cleopas)之妻馬利亞，她是耶穌母親的姊妹(約翰十九：25)；三是抹大拉的馬利亞，她始終支持耶穌之事工(路加八：3)；四爲伯大尼的馬利亞，她用價值三百銀圓的香料塗抹耶穌的腳(路加十：38、約翰十二：1以下)；五爲馬可(Mark)之母馬利亞，她是虔誠的基督徒(使徒行傳十二：12-13)；六爲遠在羅馬帝國首都羅馬城的基督徒馬利亞(羅馬書十六：6)。所以「抹大拉的馬利亞」只是其中的一位同名的婦女而已，但其角色十分重要，是主耶穌的忠實女門人。

根據資料所示，她因居住於加利利省西南方，迦伯農南部近提比利亞城鎮的「抹大拉」(Magdalene)村落，所以才在她的名字上加上「抹大拉」這個地方名稱，以便和別個「馬利亞」分別出來。她之所以成為主的門人，係出於她對主的感恩，為的是主耶穌曾經從她身上趕出七個污鬼(馬可十六：9、路加八：2)。由此見之，她本來是個精神失常的病婦，受過主耶穌的醫治才成為祂的女門人，有些人以為她從前是一位行為不檢之犯罪婦人，就是受主感召之後用香油抹主的腳那一位(見：路加七：36-50)。事實上，那個婦女應該另有其人，不是這位抹大拉的馬利亞。按這位主耶穌的女門人，既有信心又有愛心，而且非常勇敢。當主耶穌忙於宣教事工時，她和其他的女門人供應物資與金錢，使主耶穌無後顧之憂。在主耶穌被釘在十字架上其他門人都跑掉(只剩年輕的約翰在場)之時，她和主的母親及兩位女性站在十字架下，伴隨耶穌走完人生之最後一程(約翰十九：25)。她又親自目睹主耶穌的安葬(馬太二十七：61)。在主耶穌死後三天的"七日的頭一日"，會同其他婦女(革流巴之妻馬利亞和撒羅米)攜帶香料前往墓地要塗抹主的遺骸，卻發現是一座「空墓」(馬可十六：1以下)。稍後復活的主向她顯現，而使她成為眼見主復活之第一人(馬可十六：9、約翰二十：11-17)。繼而入城向主的門人報告此事，他們因此而相信主已經復活(約翰二十：18-29)。以上是咱對抹大拉的馬利亞之認識。咱也從這位主的女門人身上學習到信心、愛心及勇敢之品德，以及其感恩及奉獻之精神。

(二)苦撒之妻約亞拿(Joanna)

關於「苦撒」(Chuza)之妻「約亞拿」(Joanna)的詳細事跡，實在難以查考。然而依據《路加福音書》(八：3)所指，其夫「苦撒」爲加利利分封王「希律」(Herod)之管家。據此理解而言，「約亞拿」應該是一位經濟充裕之貴婦人。她之所以成爲主耶穌的門人，雖然「福音書」沒有做任何交代，但一定是受過主的協助才決心成爲女門人的。爲此，她和抹大拉的馬利亞一樣，既做主耶穌的女性門人，也以財物供應主耶穌及其十二使徒團契，使他們的聖工沒有後顧之憂。「約亞拿」是非常勇敢的女門人，因在主耶穌被埋葬三天之後的"七日頭一日"(猶太教說法)，她曾經會同抹大拉的馬利亞及雅各的母親馬利亞，帶著香料前往墓園探望，企圖再次塗抹主的遺體，卻發現已經是一座「空墓」，爲的是主耶穌已經從死裡復活(見：路加二十四：1-12)。

(三)蘇撒拿(Susanna)

在「四福音書」中，除了《路加福音書》(八：3)提到「蘇撒拿」(Susanna)的名字以外，實在找不到有關她的任何記錄。但猶太教次經《蘇撒拿的歷史》(History of Susanna)也和她無任何關係，因其只是一部宗教性質的小說而已。不過咱也可以做一個合理的推想：蘇撒拿之委身於耶穌，甘心做一位供應老師物資生活的女門人，必定受過耶穌的恩惠。顯然的，她的信心、愛心、勇氣，及對主耶穌的感恩與奉獻，均值得後世基督徒去學習。

此外作者「路加」(Luke)又言及：除了上列三位女門人之外(她們可能如同今日的婦人會會長及幹部)，尚有其他一些婦女，供給主耶穌及十二使徒團契物資上之所需(路加八：3下)。那些女門人到底是誰？有多少位？根據《馬可福音書》(十五：40-41)言及，在加利利跟隨耶穌的女性門人尚有小雅各與約瑟之母「馬利亞」(Mary, the mother of younger James and Joses)，以及「撒羅米」(Salome)。而其中的「撒羅米」均公認為「西庇太」(Zebedee)之妻，「雅各」(James)與「約翰」(John)之母(見：馬可十五：40，及十：35-45)，也即耶穌母親馬利亞的姊妹。她們的共同志向就是為建設「上帝國」於人間而付出奉獻，憑她們的信心與勇氣來跟隨主耶穌。

(四)馬大與馬利亞(Martha and Mary)

在《路加福音書》(十：38-42)及《約翰福音書》(十一：1-44)這兩處經文，均記載「馬大」(Martha)與「馬利亞」(Mary)這兩位姊妹，及其兄姊「拉撒路」(Lazarus)的故事。而其中的「馬利亞」，曾經用極有價值的純哪達香油抹過主耶穌的腳，藉以表達對主耶穌拯救她以及她兄弟拉撒路的感恩(約翰十二：1-8，又見馬太二十六：6-13、馬可十四：3-9)。由此見之，這個伯大尼家庭的三個成員：馬大、馬利亞及拉撒路，均爲主的門人及知交，也是主耶穌及其十二使徒團契的有力支持者。主耶穌因爲曾經行了，使拉撒路這位家中唯一的男人，從死裡復活(約翰十一：1-44)的神跡，馬大及馬利亞從此感恩不盡。爲此馬利亞更用其畢生積蓄所買來的香膏(用玉瓶裝著)抹了主的腳，並用頭髮去擦拭。

就這兩位女門人之性格論，馬大善於接待主及其門人，因此後代基督徒稱那些善於接待人的婦女爲"馬大姊"。馬利亞則專心追求眞理之福分，所以時常把握機會就教於主耶穌(見：路加十：38-42)。因爲當代猶太婦女是無權研究猶太教教義(摩西律法)的，主耶穌卻將「上帝國福音」教導她們，使這兩位姊妹都成爲主的女性門人。值得注意的是：馬利亞用香油抹主的腳之地點，是在伯大尼曾經患過痲瘋病的「西門」(Simon)之家(馬太二十六：6-3、馬可十四：3-9)。因此有人認爲馬大就是西門之妻，她是個寡婦。無論如何，做爲主耶穌女性門人的馬大及馬利亞，都是知恩必報又滿有信心及愛心的婦女，所以可爲基督徒婦女之最佳楷模！

咱從這些主耶穌的女性門人之介紹及認識，可以肯定婦女也是上主的好同工。主耶穌在世時因爲有這幾位女性門人於物質上及金錢上之支持，才能夠順利推展「上帝國」的福音聖工。因爲當代猶太人忽視婦女之社會地位，主耶穌卻十分尊重她們、拯救她們，所以才會贏得婦女門人的愛戴。再者，她們也懂得用行動表達對主的感恩及奉獻，而這些表現均值得現代基督徒婦女去學習。現代基督教會中的確有許多具有才能及各種恩賜之婦女，她們都是事奉聖會的上主同工，如同昔日主的女性門人一樣。

▌結語

　　就上面的探討，咱已經能夠認識主耶穌如何尊重猶太婦女之事實。婦女患病主耶穌給予醫治，求助於祂也不會被拒絕。祂救拔罪婦免於死刑，協助娼妓棄舊迎新脫離罪惡生活。難怪主耶穌於生前及死後能夠贏得那麼多婦女之愛戴，為的是祂推動婦女人權。時代已經不同，台灣社會已經呈現男女平權風氣。儘管如此，咱應該藉著"耶穌與婦女"這個論題，去重新正視婦女在教會中所扮演之角色。在基督化家庭中，更不可出現不平等的重男輕女現象。畢竟婦女有她們獨特之尊嚴：既擁有「上主形像」及「上主活氣」(創世記一：27、二：7)，也可以做男人所做的一切事工，包括做為主耶穌的女性門人。何況婦女從小到老在社會上及教會中之角色十分重要，她們都是人類的「母親」(這是女性最為驕傲的一件事)以及上主的好同工。所以說，新時代的基督徒女性應該"善用生命，與主同工"，用信心、祈禱及禮拜的行動榮光上主。

10 耶穌與孝道

　　當下，耶穌的母親和弟兄來，站在外邊，打發人去叫
他。有許多人在耶穌周圍坐著，他們就告訴他說：「看
哪，你母親和你弟兄在外邊找你。」耶穌回答說：「誰
是我的母親？誰是我的弟兄？」就四面觀看那周圍坐著
的人，說：「看哪，我的母親，我的弟兄。凡遵行　神
旨意的人就是我的弟兄姊妹和母親了。」

馬可福音三：31-35

　　用《馬可福音》(三：31-35)的故事，來思考"耶穌與孝
道"的問題，可以說十分恰當。

　　對漢人的社會而言，"孝道"的確深受孔夫子思想的
影響。所以台灣民間有"百行孝為先"的傳統信條。因
為基督徒的家中沒有設置「公媽」牌位，也不崇拜「祖
先」，所以被外人誤會至深，認為基督教是個"不孝"的
宗教。事實上基督教不贊同以這種視"死之祭"來做為
一種"孝道"之行為，應該是強調"生之孝"才是家庭倫
理之所本。如同俗語所謂："在生喫一粒豆，卡好死後孝
豬頭。"為此，基督教有關"生之孝"的強調，遠勝過

"死之祭"。《舊約聖經》中的「十誡」開宗明義於第五誡強調說："要孝敬父母,好使你在我(上主)要賜給你的土地上得享長壽。"(出埃及記二十：12)使徒保羅同樣重複摩西「十誡」的第五誡命之精神,教導以弗所教會的兄姊說："你們做兒女的要聽從父母,這是基督徒的本分。要孝敬父母,你就事事亨通,在世上得享長壽。這是第一條帶有應許的誡命。"(以弗所書六：1-3)明白其中的重要教訓,就可以清楚教外人士絕對無理由譏笑基督徒為不孝之徒。至於對已逝之先人(公媽),基督徒的紀念方式更為徹底,那就是《族譜》之設置。這點正是《馬太福音書》(一：1-17)與《路加福音書》(三：23-28),明明記載兩個"耶穌族譜"之理由所在。

一、經文的故事

　　《馬可福音書》(三：31-35)的故事,其他的兩本「福音書」也有所記載,即《馬太福音書》(十二：46-50)及《路加福音書》(八：19-21)。不過其內容細節,不如馬可作者的詳細。故事言及：耶穌某日在加利利某一個鄉鎮(可能是在迦百農)宣講「上帝國」(生命共同體)的福音。那時因為耶穌的名聲遠播,各處的人都來找他。也有親人出來阻止他的宣教活動,因為聽信人說到耶穌被「別西卜」(鬼王)附身而發狂的惡言(馬可三：20-22)。此事可能被其母親馬利亞和兄弟聽見,他們就特地前來探望耶穌。有一群圍坐在耶穌身邊的人知道此事，就對耶穌傳達母親與兄弟前來找他的消息。其時，耶穌以機會教育的方式來強調其"上帝國的孝道觀"。於是就公然質問聽眾："什麼人是我的母親？什麼人是我的兄弟？"可是眾人沒有回應。於是耶穌環視周圍的聽眾宣布說："你們看，這些人就是我的母親與兄弟。因為凡實踐天父上主旨意的人，就是我的兄弟姊妹和母親。"

如果按照故事的內容看來，在「儒家」影響下的台灣社會人士，必然會因為這段經文之記述對耶穌的言談產生很大的誤會。理由無他：耶穌的言談超出台灣傳統"家庭倫理"之強調。因為他太不尊重母親，甚至有"不孝"之嫌疑。關於這一疑問，將在"耶穌的孝道觀"這個段落加以討論。

二、檢視傳統的孝道觀

台灣社會傳統的"孝道"觀念，顯然受到「儒教」與「民間信仰」之影響。而且因此牢不可破，也影響人踏入基督教教會之門的勇氣。

(一)儒教之影響

「儒教」有一冊專講"孝道"的文獻，叫做《孝經》。它給"孝道"所下之定義是："身體髮膚受之父母，不敢毀傷，孝之始也。立身行道揚名於後世，以顯父母，孝之終也。"又說："夫孝，始於事親，中於事君，終於立身。"而這些大道理，均不出於孔夫子的教訓："孝弟也者，其爲仁之本矣。"(論語)當然這類的觀念已經不能合乎時代潮流。不過《論語》也有比較合理的說法："今之孝者，是謂能養。至於犬馬，皆能有養；不敬，何以別乎？"然而下面的教訓，則需要批判："敬其所尊，愛其所親，事死如事生，事亡如事存，孝之至也！"(中庸篇)又說："生事之以禮，死葬之以禮，祭之以禮。"(論語)而這類"事亡如事存"及"祭之以禮"的說辭，就不是「一神信仰」(monotheism)的基督教所能夠接受的。

(二)民間信仰之影響

「台灣民間信仰」(包括「道教」)也繼承「儒教」那種兒子必須"事亡"(拜公媽)之傳統，而且視其爲"傳宗接代"之理由。所以家中男兒不可忽略祭祀祖先之"香爐耳"(拜公媽即"孝道"之表現)。

1. 傳宗接代就是大孝

所謂"不孝有三，無後爲大"(孟子)的話，原來只是一種"養兒待老"之強調。經過「宗教化」加工之結果，就變成每個家庭都要求男孩去"拜公媽"。也即傳宗接代維護其「香爐耳」才算是大孝，否則即"不孝"。結果害慘

了那些不會生下男孩之婦女在家庭中受到翁姑之打壓，甚
至鼓勵兒子娶妾藉以傳後代。

2. 喪事鋪張的僞孝

許多台灣人平時根本不顧父母死活。但若爲雙親料理
喪事時，卻表現出十分鋪張，來表示他們的孝順。如此之
"僞孝"，實在很不足取。因非出於眞正之孝心，而是出
於"面子"的問題。

3. 祭祀公媽非出於眞孝

公媽有所祭祀，才能維持家族祖先之血脈促使其"永
生"。否則一旦疏忽公媽之祭祀，他們就會淪爲"餓鬼"
與"孤魂"。由此見之，「拜公媽」於表面上見之似乎是
"孝道"表現，其實係出於"懼怕亡靈"之心理。這點也
是引導人入信基督教最困難之處，因害怕逝去先人如果不
加以祭拜的話，將會變成餓鬼與孤魂，從而不利於家道繁
榮。

三、耶穌的孝道觀

生爲猶太人的耶穌，一定清楚摩西「十誡」第五誡所
強調的"孝道精神"。也一定知道打罵父母者，按照「摩
西律法」是唯一死刑的教訓(見：出埃及記二十一：15、17)。而
舊約經典中的《箴言》有關子女孝敬父母的教訓，有相當

清楚的宣示：子女務要聽從與孝敬父母、善待父母、取悅父母，並以父母為榮(見：十七：6、十九：26、二十：20、二十三：22、25)。然而在「四福音書」(馬太、馬可、路加、約翰之耶穌傳)，卻凸顯耶穌的言談往往超出親情，因而被讀者誤解耶穌的孝心。其實耶穌是一位十足之"孝子"，下面之分析就能夠明白。

(一)耶穌是一位孝子

耶穌自始至終都是一位孝子，因為他和你我一樣有自己的雙親。下列兩則證言可以為例。

1. 斥責經學士與法利賽人亂指門人不孝

一次經學士與法利賽人，胡亂指責耶穌的門人不遵守祖先遺傳時，耶穌的回應很直接，認為他們慣於違背上主的命令而為自己的不孝找藉口："上帝說，「要孝敬父母。」又說，「咒罵父母的人要受死刑。」你們卻偏偏說，「若有人將奉養父母的東西當做祭物獻給上帝，他就用不著孝敬父母。」這就是你們藉口傳統，而因此抵消了上帝的話。"(馬可七：1-13、馬太十五：1-6)由此可見，耶穌的孝道觀勝過當代猶太教的經學士與法利賽人。

2. 盡到做長子之責任

耶穌在加利利的拿撒勒家中盡其長子職責，至少有三十年之久。之後進入他的公生涯，宣揚「上帝國」這一生命共同體的福音。可是在三年半之久的傳福音生涯中，他依然是一位孝子。這點可以從他在十字架上所說的話：〝媽媽，看，你的兒子。〞以及將母親交代其年輕門人：〝看，你的媽媽。〞(約翰十九：25-27)就可以領略耶穌做爲馬利亞長子所表達之孝心。所以說，耶穌實在留給後代一個〝孝道〞的好榜樣。

(二)耶穌是神子

耶穌不但是〝人子〞，也是〝神子〞。而做爲上帝國發言人的〝神子〞耶穌，他的言談當然超越〝親情〞。因此才會在門人面前公開宣布：〝凡實踐天父上主旨意的，就是我的兄弟姊妹與母親。〞下面的一些故事，可以看到耶穌以〝神子〞之立場發言：

1. 十二歲時在耶路撒冷聖殿的言談

耶穌十二歲時隨同父母上耶路撒冷聖殿守逾越節，因和聖殿中的猶太教神學家談道太過於認眞而沒有返家。三天後父母在聖殿找到他時，他的回應竟然是：〝爲什麼找我？難道你們不知道，我應當在我父親的家裡嗎？〞(路加二：41-51)最後耶穌也順服父母回到拿撒勒家裡。

2. 迦拿婚筵時對母親的言談

　　一次耶穌前往迦拿親戚家中，和母親一同參加親友之婚筵。因為婚筵的酒用完，母親為了親友的面子向他轉達此事，意欲請他協助。其時耶穌對母親馬利亞說："婦人(媽媽)，請你別勉強我做什麼，我的時間還沒有到。"(約翰二：4)最後，耶穌還是聽從母親之建議，用六個石缸的水變成了"美酒"。

3. 奉行上帝國的孝道觀

　　耶穌在加利利某鄉鎮，宣揚「上帝國」這個"上主是天父，人類是兄弟姊妹"的生命共同體福音時，當著眾人面前宣告："什麼人是我的母親？什麼人是我的兄弟？你們看，這些人就是我的母親與兄弟！因為凡實踐天父旨意者，就是我的兄弟姊妹和母親。"(馬可三：31-35)由此可見，耶穌的孝道觀是建構於「上帝國」此一生命共同體基礎上，是超越"親情"(擴及於「上帝國」之親情)之強調。在耶穌看來，孝敬父母是天經地義之事，一定不可忽略。然而在「上帝國」這個生命共同體的"地球村"裡，人類的親情必須擴及於"天父上主"之親情。唯有如此才會有"人類都是兄弟姊妹"的真正天倫，也才能夠促進世界一家。不過其前提就是"實踐天父上主的旨意"於人間，也就是用"愛"與"社會公義"去建構一個"人類一家"的社會倫理。所以說，人人若僅只孝敬自己的父母仍然不夠，要做天國民(天父上主兒女)的人，他們的孝心就要擴及於"人類一家"之理念，也即凡是實踐天父上主旨意的人，大家都是父母及親人。

其實如此觀點儒家也有，其"幼吾幼，以及人之幼；老吾老，以及人之老"的名言可以為例。可惜儒家因過分強調其"家庭主義"(family-ism)，因而難以發揮此一理念。十分顯然的，耶穌的孝道觀就是立足於「上帝國」這個"上主為天父，人類是兄弟姊妹"(Fatherhood of God, Brotherhood and Sisterhood of men)的孝道觀之上。所以那些奉行天父上主旨意的男女長輩可以為父母，也足以受孝敬。當然人要孝敬父母，就得先懂得孝敬看不見的天父。對於基督教而言，人若不懂孝敬看得見的父母，自然也不會去孝敬看不見的天父。"上帝國的孝道觀"，即立足於這一社會倫理的理念之上！

▋結語

就上面所探討有關耶穌的孝道觀見之，就會明白跟隨基督的你我之「孝道觀」，不可僅局限於"父母"，也要擴及於「上帝國」這個生命共同體的大家庭中。當然基督徒要先孝敬天父，而後孝敬父母。因為基督徒的孝道觀也和耶穌一樣，應當擴及於「上帝國」這個生命共同體的大家庭中，不是單單孝敬具有血緣關係之父母就夠了。但求上主祝福天下之父母，也祝福你我的母親，因為父母是餵養你我長大的天父上主好同工。當然更要孝敬賜予你我生命及靈魂的天父，因信靠祂你我才有生存之勇氣。

2004.05.09

11 Jesus 11

耶穌的慈善觀

　　當人子在祂榮耀裏，同著眾天使降臨的時候，要坐在祂榮耀的寶座上。萬民都要聚集在祂面前。祂要把他們分別出來，好像牧羊的分別綿羊山羊一般，把綿羊安置在右邊，山羊在左邊。於是王要向那右邊的說：「你們這蒙我父賜福的，可來承受那創世以來爲你們所預備的國。因爲我餓了，你們給我吃；渴了，你們給我喝；我作客旅，你們留我住；我赤身露體，你們給我穿；我病了，你們看顧我；我在監裏，你們來看我。」義人就回答說：「主啊，我們甚麼時候見你餓了，給你吃，渴了，給你喝？甚麼時候見你作客旅，留你住，或是赤身露體，給你穿？又甚麼時候見你病了，或是在監裏，來看你呢？」

　　王要回答說：「我實在告訴你們，這些事你們既做在我這弟兄中一個最小的身上，就是做在我身上了。」王又要向那左邊的說：「你們這被咒詛的人，離開我！進入那爲魔鬼和他的使者所預備的永火裏去！因爲我餓了，你們不給我吃；渴了，你們不給我喝；我作客旅，你們不留我住；我赤身露體，你們不給我穿；我病了，我在監裏，你們不來看顧我。」他們也要回答說：「主啊，我們甚麼時候見你餓了，或渴了，或作客旅，或赤身露體，或病了，或在監裏，不伺候你呢？」王要回答說：「我實在告訴你們，這些事你們既不做在我這弟兄中一個最小的身上，就是不做在我身上了。」這些人要往永刑裏去；那些義人要往永生裏去。

馬太福音二十五：31-46

　　台灣社會因為受到傳統儒教道德教條之影響，人人均認為所有宗教信仰都是在"勸善"。從而不問「宗教」(religion)之多元性，以及教義之差別對於其「慈善觀」的影響。為此每當基督徒向異教親友傳播基督福音時，他們千篇一律都以"各種宗教都在勸善，你信你的，我信我的"做為回應。問題是：各種宗教所勸的"善"(慈善)都是一樣嗎？事實上是不同的。就如「一神論」(monotheism)宗教所強調的"善"，絕對和「多神論」(polytheism)宗教所講的"善"不同。在台灣社會，「一神論宗教」的信徒(基督徒、猶太教徒與穆斯林)於啃雞腿、吃牛排時都覺得很自然，善哉可以營養肉體。「多神論宗教」的信徒(尤其是大乘佛教信徒及一貫道道親)則以吃素、戒殺生才是"善"，也要多積功德。由此可見，各種宗教均有他們自己的一套「慈善觀」，也有他們所規範的"善"。特別是在台灣民間有一種受儒教影響的教團(自稱為「儒宗神教」，民間叫他們做「鸞堂」)，就以宗教之主要職責就是"勸善"。因此將扶鸞降乩而來的"七字詩文"印成《善書》，放置於各地廟宇中供人免費取閱，認爲這麼做可以積功積德。可是《善書》內容都是封建帝制時代的忠孝節義落伍觀念，以及宗法社會那種"家庭主義"(family-ism)之孝道(就如：《孝經》及《二十四孝故事》)。所以其慈善觀念非常不健全，根本不合乎時代潮流。

論及耶穌的「慈善觀」，因係建構於「天國」(馬太這位作者之用語)這個"人類命運共同體"的理念，以及"人道主義"之上，所以超越儒教、道教、民間信仰與佛教之強調。爲的是耶穌的「慈善觀」，既不受制於封建帝制時代的忠孝節義思想及家庭主義(family-ism)，又不受因果業報(law of karma)之宿命論所限制。它可以說是建構於"愛上主"相等於"愛人類"，以及"慈愛弱勢人群"就是敬愛天父上主的社會倫理要求。這點正可以從耶穌在世時如何醫治病人，親近弱勢婦女、兒童，感化黑道稅棍與卑賤娼妓成爲正常人等事看出來。而這一段《馬太福音》(二十五：31-46)之比喻式經文：大牧者在終末時刻對於"綿羊"(慈善家之代表)與"山羊"(自私自利者之代表)的審判，可以說是"耶穌的慈善觀"之最佳註解。作者記述耶穌比喻的用意是：提醒基督徒於有生之年務要與天父上主同工，在「天國」這個生命共同體裡盡其社會倫理之責任。

一、關於經文之教導

這段經文(馬太二十五：31-46)係以比喻之文學體裁，去敘述一個在終末時刻這位天國君王的大牧者，如何對於"綿羊"與"山羊"的審判。內容言及人類在歷史終末時刻，當彌賽亞的人子和天使一齊來臨時，祂將坐在榮耀寶座上聚集地上萬民來到審判台前。並將這些聚集而來的萬民分成兩大群，如同牧者從"山羊"中將"綿羊"分別出來一樣。這位大牧者將"綿羊"安置於右邊(重要的一旁)，將"山羊"放置在左邊(次要的一旁)，然後進行審問及裁判。這位大牧者(天國君王)要向在祂右邊那群"綿羊"說："受我父親所祝福的人請近前來吧！就是前來承受從創世以來為你們預備的國度。"(馬太二十五：31-39)接著就是這位大牧者對"綿羊"與"山羊"的裁判及宣告，其判決結果呈現兩極端。

(一)大牧者對"綿羊"的裁判　二十五：35-40

這部分的經文，明確指出一群綿羊似的"天國民"一生所做的「善事」。若用大牧者自己的口吻說，是因為有下列理由：

　　1."我餓了，你們給我吃。"

2. "我渴了，你們給我喝。"

3. "我流落異鄉，你們接待我到府上。"

4. "我赤身露體，你們給我穿的。"

5. "我患病，你們照顧我。"

6. "我坐牢，你們來探望我。"

以上六項都是馬太(Matthew)這位「福音書」作者所強調的：「天國」(Kingdom of Heaven)之社會倫理要求，也即 "天國民" 在此一「天國」生命共同體中的社會倫理責任。

這群右邊的 "綿羊" 對大牧者的回應顯得頗為吃驚又直接： "主啊，我什麼時候看見你餓了給你吃？渴了給你喝？何時看見你流落異鄉而接待你到我家？看見你赤身露體時給你衣服穿？又何時看到你患病或坐牢而去探望你呢？" 其時大牧者的回答，係用 "生命共同體" 此一關心弱勢人群之福利為考量來做為回應： "無論什麼時候，你們在我兄弟之中(或姊妹之中)一個至微小(微不足道)的人身上做這些事，那就是為我(天國君王)所做的。"

(二)大牧者對 "山羊" 的判決 二十五：41-46

在這段經文中，天國君王的大牧者對於左邊的 "山羊" 發出嚴厲之宣告： "走開！受上主咒詛的人離開我，要進去那為魔鬼和他的爪牙預備永不熄滅的火裡受刑！因爲我餓了，你們不給我吃；我渴了，你們不給我喝；我流落異鄉，你們不接待我到你的家中；我赤身露體，你們不給我衣服穿；我患病或坐牢，你們不照顧我探望我。"(二十五：41-43)其時這群"山羊"也回應得理直氣壯："主啊，我們什麼時候看到你飢餓、口渴、流落異鄉、赤身露體、患病及坐牢而沒有幫助你呢？"(二十五：44)大牧者(天國君王)的回答是："我鄭重告訴你們，無論什麼時候你們拒絕幫助一位微不足道的人(至微小者)，就相等於拒絕幫助我。"(二十五：45)這位大牧者又強調說："這樣的人要受永遠的刑罰。至於那些義人(綿羊)，將會獲得永恆的生命。"(二十五：46)

從上列經文之比較，就可以看出主耶穌對於「天國」(Kingdom of Heaven)這一"生命共同體"的社會倫理要求，是立足於人道主義。凡是"天國民"都被要求去實踐這種，幫助弱勢人群相等於接待天父上主的「慈善觀」。因爲"天國民倫理"就是要如此超越！因爲拒絕幫助人間微不足道的弱者，相等於拒絕天父上主。這點可以說是一種「天國」(上主國度)之"自然法"(natural law)。

二、從宗教信仰的"慈善觀"談起

台灣社會有眾多的宗教，其中以「民間信仰」、「儒教」(國家儒教及民間儒教)、「道教」(天師道正一派及閭山派)以及「佛教」(淨土宗、禪宗及通俗佛教)比較凸顯。而且他們也都在強調﹁做善事﹂於人間社會，以致有基督徒邀請人信主耶穌之時，他們的第一個反應就是：各種宗教信仰都在﹁勸善﹂，所以信什麼宗教都是一樣。事實上並非如此，爲的是各種宗教信仰所勸的「善」(goodness)都不一樣，尤其是動機、出發點及其目標更爲不同。

(一)傳統宗教的慈善觀

台灣社會的傳統宗教不外「民間信仰」(混合儒教、道教及通俗佛教之信仰現象)、「儒教」與「道教」。而這些傳統宗教之﹁慈善觀﹂，均深深受到由孔夫子而來的﹁儒家思想﹂之影響。因爲儒家專講封建帝制時代那一套倫理道德(忠孝節義)之教化，所以其流傳下來的﹁慈善觀﹂因而與時代相當脫節。下列之分析就可加以做個批判。

1. 儒教的慈善觀

雖然「儒教」有﹁幼吾幼，以及人之幼；老吾老，以及人之老﹂的「天下爲公」(禮運大同篇)理念。然而因爲「儒教」標榜﹁孝道﹂(見：《孝經》一書)而出現﹁同姓相容，異姓相斥﹂的「家庭主義」(Family-ism)。爲此，「儒教」縱然有其﹁惻隱之心﹂同情貧苦人家，也只是一種﹁肥水不流外人田﹂的族群特定對象而已，無法達到﹁及人之幼﹂和﹁及人之老﹂的慈善理念。何況這類「家庭主義」(狹隘生命共同體)之影響所及，不但使﹁政治﹂家庭化及

"經濟"家庭化之壟斷走向，也根本沒有那種西方世界(受基督教文化影響)的"世界一家"生命共同體，及"地球村"之社會理想。所以說，「儒教」之"慈善觀"僅是一種具「家庭主義」為族群本位之強調，也可以說是一種自我修養手段之「獨善主義」而已。

2. 道教及民間信仰

在台灣社會「道教」(天師道正一派及通俗道教閭山法師派)是依賴「民間信仰」而存在的。因為前者提供"道士"與"法師"，去訓練後者的"童乩"、"紅姨"、"桌頭"主持喪喜事的科儀法事。又因為兩者的「道德觀」受到孔夫子宗法社會道德倫理及家庭主義之影響，其「慈善觀」也只是標榜家庭主義的"百善(行)孝為先"，以及"善有善報，惡有惡報"之善惡報應觀念而已。如果惡棍橫行以致好人遭殃的話，也只能以"是日子未到，不是天理無報"這類宿命論之俗語，來做自我安慰之藉口而已。一旦惡者當權無惡不作，使社會上的善民痛苦不堪的話，也只能用"天地無目睭"、"善心倒在餓，惡心戴紗帽"，以至"恨命無怨天"的俗語，來做消極抗議天道之不公。由此見之，「道教」與「民間信仰」之慈善行為之出發點，不出於"好水不流外人田"的家庭主義，以及"好心有好報"的獨善主義與功利主義動機而已，根本沒有健全"生命共同體"的社會倫理理念存在。

(二)佛教的慈善觀

　　台灣的「佛教」(Buddhism)以大乘(mahayana)的「淨土宗」(口唸"南無阿彌陀佛"佛號者)、「禪宗」(標榜"以心傳心、不立文字"的自力禪定開悟者)及「通俗佛教」(觀音媽崇拜與地藏王崇拜)最具影響力。因此其「慈善觀」不出於"種瓜得瓜，種豆得豆"的「因果業報」(law of karma)教義。一個標榜以"業感因果"行為宿命的宗教，雖然有其"慈悲"及"戒殺生"的教條之強調，卻其慈善眾生(因"眾生皆有佛性")之動機，係與"因果報應"足以影響來世的"六道輪迴"之個人生命模式有關。這麼說，「佛教」的慈善行為之出發點在乎"積個人自己"的功德，而非以"生命共同體"之社會理念為出發點。也就是相信"前世"行為之因決定"今世果"；"今世"行為之因決定"來世果"的「果報觀」，為其慈善眾生之動機。也以獲得來生能夠輪迴更高級之生命模式(如天道、人道、阿修羅道之生命模式)，為其果報之目的。由此可見，台灣的「慈濟功德會」之所作所為，均是為"積自己的功德"而做，不是為眾生的"命運共同體"而為之一種善舉。如果要脫出此一因果業報的"生命苦海"(生、老、病、死之苦)，唯有決心看破世情的「三皈依」(皈依佛、皈依法、皈依僧)，才能夠達到「涅槃」(nirvana)此一"終止生命輪迴"之「解脫」(moksa)境界。所以說，「佛教」的慈悲行善，其出發點是利己的、獨善主義的，根本無所謂

"命運共同體"社會倫理那種超越「宿命論」之理念。不過後起的「菩薩道」信仰較具利他主義之強調，卻也離不開"行為宿命"(命運自造)之「慈善觀」。

三、耶穌的慈善觀

用這段《馬太福音書》(二十五：31-46)之經文來認識主耶穌的「慈善觀」實在非常妥切。因為主耶穌向來就注重身教重於言教。袖在世時對於弱勢人群之關懷(婦女、兒童、乞丐、黑社會稅棍及娼妓)以及為病患施行的種種神跡，就足以證明袖十分強調慈悲社會人群之行為。而在這一段經文中，主耶穌以「天國」(馬太之用語)這個"生命共同體"的大家庭立場，故意用"末日審判"的比喻去提醒人人於有生之年的慈善本分，實在可以從中去領悟主耶穌的「慈善觀」為何。因為袖提醒：人的一生有慈善同胞及社會人群之責任，而且人生之終局均必須接受天父上主這位「天國大家長」之審判。此一立足於"生命共同體"(天國)社會之"兼善天下慈善觀"，絕對不是「儒教」、「道教」、「民間信仰」及「佛教」之所作所為所能夠比擬與超越的。

(一)耶穌儆告人人有歷史終末及審判

上主賦予人的肉體之生命是有限的，因此人人在有生之年就要善用生命與祂同工，特別是實踐"愛神"及"愛人"之社會倫理。主耶穌在祂將近離世之年日，特別提醒門人與跟隨者要去認真思考，每個人生命史之終末及靈魂接受上主審判的問題。因此才用此一大牧者君王，如何於終末時刻審判"綿羊"及"山羊"的比喻，來儆告"天國民"有否盡其「生命共同體」的社會倫理責任。也就是說，做為"天國民"的基督徒，對其所生存的社會是有一分社會倫理責任的。他們不能睜眼看著周圍的人群受苦受難而不管，或只顧自己的生活及享受就可以。質言之，基督教的「慈善觀」是立足於"上主是天父，人類都是兄弟姊妹"的「生命共同體社會」(地球村)之基礎上。所以"人飢我飢，人苦我苦"，進而無條件的伸出援手去幫助那些需要幫助的人。因為基督教的「慈善觀」不在於求得什麼"福報"或"積功德"，而是出於人類一家之親情及責任。施比受更有福，所以主耶穌特別教導門人在施捨之時："不要叫左手知道你右手所做的，這樣才能夠接受在暗中察看的天父所祝福。"(馬太六：3-4)如果基督徒只顧自己而不知去關懷弱勢同胞及受苦人群時，其結局將如同"山羊"一樣被天父上主定罪(比較：路加十六：19-31)。

(二)耶穌強調生命共同體之慈善觀

就上面的分析及探討，就可以明白基督教的「慈善觀」係來自耶穌基督的教導，及其所留下的"大愛"榜樣。耶穌所強調的"生命共同體"這個社會，就是基督教所強調的「天國」(馬太的用語)。「天國」的君王是一位父親(天父)，凡告白上主是天父的基督徒都是兄弟姊妹。所以「天國」就是一個大家庭，也就是一個生命共同體的社會。其社會倫理要求就是"愛神"及"愛人"，為此就要去實踐其互相關照之社會倫理本分。這種基督教所規範的「慈善觀」(關懷微不足道的弱勢人群就是愛天父上主)，可以說是兼善天下之"人道精神"：人餓了給他喫、渴了給他喝、流落異鄉給予接待、赤身露體給他衣服穿、患病給他醫治、坐牢時給予探望。如此之人間社會就有溫情，達到此一理想之社會就是"天國"之寫照。如果人信主耶穌卻有名無實，他是與「天國」無分的。因為主耶穌說過："凡稱呼我主啊、主啊的人，不一定都會進入「天國」。唯獨實行我天父旨意的人，才能夠進入。"(馬太七：21)所謂"遵行天父旨意"，就是要求普世基督徒均要實踐「天國」，這一"生命共同體"之社會倫理本分，並且將其擴及於異教社會(非基督徒也是兄弟姊妹)之中。足見基督教對於「慈善觀」的要求既認真又嚴格，是兼善天下而非獨善其身。當然更沒有"積功德"及"求好報"的利己主義觀念。

四、耶穌慈善觀的奉行者

　　古今的確有眾多奉行"耶穌慈善觀"的基督聖徒，他們的行事為人足以為後代基督徒之楷模。《使徒行傳》

(四：36-37)記載有一位出身塞浦路斯(Cyprus)的利未族猶太僑民名叫約瑟(Joseph)，使徒則稱他做巴拿巴(Barnabas，意即鼓勵者)。爲了初代教會之發展，他賣掉田地交給使徒去做善事。後來也會同使徒保羅發動國際旅行傳道，其功委實不可沒(見：使徒行傳十三：1-12)。其實學習"耶穌慈善觀"的偉人在歷史上比比皆是，引不勝引。下面僅介紹近世國際知名的人道主義者及台灣的慈善家，以做爲基督徒的楷模。

(一)近世基督徒人道主義者

　　二十世紀有許多奉行"耶穌慈善觀"的基督徒人道主義偉人，在此僅簡介四位如下：一位是俄羅斯文豪托爾斯泰(L. Tolstoy, 1828-1910)、一位是日本的賀川豐彥(Toyohiko Kagawa, 1888-1960)。另兩位是二十世紀諾貝爾和平獎(Nobel Peace Prize)得主：史懷哲(Albert Schweitzer, 1875-1965)及德蕾莎(Mother Teresa, 1910-1997)。

1. 托爾斯泰(Leo Tolstoy)

　　俄羅斯人道主義大文豪托爾斯泰(Leo Tolstoy, 1828-1910)雖然出身貴族，因年幼失去父母由兩位姑母撫育成人，因此養成悲天憫人的人道主義精神。而他的人道主義背後的力量就是信仰(他信奉俄羅斯正教)，尤其是耶穌的慈悲之心令他最爲感動。而其《戰爭與和平》(*War and Peace*, 1869)、《安娜卡列妮娜》(*Anna Karenina*, 1877)、《復活》(*Resurrection*, 1899)等作品,爲其著名的長篇小說。其他尚有許多短篇小說作品及劇本均相當著名,其中"鞋匠馬丁"(原名:有愛的地方就有上帝)是台灣基督徒最熟悉的故事,時常在「救主誕」慶祝會中成爲兒童戲劇上演。他一生酷愛平民生活、反對戰爭、熱心救濟窮人,因此可以說是一位言行雙全的慈善家。

2. 賀川豐彥(Toyohiko Kagawa)

　　日本人道主義者賀川豐彥(Toyohiko, Kagawa 1888-1960)出身日本橫濱。年輕時代因參加英語聖經班而歸信基督,也從「四福音書」中耶穌的慈愛行止深受感動,從而成爲人道主義者。他曾經赴美國留學,回日之後續留橫濱從事慈善事工,在貧民區關心貧民、孤寡、酒鬼及結核病患者。1925年組織「日本勞工聯盟」,爲勞工謀福利。此後雖然因領導示威遊行而被政府監禁,獲釋之後依然不改其志,繼續於日本各大都市從事社會運動,實踐其和平主義。他於1928年日本軍國主義抬頭之際,勇敢組織「國家反戰聯盟」。1940年因批評日軍侵略中國而被捕。獲釋後赴美國繼續宣揚其"反戰"理念。二次世界大戰結束之後,回國從事婦女運動。值得一提的是:二十世紀三〇年代,他曾經偕其夫人來台訪問。他也是一位人道主義作家,其作品影響深遠。

3. 史懷哲(Albert Schweitzer)

　　1952年諾貝爾和平獎獎金得主史懷哲博士(Dr. Albert Schweitzer, 1875-1965)，為德國人道主義慈善家、牧師、醫師、哲學家及音樂家(巴哈管風琴樂曲演奏專家)，也是擁有五個博士學位(神學、哲學、醫學、文學及音樂)的學者。其父為牧師，自小即養成"尊重生命"及"慈悲弱勢人群"之涵養。他天資聰明，學習能力極強。在神學上，其新約學作品《歷史的耶穌之問題》(*The Quest of the Historical Jesus,* 1912)一書，在神學界具相當影響力，因此在神學上也有一席之地位。1913年(他38歲時)決心獻身赴非洲從事其醫療傳道慈善事業，在加彭共和國的蘭巴倫(Lambarene)建設一座醫院。欠缺經費時就回到歐洲，以其巴哈管風琴樂曲演奏之專長募款。1924年得瑞典主教席得布隆(Bishop Nathan Söderblom)大力支援，使他有足夠經費回到蘭巴倫重新建造一座大型醫院。二次世界大戰期間，他一直留在蘭巴倫行醫傳道，從事其人道主義事工。1952年獲得諾貝爾和平獎，但兩年後才親自前往瑞典領獎，並用這筆獎金在非洲建造二所痲瘋醫院。這位人道主義的牧者直到九十歲高齡時還在繼續行醫服務人群，其人格中永遠懷有耶穌一樣的慈悲心志。台灣也有一位醫師因為受其感召而在羅東設立一所盲人重建院，他就是陳五福醫師(長老)。

4. 德蕾莎(Mother Teresa)

　　1979年諾貝爾和平獎獎金得主德蕾莎修女(Blessed Mother Teresa, 1910-1997)，出身於希臘的馬其頓(Macedonia)。原名為 Agnes Gonxha Bojaxhiu，為天主教的「慈善使命女修會」 (Order of the Missionaries of Charity)創設者。1928年成為修女之後，受派赴印度Calcutta擔任17年教師。1946年決心獻身為印度之窮人及病人服務，並創設自己的慈善修會。1952年創立「純心地安寧院」(Place for the Pure Heart)，為癌症終期病患謀福利。之後不斷收容老人、盲人、痲瘋病患、殘障人士、無家可歸的浪人及孤兒寡婦，因而在印度Asansol附近創立一處「和平村」(Town of Peace)。其義舉終於在1963年受印度政府頒授"蓮花之主"(Lord of the Lotus)勛章。1971年成為第一個獲頒"教宗約翰廿三世和平獎金"的人，天主教會以此來肯定她的慈善事工。

(二)台灣的基督徒慈善家

　　長老教會於十九世紀中葉來台灣宣教之後，即促進台灣社會走向現代化。其中學習耶穌慈悲人間之精神者，即當代的宣教師及基督徒。下面僅介紹台灣教會史上一些代表性人物，以期後輩基督徒能夠學習他們出自人道主義的慈悲行為。

1. 馬雅各(James L. Maxwell)

英國長老教會駐台首任宣教師馬雅各醫師(Dr. James Laidlaw Maxwell, 1836-1921)，係將西式醫療技術引進當代台灣社會的第一人。這位蘇格蘭人的全科醫師甘心離鄉背井來台之目的，就是宣揚耶穌基督愛神愛人的"福音"。可是"愛的福音"要能夠使台灣人接受不是嘴巴講講而已，而是用"愛的行動"去表達，那就是西式醫療機構之建立。因此打狗的「旗後醫館」、府城的「舊樓醫館」及「新樓醫館」，均由馬醫師所創立。隨後中部的「大社醫館」〔由盧嘉敏醫師(Dr. Gavin Russell, 1867-1892)創立〕及「彰化醫館」〔由蘭大闢醫師(Dr. David Landsborough, 1870-1957)創立〕、北部的「偕醫館」〔由偕叡理牧師(Rev. George L. Mackay, 1844-1901)創立〕，就是"宣教"配合"醫療"去表達"上主就是愛"(見：約翰一書四：16-21)的具體表現。由此可見，馬雅各醫師就是奉行耶穌的慈善觀，才有如此之犧牲奉獻行動。

2. 甘為霖(William Campbell)

1871年來台宣教的英國長老教會第二任駐台牧師甘為霖博士(Rev. Dr. William Campbell, 1841-1921)，不但是一位學識淵博著作等身的學者，也是被譽為"台灣盲人教育之父"的慈善家。他前後在台宣教46年，是澎湖教區之開拓者。來台當初眼見台灣有近兩萬的盲人生活堪憐，絕大多數都是被家庭所遺棄之乞丐。為了協助當代盲人有一技之長，於是從英國引進"盲人點字術"，並創設「訓瞽堂」(盲啞學校)免費給他們施教。日本領台之後因認同他為盲人所做的慈善事工，便將它擴大為盲啞學校。如此偉大之善舉及其卓越的學術成就〔著有：《台灣佈教之成功》(*Missionary Success in Formosa,* 1889)、《荷據下的福爾摩莎》(*Formosa Under the Dutch,* 1903)、《素描福爾摩莎》(*Sketches from Formosa,* 1915)及《廈門音新字典》(1913年)〕，除了獲頒榮譽神學博士外，也榮獲日本天皇頒贈"旭日勳章"。1917年歸國時，日本總督也親自南下送行。他前後近半世紀為台灣所做的奉獻，就是來自耶穌慈愛世人之感召。

3. 李春生

這位"台灣茶葉之父"(杜聰明博士給他之尊稱)李春生長老(1838-1924)，為台灣第一位長老教會信徒。他於中國廈門隨父信主，1864年來台受僱為洋行的業務經理。1884年中法戰爭之後，因經營茶葉外銷發跡，成為台灣北部富商。並且成為台灣巡撫劉銘傳之知交，協助其興建台北城及台灣第一條鐵路。他樂善好施，始終依照耶穌的教導資助窮困貧民、熱心公益，又興建多所教會。1895年日本領台時，更協助日軍遣返浪跡北部的中國清軍，因此受日本總督任命為保良局局長。1896年更受日本政府邀請赴日訪問。歸來後專心於文字教化及佈道工作，著有：《主津前、後集》及《宗教五德備考》等十幾種作品。因此被日本人士譽為"哲學家"。他一生默默行善，不僅宣揚福音，既協助過孫中山的中國革命運動(曾經在李宅過夜)，也協助馬偕博士從事傳教事工。

4. 戴仁壽(George Gushue Taylor)

被譽爲 "台灣痲瘋救濟之父" 的戴仁壽醫師(Dr. George Gushue Taylor, 1883-1954)，於1911年偕夫人來到台灣宣教。曾經先後分別擔任台南「新樓醫館」(1911-1918)及台北「馬偕醫館」(1923-1936)院長。他在當時發現台灣各地都有被日本人稱爲 "天刑病" 的痲瘋病人，其處境非常可憐。不但受社會所隔離，就連自己家人也棄之不顧。可是戴仁壽醫師卻偕夫人憑著主耶穌的慈悲精神，關心醫治痲瘋病人，先於「馬偕醫館」對面租屋診療痲瘋病患者，繼而籌款在新莊購地建設「樂生院」(即時下的「樂生療養院」)收容患者，組織台灣第一個 "痲瘋病救治會" ，喚起社會人士對痲瘋病人之關心。稍後日本政府接管新莊「樂生院」的經營，戴醫師又籌款在八里坌建設三十多甲的「樂山園」，以便收容患者長期居住療養。該院於1934年落成時，日本駐台總督中川健藏也親臨致賀，同時更贏得日本皇太后之長期捐獻。戴醫師夫婦沒有子女，其一生爲台灣痲瘋病患所做之奉獻可謂無人能比，最後甚至埋骨於八里坌「樂山園」之園區裡。

5. 井上伊之助

日治時代被譽爲： "台灣山地傳道之父" 的井上伊之

助(1882-1966)，是一位以德報怨，於日本治台執行山地隔離政策時期，在山地行醫傳教的人道主義基督徒。1906年7月其父在花蓮「賀田組樟腦製造會社」服務之時，被原住民砍殺(當時有25人死於非命)。他在喪父之痛過後非但不懷恨報復，反而學像耶穌赦免敵人之精神，決心獻身於台灣山地原住民醫療傳道事工。1911年井上先生首次來台，被日本政府任命為"山地醫務囑託"，受派服務於當時新竹州的加拉排部落(今日新竹尖石鄉嘉樂村)。從那時開始他即一面行醫，一面傳道(當時日本政府禁止在山地傳揚基督教)。六年後因健康問題偕夫人返日，並於日本種子島傳教。1922年再度來台，又以"山地醫務囑託"的職銜服務於加拉排、西拉克、天打那等原住民部落之中，繼續用"基督的愛"替代"報父之仇"(石井玲子語)之精神在那裡服務原住民，前後達三十多年。一直到了1947年發生「二二八事件」之後，他因政治因素被遣返日本為止。有關其自傳式作品，就是1960年以日文出版的《台灣山地傳道記》(漢譯本書名為《上帝在編織》，1997年)。這位用他的一生，在台灣原住民部落中編織"上帝的愛"的人道主義者，是學像耶穌寬恕仇人的一位日本偉人。

6. 孫理蓮(Lillian R. Dickson)

前陽明山嶺頭台灣神學院院長及建校者，孫雅各牧師(Rev. James Ira Dickson, 1900-1967)的夫人孫理蓮師母(Mrs. Lillian Ruth Dickson, 1901-1983)，可說是一位偉大的女人道主義者。1927

年偕夫婿首次來台服務時，僅從事輔助其宣教師丈夫孫雅各牧師之事工。及至二次世界大戰結束，孫牧師夫婦再度來台從事宣教事工之後，她眼見當時台灣社會人民生活的苦況(不管是平地或山地)，於是創立「芥菜種會」(取自：馬可四：21-31耶穌的比喻及教導命名)，爲弱勢的人群謀福利。據統計，「芥菜種會」之事業有台南北門烏腳病診所、台灣本島、澎湖、蘭嶼的貧民診所。她爲新莊樂生院痲瘋病患建造禮拜堂，又爲山地原住民建設250間以上石頭建造的禮拜堂。並且月月補助山地牧師及幼稚園教師之薪津。她爲原住民建設四處診所，四個肺病療養院，三個產院，四個巡迴醫療隊，兩所訓練護理人員、保姆及手工的職業學校。在平地她也建設七所孤兒院及多處少年中途之家、幼稚園、未婚少婦收容所等等。其慈善事工不但嘉惠弱勢之台灣族群，也擴及於東南亞地區。爲此贏得國際人士之讚譽(尤其是和她合作無間的國際展望會主席巴博·皮爾斯博士)。她一生實踐主耶穌的慈愛精神於斯土，是台灣社會弱勢人群之慈母，所以令人永遠懷念！

▌結語

從上列各段落之討論，使咱明白台灣社會「傳統宗教」(儒教、道教、民間信仰)及「佛教」之「慈善觀」內涵，以及「基督教」立足於「天國」，這個生命共同體社會的「慈善觀」之社會倫理要求。同時也認識許多於廿世紀，致力奉行耶穌慈善觀的國內外人道主義的基督徒偉人，他們都是“綿羊”一樣的慈善家。咱從主耶穌的“末日審判比喻”也領悟到人的生命一旦結束，便要被“大牧者”這位天國君王分別為“綿羊”或“山羊”去接受最後審判。並且於審判台前善惡立判：凡生前關懷那些微不足道人群中的一切苦況者，就是“綿羊”似的「義人」，他們將獲得“永生”之報償；凡生前空有信仰卻自私自利，無視他所處社會之倫理責任者，就是“山羊”似的「偽君子」，他們的結局就是痛苦之“永刑”。所以主耶穌的教導對於現代普世基督徒言，委實具有警惕之意義。同時也再次喚起咱基督徒去重視生命共同體的社會倫理責任，進而去建立一種具“人道主義”之健全生命共同體慈善觀。

12 耶穌的愛與服務

　　因爲人子來，並不是要受人的服事，乃是要服事人，並且要捨命做多人的贖價。到了耶利哥；耶穌同門徒並許多人出耶利哥的時候，有一個討飯的瞎子，是底買的兒子巴底買，坐在路旁。他聽見是拿撒勒的耶穌，就喊著說：「大衛的子孫耶穌啊！可憐我吧！」有許多人責備他，不許他作聲。他卻越發大聲喊著說：「大衛的子孫哪，可憐我吧！」耶穌就站住，說：「叫他過來。」他們就叫那瞎子，對他說：「放心，起來！他叫你啦。」瞎子就丟下衣服，跳起來，走到耶穌那裏。耶穌說：「要我爲你做甚麼？」瞎子說：「拉波尼(就是夫子)，我要能看見。」耶穌說：「你去吧！你的信救了你了。」瞎子立刻看見了，就在路上跟隨耶穌。

馬可福音書十：45-52

　　無限的天父上主，以其「道」(Logos)成肉身降世之虛己方式成爲有限的人類(耶穌)，不是要受世人的服務(敬拜)與歌頌(讚美)，而是要以"無條件的愛"來服務世人(見：約翰三：16-17)。因此耶穌一生都在服務世人，不但以其偉大教師之身分教導世人親近天父上主(見：約翰十四：6)，也以先知角色指斥當代社會領導階層(文士、拉比、祭司、法利賽人)偽善及腐化之不是。祂親近婦女、兒童與弱勢人群(馬太二十三：1-39、馬可七：24-30、九：33-37、路加十八：15-17)，又行了很多使盲人重光(馬可八：22-26、約翰九：1-34)、聾啞痙癒(馬可八：31-37)、不斷為人醫病趕鬼(路加九：37-43)、使死人復活之神跡(馬太九：18-26、約翰十一：1-44)，由此充分凸顯祂的愛與服務之精神。

《馬可福音書》(十：45)就記述一句主耶穌之名言："因為人子來不是欲差用人，是欲使人差用。又獻祂的生命來贖回眾多的人。"(根據台灣話白話字聖經)如果咱閱讀(十：35-45)這段經文，就知道主耶穌說這句話的背景為何。原來有祂的兩位門人：西庇太(Zebedee)的兒子雅各(James)與約翰(John)前來求見。目的不外要求：當耶穌坐在榮耀寶座上為王之時，能夠使他們擔任「右相」與「左相」(猶太人以右邊大，左邊小，這和台灣人的男左女右排法不同)。其外十個門人看見兩人的自私及自利，當然非常不滿。不過也凸顯他們跟隨耶穌的動機與目的是政治性的，即期望耶穌推翻羅馬帝國之統治而後做王(彌賽亞)。其時主耶穌的回應是：要跟隨祂的人就得學習"飲苦杯"(苦得起)。至於誰能夠坐在祂左右邊的問題，只有上主能夠做決定。因為要在「上帝國」這一"生命共同體"的大家庭中做大人物，其標準絕對和世俗社會不同："誰要做大人物，就得做團體之僕人；誰要居首做領袖，就要做大眾的奴僕。"(十：43-44)接著主耶穌才說出"人子來不是欲差用人,是欲使人差用。並且為了救贖大眾而奉獻出自己的生命"這句名言。至於主耶穌的愛與服務是以行動來表達,不是在耍嘴皮說說而已。所以咱用主耶穌醫治盲人「巴底買」(Bartimaeus)的故事(十:45-52),來印證主耶穌的愛與服務。

一、從經文的故事談起

《馬可福音書》(十:45-52)之記述,即有關盲人巴底買(Bartimaeus)被主耶穌治好而重見光明的神跡故事。同樣的故事也記載於《馬太福音書》(二十:29-34)及《路加福音書》(十八:35-43)之中。不過「馬太」(Matthew)之記述說是兩位盲人,也無提到他們的名字。但是「路加」(Luke)之記述和「馬可」相同,言及只有一位盲人。他是坐在耶利哥(Jericho)路邊求乞討飯的乞丐,卻也無提到他的名字。由此見之,《馬可福音書》(十:45-52)是比較獨特之記述,因為人名與地點兼顧。

就時間上言,這一神跡故事發生於主耶穌傳道生涯之末期。地點是在猶太省(Judea)境內的耶利哥(Jericho),是一處距離猶太首府耶路撒冷(Jerusalem)不遠之重鎮。主耶穌來到耶利哥宣教,正要和祂的門人及一大群人離開時,「底買」(Timaeus)之盲眼兒子「巴底買」(意即"底買的兒子")坐在路邊求乞討飯。這位可憐人聽說是來自加利利省(Galilee)的拿撒勒(Nazareth)先知耶穌(見:馬太二十一:11)正要路過,就大聲喊叫："耶穌,大衛的子孫可憐我吧!"(十：47)人因為瞧不起這個被視為賤人的乞丐,就叫他安靜不要吵鬧。可是這個盲乞又更大聲喊叫:"大衛的子孫,可憐我吧!"(十：48)因為盲乞很有自信,知道耶穌會憐憫他。其時耶穌聽見盲乞的喊叫,就停下站住叫他過來,人也鼓勵他走過去。馬可形容這位盲人乞丐受耶穌接納之時,立即扔掉外衣跳起來,摸索走到耶穌面前(十：49-50)。因為他被這位知名的拿撒勒先知接納,實在太興奮了!於是耶穌問他:"你要我為你做什麼?"這位可憐的盲乞立即回應:"先生,我要能夠看見。"(十：51)耶穌隨即滿足盲乞的要求:"去吧!你的信心使你得到醫治。"(十：52)其時這位立即看見光明的盲乞除了感恩之外,就跟隨耶穌參與宣揚「上帝國」福音之行列。明顯地,這個盲乞重見光明的故事(十：45)不但印證耶穌之教導,也凸顯耶穌的愛心與服務弱勢人群之偉大行動及精神。

二、耶穌的愛心

咱用主耶穌治好瞎眼的巴底買使他重見光明的故事來凸顯祂的"愛心",這僅是一個引子而已。其實天父上主是"愛之神",所以祂的「道」(Logos)才成肉降生人間救世。《約翰福音書》(三：16)就明白證言:天父上主因為愛這個問題世界,才執意將祂的獨生愛子賜給人間(意即:"無限之神"為愛護世界成為"有限之人"來到人間),祂是多麼愛世界萬物，尤其是人類。所以說，天父上主"愛之本質"，從主耶穌的身上充分流露出來。上主的「道」不但來到人間，也"獻上生命"來做全人類之贖價(見：馬可十：45)。因為人為朋友獻上生命，愛沒有比這更大，何況是上主的「道」成為人類的主耶穌之大愛(約翰十五：13-14)。上主就是"愛"之神(約翰一書四：8-10)，所以主耶穌一生之行止，都表現出愛的行動。不過主耶穌的愛心行動，有其廣泛的內涵與意義，為此和人與人之間互動的愛心不同。下列之分析，即可以教咱明白個中道理。

(一)醫治肉體

耶穌是"世上的光"(約翰八：12)，所以祂使盲人巴底買重見光明，也同時凸顯主耶穌無比的愛心。翻閱四本福音書(馬太、馬可、路加、約翰)之記載，耶穌醫治盲人重光不只是巴底買一人。就像治好伯賽大(Bethsaida)的盲人，使他重見光明(馬可八：22-26)。又在耶路撒冷城路上，使生來就瞎眼的行乞盲人重見光明(約翰九：1-34)。此外，耶穌也治好許多病人(馬太八：14-17、馬可一：29-34、路加四：38-41)，諸如被污靈附身的人(路加四：31-37)、使痲瘋病人潔淨(馬太八：1-4)。尚有治癱瘓病人(馬可二：1-12)、手枯萎病人(馬太十二：9-14)、患血漏的婦人以及使睚魯女兒復活(馬太九：18-26)。又醫治患聾啞的殘障者(馬可七：31-37)、被鬼附身的兒童(路加九：37-43)、羅馬軍官的僕人(路加七：1-10)，使寡婦的兒子復活(路加七：11-17)及伯大尼的拉撒路復活(約翰十一：1-44)，以及使革拉森狂人完全痊癒(馬可五：1-20)等等。

然而主耶穌付出這麼大的愛心，不僅是"醫治"的意義而已，其中尚有更深一層的啓示。也即祂的"醫治"包含「肉體」、「人性」及「靈魂」這三方面，也就是"靈"、"魂"、"體"之救贖(全人之救贖)。目的是欲引導獲得痊癒的他們進入天父上主的大家庭中，成為天父上主之兒女。

(二)更新人性

基督教教義十分強調"人性"之更新。為的是"人性"本具「原罪」(original sin)，必須予以更新才能夠接近天父上主。只是"人性"之更新，欲使其「原罪」從此解除，則需要主耶穌以"贖罪羊羔"之角色為「祭品」，以各各他(Golgotha)為「祭壇」，又自甘獻祭於十字架上犧牲來加以完成的。所以說，天父上主為要更新"人性"，也得付出自我犧牲的大愛來加以完成。這麼說，盲人的肉眼重光算是小事，心眼看見天父上主，"人性"有了光明才是大事。當耶穌在安息日治好耶路撒冷那位生來就眼瞎的盲人時，那個盲人公開告白說："我只知道一件事，我本來瞎眼，現在能看見了。"(約翰九：25)於是耶穌說："我到這世上來的目的是要審判，使瞎眼的人能看見，能看見的人反而瞎了眼。"(約翰九：39)所以說，真正的盲目是靈性之盲目，是"人性"被罪奴役的問題。耶穌是"世上的光"，祂能夠治好人靈性之瞎眼，使"人性"脫離罪惡而重見光明。用使徒保羅的話來說："人若在基督裡，他就是「新造的」。"(哥林多後書五：17)更新"人性"就是「新創造」，至此罪人才能夠親近上主與祂和好(羅馬書五：1)。這就是主耶穌的無比愛心，因為祂用自己生命贖回"人性"從而完成救世大功！

(三)拯救靈魂

　　人類之「原罪」不但污染"人性"，使人人的靈性瞎眼，也污染"靈魂"，使人與天父上主的愛隔絕而滅亡！咱長老教會的《聖詩》(241首)一節及三節，就指出"靈魂病症，主會醫治"的信仰告白：

> 1. 我罪極重未得推辭，
>   照天律法永遠著死；
>   知無法度可救自己，
>   耶穌我來就你！
> 3. 我罪極重心內破病，
>   親像痲瘋半遂瞑盲；
>   靈魂病症主會醫治，
>   耶穌我來就你！

詩中所謂："靈魂病症"就是"人性原罪"。只是這一類"靈魂病症"世上的醫師是無法醫治的，唯有主耶穌能夠加以醫治。所以主耶穌每一次施行醫病的神蹟，均涵蓋"肉體病症"之治療、"人性"之更新，以及"靈魂"之拯救。也即全人格之醫治，目的是欲使人人都能夠成為天父上主之兒女。耶穌之愛心在此充分的流露出來。

三、耶穌的服務精神

人類本性之一就是權力慾，因此財勢兼備的人都會支配同類。凡是壟斷政權的獨裁者，更會無情的奴役同胞與異族。這種情形見之於世界史與台灣史之中。台灣人迄今仍舊貪圖既得利益與權力，甘心呼應做大中國主義的次等國民(無國之民的"中國奴")，就是奴性未改之故。由此可見"權力慾"教人墮落，使戀慕權力的他們淪為"歪哥政黨"(國民黨這個外來政權)之幫凶，根本不懂服務同胞之道。

然而主耶穌卻以神格之身分降世服務世人，他說："因為人子來不是要受人伺候，而是要服務世人。並且為救贖大眾而獻出自己生命。"(馬可十：45)從這一段經文，已經指出耶穌的服務精神所在，就是奉獻祂的生命救贖人類。下面就以耶穌的虛己與服務及耶穌的犧牲與救贖，來思考主耶穌的服務精神。

(一)耶穌的虛己與服務

　　使徒保羅答腓立比教會的書信就證言：「祂本有上主形像(本質)，卻不濫用與上主同等之特權。相反地自願放棄一切，取了奴僕的形像成爲人類。」(腓立比書二：6-7)此處所指的“奴僕形像”，就是一種“服務形像”。因爲“奴僕”的工作是服事主人，任憑主人之要求做事。而這位上主的「道」成做肉身成爲人類之主耶穌，竟然不是要做世人所供奉之對象，反而是要做世人的奴僕來服務人間，從而凸顯上主的大愛！其實，主耶穌在宣教生涯中，均處處凸顯祂的“奴僕形像”，就如親近婦女、兒童、稅棍、娼婦。又醫治人的各種病症，尤其是被社會所隔離的痲瘋病人，受人不齒的盲乞祂也醫治他們重見光明。祂的虛己與服務精神，從此表露無遺！咱如果閱讀《約翰福音書》(十三：1-20)，更可以看到主耶穌在最後的逾越節晚餐之後，以“奴僕”姿態爲門人洗腳的記事。目的不外教導他們合作無間，以“彼此洗腳”之服務精神爲「上帝國」之發展而奮鬥。所以主耶穌虛己服務人的“奴僕樣式”，也在此留下了偉大的榜樣。

(二)耶穌的犧牲與救贖

　　天父上主服務世人之極致，就是主耶穌的犧牲與救贖。所以《約翰福音書》的作者見證說：“上主那麼愛這個世界(原文非“世人”，而是“世界萬物”)，甚至賜下祂的獨子，要使所有信祂的人不至於滅亡，反而得到永恆生命。因為上主差遣祂的兒子來到世界，不是要定罪世界，而是要拯救世界。”(三：16-17)而《馬可福音書》證言天父上主拯救世界的代價相當大，也即獻上生命為祭品來救贖人類與世界(十：45)。保羅對於主耶穌的犧牲救贖之服務事工詮釋得十分清楚：“上主對咱顯示無比的愛！當咱還是罪人之時，基督已經為咱死(犧牲)！由於祂的死，咱現在得以和上主有合宜的關係。”(羅馬書五：8-9)又說：“咱原是上主之敵人，卻藉著祂兒子之死，使咱成為祂的朋友。既然成為上主的朋友，咱不更藉著基督的生命而得救嗎？”(羅馬書五：10)這就是咱所信靠的主耶穌的愛與服務，而且是永遠不會改變的。

▎結語

　　基督徒重新思考主耶穌的愛與服務，旨在提醒大家重新思考基督教信仰所涵蓋的社會責任。就像《雅各書》(二：17)所說：“信心沒有行為(愛心與服務)就是死的。”(參照：雅各書二：14-16)又說：“信心是藉著信徒之行為而達到完全的。”(雅各書二：22)所以說，主耶穌的愛心與服務的榜樣，基督徒也應該學習與認真奉行。

2005.12.04

13 Jesus 13

耶穌的生命倫理

　　耶穌坐船又渡到那邊去，就有許多人到他那裏聚集；他正在海邊上。有一個管會堂的人，名叫睚魯，來見耶穌，就俯伏在他腳前，再三地求他，說：「我的小女兒快要死了，求你去按手在她身上，使她痊癒，得以活了。」耶穌就和他同去。有許多人跟隨擁擠他。有一個女人，患了十二年的血漏，在好些醫生手裏受了許多的苦，又花盡了她所有的，一點也不見好，病勢反倒更重了。

　　她聽見耶穌的事，就從後頭來，雜在眾人中間，摸耶穌的衣裳，意思說：「我只摸他的衣裳，就必痊癒。」於是她血漏的源頭立刻乾了；她便覺得身上的災病好了。耶穌頓時心裏覺得有能力從自己身上出去，就在眾人中間轉過來，說：「誰摸我的衣裳？」門徒對他說：「你看眾人擁擠你，還說『誰摸我』嗎？」耶穌周圍觀看，要見做這事的女人。那女人知道在自己身上所成的事，就恐懼戰兢，來俯伏在耶穌跟前，將實情全告訴他。

　　耶穌對她說：「女兒，你的信救了你，平平安安地回去吧！你的災病痊癒了。」還說話的時候，有人從管會堂的家裏來，說：「你的女兒死了，何必還勞動先生呢？」耶穌聽見所說的話，就對管會堂的說：「不要怕，只要信！」於是帶著彼得、雅各和雅各的兄弟約翰同去，不許別人跟隨他。他們來到管會堂的家裏；耶穌看見那裏亂嚷，並有人大大地哭泣哀號，進到裏面，就對他們說：「為甚麼亂嚷哭泣呢？孩子不是死了，是睡著了。」他們就嗤笑耶穌。耶穌把他們都攆出去，就帶著孩子的父母和跟隨的人進了孩子所在的地方，就拉著孩子的手，對她說：「大利大，古米！」(翻出來就是說：「閨女，我吩咐你起來！」)那閨女立時起來走。他們就大大地驚奇；閨女已經十二歲了。耶穌切切地囑咐他們，不要叫人知道這事，又吩咐給她東西吃。

馬可福音五：21-43

基督教是尊重"生命倫理"的宗教，這是耶穌留下的好榜樣。因為耶穌在「山上寶訓」(馬太福音書五章至七章)教導跟隨者勿傷害生命，要避免以"用命賠命"之復仇法互相報復。務要愛敵人，更要學像天父的完全。同時勸人勿以"憂慮"日常生活之食物及衣物來虛度人生，要向在空中飛翔的飛鳥、野地裡的百合花及野草之生態去學習「生命」之寶貴，以及洞察「人類」的生命如何超越物質價值之事。而且耶穌不只以口說說而已，更具體表現於行動中。就如祂關心弱勢人群、親近殘障者，治好瞎子、跛子、半身不遂者，還有啞巴、精神障礙的瘋子。祂也接納婦女、兒童、罪人、角頭兄弟，以及三教九流人物。他反對摩西律法之死刑規定，使一位犯姦淫罪的婦女免於被人用石頭打死(約翰八：1-11)；使死了四天的拉撒路(Lazarus)從死裡復活，從墳墓中出來(約翰十一：1以下)；也使拿因城寡婦的兒子復活(路加七：11-17)。在此一《馬可福音書》(五：21-43)的經文裡，耶穌不但使管理猶太教會堂的睚魯(Jairus)女兒復活，也同時醫治一位犯了十二年血漏的婦女使之痊癒。這些行止，在在說明了耶穌對於人類生命之尊重，也給予現代人有關"生命倫理"的教訓及啟示。

一、經文的故事

　　耶穌使睚魯女兒復活的記事，「共觀福音書」均有記錄(馬太九：18-26、馬可五：21-43、路加八：40-56)。這些福音書作者顯然要以「神跡」來證明耶穌是彌賽亞(救世主)，也以這個"復活的神跡"來證言耶穌的"生命倫理"。故事的內容是：耶穌一次坐船從加利利湖的這岸到那邊對岸。當群眾聚集跟在耶穌後面之際，有個管理猶太教會堂的堂主名叫睚魯走近，俯伏在耶穌的腳前，懇切請求耶穌救他女兒一命。耶穌就跟他一起去，眾人擁擠跟隨著。突然有一位患有血漏病達十二年之久，而且曾經找遍醫師又傾家蕩產的無法痊癒婦人擠身人群中，從耶穌背後摸他的衣襟。因為那位婦人相信摸到先知耶穌的衣裳，一定會得到醫治。

當婦人摸到耶穌的衣襟之後，血漏立刻止住，病也好了。那時耶穌知道有"能力"從祂的身上出來，立刻詢問周圍的人關於摸祂衣襟之事。門徒認為耶穌可能只是人擠人一時的感覺。其時婦人戰戰兢兢出現，跪在耶穌腳前告白此事。耶穌非但沒有責備她，反而叫她平安地回家去。

　　就在這事發生後不久，有人從睚魯家裡趕來，說道睚魯的女兒已經死了，何必再勞煩耶穌蒞臨到家中。耶穌卻不理會來人的告知，即時對睚魯說："不要怕，只要信。"於是耶穌不許眾人跟隨，僅只帶著彼得(Peter)、雅各(James)與約翰(John)前去。到了睚魯家時，只見大家大哭亂成一團。耶穌對大家說："孩子並沒有死，只是睡著了。"眾人半信半疑，有些人甚至譏笑他。於是耶穌帶著三位門人進入女孩臥室，拉著女孩的手用亞蘭語說道："大利大，古米！"(Talitha cumi)，意即"女孩子起來"。女孩子果然從死裡復活，又立即起來走路。其時，那個女孩已經十二歲了。此一大事因此轟動加利利全地，耶穌卻吩咐大家勿將此事宣揚出去。

二、就復活的神跡論尊重生命

　　非常明顯的一件事就是耶穌因為尊重生命、強調"生命倫理"，才會使睚魯女兒從死人中復活過來。當然就"尊重生命"與"生命倫理"的問題言，不是只有基督教才有，台灣的諸宗教也有，只是觀點不同而已。

(一)台灣社會諸宗教的生命倫理

　　台灣社會的宗教現象多元又複雜，但以「儒教」
(Religious Confucianism)、「道教」(Religious Taoism)、「民間信
仰」(Folk Beliefs)及「佛教」(Buddhism)的影響最大。為此就以
上列的宗教為主，來探討他們的"生命倫理"。

1. 生命的來源

　　台灣社會的「儒教」、「道教」與「民間信仰」，均
視"生命"來自「上天」、「道」、「太極」，以至人格
化的「天公」。

儒教

　　"生命"來自「上天」。所謂"死生有命，富貴在
天"(論語)、"獲罪於天，無所禱也"(論語)，以及"萬物本
乎天，人本乎祖"(禮記)的話，就可以證明。因此："人無
照天理，天就無照甲子。"(台灣俗語)"人道"要符合"天
道"，即「儒教」"生命倫理"之基礎。人生之價值在於
"人為萬物之靈"。人要做"君子"，就得追求"天人合
一"。

道教

　　依《道德經》說法，"生命"係來自「道」("道可道，

非常道，名可名，非常名」），及《易經》所說的「太極」（"易有
太極，是生兩儀，兩儀生四象，四象生八卦"）。因此「道」與「太
極」是生命及萬物之來源。由於民間深受道教功利主義所
影響，其"生命倫理"從此走向獨善主義。其「占驗派」
的術士也成爲民間之「算命」、「相命」、「占卜」、
「堪輿」(風水)、「擇日」這些巫術的命運顧問。因此道教
力主：人生之價值，就是追求"好命"及"好運"。

民間信仰

它混合「儒教」與「道教」的"生命倫理"觀念，
相信"人是天生地養"，以及"人無照天理，天就無照
甲子"來看待人生。從而主張"生死禍福天註定"，視
「富」、「貴」、「財」、「子」、「壽」"五福臨門"
的獨善主義爲人生之理想目標。

佛教

用"十二因緣"及"三世因果業報"來看待"生命倫
理"的問題，因此今生做人必須"積功德"，才有好的果
報。人要"慈悲戒殺"才能夠種善業。更要"三皈依"
(皈依：佛、法、僧)，才能夠脫出六道輪迴(或唸："阿彌陀佛"佛
號，才可以上西天)。也就是說，生命多苦觀的「佛教」，其
"生命倫理"係以輪迴果報來加以說明。而"眾生皆有
佛性"的信念，是它"生命倫理"以至"生命價值觀"
之基礎。

(二)基督教的生命倫理

信仰"三一神論"(父、子、聖神的一神主義)的基督教,始終強調天父上主是一切生命的賜予者。並且在眾生之中,人類的生命最為尊貴。因為人類具有上主的"形像"及"活氣"(見:創世記一:27、二:7),人因此可以用心靈與誠實敬拜祂(見:約翰四:24)。人人與上主同工,善用他的生命與恩賜參與上主在歷史中的繼續創造。人類要認識天父上主的管道,就是信仰這位"道成肉身"(約翰一:1-18)的耶穌基督。並且藉著這一重要信仰去建構「上帝國」(生命共同體)的"公義"、"和平"、"博愛"的社會,以及其"生命倫理"。人類生命之價值不在於貧富及壽命之長短,乃是在於有否"善用生命"與"上主同工",以及去"服務人群"這點。所以基督徒的"生命倫理"非基於獨善其身,而是基於兼善天下的。因此其"生命倫理"及"命運觀"是集體性的(苦樂與共),不是以個人為主的獨善主義。

三、現代社會生命倫理之困局

宗教信仰本旨在於提昇生命的尊嚴及價值,問題是:當宗教面對"自殺"、"殉死"、"殉教"、"墮胎"、"安樂死"及"死刑"的社會問題時,就產生了"生命倫理"的困局。這些都是現代文明社會所出現的社會倫理問題，那就要看各個宗教如何看待。

(一)自殺、殉死與殉教

人類比其他生物更超越之處，就是知道用各種方式去結束自己的生命，或是爲眞理之緣故去犧牲生命，這就是"自殺"、"殉死"與"殉教"的現象。傳統台灣社會反對人的"自殺"行爲，因爲如此是一種"凶死"現象。但政府卻鼓勵軍人"殉死"，其教育軍人要視死如歸(諸如戰前日本的自殺性特攻隊及現代的敢死隊)。早期「印度教」也視"寡婦殉葬"是一種美德；「佛教」的和尚與尼姑之抗爭自焚；日本武士道精神之切腹自殺，卻都被人歌頌。至於來自外力的宗教迫害因而"殉教"的人，在歷史上都被視爲美德。下列諸宗教對這些問題的看法均各有主張。

儒教

視"自殺行爲"是一種病態："君子疾歿世而名不稱焉！"(論語)但對於殺身成仁的"殉死"與"殉教"則視爲一種美德："志士仁人，無求生以害仁，有殺身以成仁。"(論語)此即「儒教」之"捨生取義"人生觀。

道教

強調"養精、蓄氣、安神"，以達"成仙歸眞"的長生不老人生觀。因此反對"自殺"，也不去鼓勵"殉死"

與"殉教"。這當然和「道教」的現世功利主義及獨善主義有關。

民間信仰

視"自殺"、"殉死"與"殉教"的男女，不但持否定態度，更相信他們死後將進入「枉死城」受苦，並會變成"厲鬼"作祟人間。據此而言，耶穌如果在台灣被釘十字架犧牲的話，至多只能變成「王爺公」或「千歲爺」，而不會成為人類的「救世主」。

佛教

相信"因果報應"與"命運自造"，因此將人的"自殺"、"殉死"及"殉教"視為一種現世報，是"惡業"之種因。人可能因此投入六道輪迴中的"餓鬼道"、"畜生道"及"地獄道"去轉世。不過大乘佛教對於出家眾(和尚、尼姑)的自焚"殉死"，或於迫害中的"殉教"行止，則被信徒視為一種功德(前越南出家眾為政治訴求自焚之"殉死"可以為例)。

基督教

原則上不贊同"自殺"及"殉死"，因為耶穌力主人類的生命上主賜予，所以既不可殘害自己生命也不可以殺人(參照：約翰八：1-11)。但基督教的"場合倫理"主張人的"自殺"問題，應當考慮當事人的心理狀態及社會生活加

諸於他們的生活壓力，因此不能一味去指責當事人。畢竟
人不是上主，無權去定自殺者的罪。至於軍人、志士的
“殉死”問題，反對、指責與鼓勵都有，是非問題也要以
場合而論。唯獨古今爲宣教與真理而“殉教”的基督徒，
則被視爲“聖徒”。因爲他們如同耶穌一樣，爲信仰理念
而勇於犧牲。

(二)墮胎、安樂死、死刑

現代醫療技術之“人工流產”(墮胎)及“安樂死”的問
題，對於各種宗教的“生命倫理”而言都是一種挑戰。至
於“死刑”問題，耶穌的立場當然否定(參照前已提及的：約翰
八：1-11，耶穌拯救犯姦淫死罪婦人的故事)。但是台灣的諸宗教，
對於斯土中國國民黨專制政權的“死刑”似乎司空見慣，
故無提出對於“死刑”不是之質疑。

1. 人工流產(墮胎)

爲了生育控制使人口不至於過剩，台灣婦女都習慣於
「墮胎」。這個問題，各個宗教只認同生育控制人口的方
法，但都反對婦女之“人工流產”。

傳統宗教

「儒教」、「道教」與「民間信仰」因都信仰“命運
天定”之宿命論(天註定的觀念)，所以婦女的“墮胎”均被視

爲"死生有命"的一件事，是胎兒命中註定如此。不過由於神棍製造出「嬰靈崇拜」(被母親打下的胎兒變成作祟之嬰鬼)的迷信，以致婦女對於自己的"墮胎"產生強烈罪惡感。因此去崇拜"嬰靈"，以免被其作弄之婦女大有人在。這種作弄母親的"胎鬼"(嬰靈)信仰，造成台灣婦女於心理上非常不安，以致受神棍任意愚弄！

佛教

雖然贊成及反對生育控制者都有，但均反對"墮胎"。因爲這種行爲等於"殺人"(殺生)。不過它視被打掉的"胎兒"是一種前生業障之現世果報(來自六道輪迴觀念)。也即"前世種因，現世果報"(這分明是一種沒有根據之迷信)。

基督教

否定婦女之"墮胎"行爲，但鼓勵家庭計劃的生育控制。因爲婦女的"墮胎"，於先進國家已經變成合法化之普遍的現象，所以尚有所爭論。既然許多先進國家已經施行「墮胎合法」之法律，基督教的"生命倫理"對此到底如何看待？問題是："墮胎"是節育行爲，還是殺人行爲呢？天主教會及保守的基督教宗派對上述的問題均持否定的態度，就是嚴禁婦女"墮胎"，視它是殺人之行爲。而開明的教團比較能夠爲婦女自身的權利加以考慮，並且提出如此之質疑："「胎兒」到底是「細胞」還是「生命」？""「胚胎」能夠算是「人」嗎？"之質問來看待問題。所以婦女的"墮胎"也要看場合，就像被強暴懷孕或危害母親生命等等，而不是一意否定即可解決"生命倫理"之問題。

2. 安樂死與安寧療護

人一旦病入膏肓，在"求死無門，求生不得"，親人眼見病人那麼痛苦或變成植物人時，能否給予"安樂死"(Euthanasia)的問題，是個面對"生命倫理"之重大困境。因為現代的"安樂死"對於國家法律、社會倫理道德、不同之宗教信仰，都有相當大的爭論性。因其往往被視為是一種變相的殺人行為。

傳統宗教

「儒教」、「道教」與「民間信仰」均認為，做人要"好生"，也要"好死"(善終)。有了這樣的"善終"，死者才能入土為安。人工的"安樂死"因違反自然，俗信將會使死者變成"枉死之厲鬼"，因此使人力加反對。

佛教

反對"安樂死"。若有醫師膽敢這麼做，他將自造"殺人"之業障，現世與來生都不會有好的果報。

基督教

"生命"來自天父上主，醫療人員當然無權輕奪病人一息尚存之生命。天主教更認爲"安樂死"與"殺人"同樣錯誤，因爲違反上主的主權與慈愛。開明的基督教對於與它有關的"生命倫理"，則提出一個嚴肅的質問：腦死的植物人之"生命"有"尊嚴"嗎？禁止絕症而痛苦的病患"安樂死"是一種慈悲嗎？因此有些醫師與學者提出"積極安樂死"(病人與家屬同意醫師的慈悲殺人行爲)，以及"消極安樂死"(只給病人養分與食物，但終止醫療行爲)的兩種方式。前者尚爲法律與宗教信仰所禁止，後者已經在各國的醫院實行。

一九六七年英國的桑德斯女醫師(Dr. Cicely Saunders)，特別創立一種"安樂活"的醫療制度叫做「安寧療護」(Hospice Care)，來協助癌症末期病人走得有尊嚴。二十多年前這種制度由馬偕醫院的鍾昌宏醫師引進，也受到行政院衛生署所支持，現已擴大於台灣各大醫院之中。因此一「安寧療護」制度來自耶穌的"生命倫理"之啓發，所以充分流露出基督教人道主義之精神。

3. 死刑

東方宗教因爲相信"命運天定宿命論"(屬於「儒教」、「道教」與「民間信仰」)及"命運自造宿命論"(屬於「印度教」與「佛教」)，因此很難以人道主義立場去看待"死刑"的問題。基督教因主張"命運自決"的自由意志論，所以沒有宿命論之障礙。對於"死刑"的社會倫理問題，均以耶穌人道主義的"生命倫理"來加以否定。這點也是台灣天主教教會紅衣主教單國璽神父，曾經面見陳水扁前總統，要求他廢除"死刑"法律的主要原因。

傳統宗教

雖然相信"天"有好生之德，卻沒有寬恕死囚的道德倫理教條。因此「儒教」、「道教」及「民間信仰」均認同，被判"死刑"的死囚皆因「命中註定」而受死。事實上，在中國國民黨政權的白色恐怖時代，許多無辜好人都被入罪處死。所以這不是「命運」的問題，而是"暴政猛於虎"的問題。

佛教

若以它的"慈悲"與"戒殺"的宗旨而論，「佛教」是應該反對"死刑"的。然而它的業報宿命的信仰，則視"死刑"是一種"種瓜得瓜，種豆得豆"之現世果報。因此台灣「佛教」對於"死刑"問題，根本不加以反對。就如台灣的政治和尚星雲法師，在其《鋪好行為平坦的道路》的這本小冊子裡，就公然贊同國民黨這一專制政權的"死刑"法律，所以他一點也不慈悲。

基督教

摩西「十誡」之第六誡明文禁止"殺人"，但卻贊同"死刑" (參照：申命記二十二：22-24)。耶穌教人以人道精神，去免除"死刑"這種陳舊的「摩西律法」(見：約翰八：1-11

的故事)，此即基督教"生命倫理"之基礎。雖然歷史上出現天主教的「異端裁判所」與基督教改革者加爾文(John Calvin)，處死反對者瑟維都斯(Michael Servetus, A. D. 1553)這位西班牙醫師之劣跡，可以說都是違反耶穌人道精神的重大錯誤。如今先進國家已廢除"死刑"，基督教會也應當表明其擁護人道主義立場，促使台灣政府能夠廢除"死刑"。惟有如此，基督教會之教導才符合耶穌的"生命倫理"。

▌結論

十分清楚的，耶穌使睚魯女兒從死裡復活的故事，已經對耶穌的"生命倫理"有所提示，也藉此討論一些有關"生命倫理"的社會問題。從「傳統宗教」(儒教、道教、民間信仰)的命運天定宿命論的認知上，可以明白其"生命倫理"之缺失，就是缺乏尊重生命的人道主義。所以才用"命中註定"去合理化"死刑"問題。標榜慈悲與戒殺生的「佛教」，理應懷抱尊重生命的社會倫理，可惜台灣的政治和尚也以行為果報的宿命論去看待"死刑"問題，以致忽略人道主義。期待能夠從這些討論，使基督徒更加能夠奉行耶穌的"生命倫理"，以人道主義精神用心去"尊重生命"、"愛惜生命"及"積極人生"，進而善用生命與上主同工。

2009.10.12

14

Jesus 14

耶穌的眼淚

> 耶穌看見她哭，並看見與她同來的猶太人也哭，就心
> 裏悲歎，又甚憂愁，便說：「你們把他安放在哪裏？」
> 他們回答說：「請主來看。」耶穌哭了。
>
> *約翰福音十一：33-35*

做為"人類"的耶穌是性情中人，所以他和你我一樣
也會流淚哭泣。畢竟有感情的人，觸景就會生情，"流淚
哭泣"就是很自然的反應。台灣俗語用以形容鐵石心腸的
人時，就叫他做"無血無目屎(淚)"者。由此可見：凡是
富有情感的人都會因"生、離、死、別"而流下眼淚。悲
喜交集時流淚，失敗痛苦時流淚。有時候也會喜極而泣！

根據《約翰福音書》(十一：33-35)這段經文的背景，係
描述耶路撒冷附近一戶耶穌友人的家庭有喪事。四天之後
耶穌到訪時，耶穌及其親友均流下了"眼淚"的故事。
原來這戶伯大尼(Bethany)的家庭成員有：馬大(Martha)、馬利
亞(Mary)，及其兄弟拉撒路(Lazarus)。不幸拉撒路卻因重病死
亡，並且已經死了四天埋葬完畢。儘管拉撒路病入膏肓
時，馬大曾經派人轉告耶穌速來醫治。耶穌卻於拉撒路死

了四天之後來訪(見：約翰十一：1-3、17)。經文指出：耶穌沒有即時前往伯大尼這戶祂所愛的友人家庭之原因，一來是要藉著拉撒路死亡又將復活的神蹟事件，凸顯："上主的兒子之榮耀。"(十一：4)二來是安全上的顧慮，此一近耶路撒冷地區是個危險地帶，因為猶太人計劃用石頭擊殺耶穌(十一：53)。可是耶穌的立場堅定，祂決定前往伯大尼："我們的朋友拉撒路睡了，我要去喚醒他。"(十一：11)事實上，拉撒路死了四天又埋葬之後耶穌才來到伯大尼，其時馬大全家陷入於悲痛之中。下面的一段對話，明顯指出耶穌是"復活"與"生命"之主(見：十一：20-27)：

> 馬大："主啊，要是你在這裡我的兄弟就不會死！但是我知道，甚至現在，凡是你對上主所求的祂一定賜給你。"
>
> 耶穌："你的弟弟一定會復活。"
>
> 馬大："我知道在末日他一定復活。"(她按照猶太教信仰之回應)
>
> 耶穌："我就是復活與生命。信我的人雖然死了，仍然要活著。凡活著信我的人一定永遠不死。你信這一切嗎？"
>
> 馬大："主啊，是的。我信你就是那要到世上來的基督——上主的兒子。"

於是馬大立即轉身回家，告訴馬利亞有關耶穌來訪之事。馬利亞隨即和耶穌見面，訴說拉撒路去世之傷心事。耶穌看見馬利亞和其餘伴她而來的猶太人哭了，即開口問及拉撒路的埋葬處，他們就引導耶穌前往墓地。那時耶穌也哭了！猶太人目睹耶穌流下眼淚，即時做了回應："你看，他多麼愛這個人！"(十一：35-37)故事的結局以喜事收場：耶穌行了使拉撒路從死裡復活的神跡。因為耶穌就是"復活"與"生命"的救世主。下面就以"耶穌的眼淚"為題，來分析其中的重要啟示。

一、流淚是人類之天性

人類的"喜、怒、哀、樂"，都有可能流下眼淚，這是一種"天性"。也可以說，"流淚"是人類情感之發洩。就如人在港口、機場、車站送別親友或和親友久別重逢時，都會流下生離及重聚之眼淚。興奮、激動、驚喜時，人也會流淚。喪事時的死別哀傷，更會傷心啼哭。這些現象，都是人類社會之常情。耶穌是性情中人，他也會藉著流淚凸顯其"人性"(Human Nature)之一面。所以《約翰福音書》(十一：35)有一句描述"耶穌哭了"之記錄，看來並不奇怪。如果閱讀《新、舊約聖經》時，均可以發現「舊約」中的先知及「新約」中的使徒之"流淚"記事。

(一)舊約中的哀哭先知

《舊約聖經》中所指的"先知"角色，是一種為上主代言的勇者。他們指斥政府之無能及暴政、宗教的腐敗及黑暗面、社會的不公不義及倫理脫序。為此，"先知"這一角色，可以說是民族命運之守望者。所以當人民拒絕上主救恩、政府抗拒人權及社會公義、宗教家疏於其職責之時，先知往往為民族之命運及將要遭受的禍患(如同上主之審判)流淚。舊約先知之中最常為其猶太同胞流淚者，就是先知耶利米(Jeremiah)，這位主前第七世紀時代的猶太教先知(大約於B. C. 626年做先知)。聖經言及先知耶利米曾經多次為自己同胞的罪惡哀哭，因此被學者稱為"哀哭的先知"。

> 但願我的頭顱是水井，眼睛是淚泉，我好日夜為被殺的同胞哭泣。(耶利米書九：1)
>
> 如果你們不聽，我要因你們的狂傲暗中哭泣。我要痛哭流淚，因為上主的子民被擄走了。(耶利米書十三：17)
>
> 讓我的眼淚日夜湧流吧！讓我不停息地哭泣吧！因為我的同胞受傷慘重。(耶利米書十四：17)

(二)新約中的流淚記述

《新約聖經》中的「保羅書信」，也記述了使徒保羅(Paul)、提摩太(Timothy)及以弗所教會信徒，曾經流過離別的眼淚！

> 說完了這些話，保羅就跟他們全體跪下來祈禱。大家都哭了，抱著他親吻，跟他道別。他們為了保羅所說：「此後不能再見到他。」這一句話顯得特別傷心。他們就送他上船。(使徒行傳二十：36-38)

當保羅最後被捕又被押走時，其義子提摩太禁不住流下了眼淚。為此保羅說：

> 一想起惜別時你所流的眼淚，我就急切想要見你。見到你，我就會滿心快樂。(提摩太後書一：4)

保羅向來要求信徒要學像耶穌的謙卑及同情心(見：腓立比書二：1、5)。在教會裡的團契生活，要："與喜樂的人同樂，與哀哭的人同哭。"(羅馬書十二：15)畢竟教會是個信靠上主的大家庭，和一般世俗的團契不同。

二、耶穌的眼淚

《約翰福音書》(十一：35)言及"耶穌哭了"這句充滿感情流露的話。由此可見，耶穌於馬大及馬利亞的兄弟拉撒路死亡，及已經埋葬的絕望悲傷哀痛之際，同樣與喪家一樣流下眼淚。《新約聖經》的「四福音書」(馬太、馬可、路加、約翰)，曾經記載耶穌至少兩次流過眼淚：一處即為拉撒路之死亡而流淚(約翰十一：35)；另一處是為聖城耶路撒冷之殺害先知，及即將被羅馬帝國毀滅而哀哭流淚(馬太二十三：37-38、路加十三：34-35、十九：41)。

(一)為伯大尼的喪事哀哭

經上描述，當耶穌為伯大尼之已故拉撒路(死四天也已經埋葬)傷心流淚時，旁觀者對耶穌流淚的反應是：

你看！他愛這人何其懇切！(約翰十一：36)

其時旁觀者可能會這樣想：拉撒路已經死了四天也埋葬完畢，耶穌只是為伯大尼喪家流下同情的眼淚而已。不過有些人卻說：

他開過盲人的眼睛，難道他不能使拉撒路復活

嗎？(約翰十一：37)

　　稍後耶穌終於來到埋葬拉撒路的洞穴，吩咐人移開墓石，果然叫拉撒路從死裡復活(見：約翰十一：38-44)。然而這件死人復活的神跡，終於引起耶路撒冷祭司長，及敬虔主義法利賽人(Pharisees)謀害耶穌之動機。原因是怕耶穌之勢力太大，從而引起羅馬帝國政府對猶太人之監控與鎮壓(見：約翰十一：45-48、53-54)。據此而論，耶穌的眼淚不只是為伯大尼的喪事憂傷而已，也是為了猶太同胞之無知及陷害"先知人"之罪惡，及"聖城之毀滅"而悲嘆！

(二)為耶路撒冷之罪惡哀哭

　　耶路撒冷(Jerusalem)係當代政教之中心，猶太省之首府，也是羅馬帝國殖民政府總督之駐在地。猶太教(Judaism)唯一的「聖殿」就是建立在耶路撒冷，祭司長領導下之祭司集團，即在此掌管「聖殿」及猶太教之祭祀大權。羅馬帝國為管理巴勒斯坦殖民地，就賦予猶太教祭司長政治及宗教大權，承認"摩西律法"(Moses' Law)為「實證法」(positive law)。不過重大刑案(像死刑)，則必須受羅馬法律之批准約束。在耶穌看來，耶路撒冷祭司集團及自認敬虔主義者的法利賽人，都是一群"偽善"的宗教人。耶穌明指他們所犯下的罪惡就是《馬太福音書》(二十三：1-36)所列述者，即下列之各種罪惡：

1.這些宗教家只懂得解釋"摩西律法"，而且他們只會說不會做(能說不能行)。也就是固執於將猶太教律法之重擔加在信徒身上，自己不會去實踐。並且這些宗教家自高自大、注重外表虔誠、好坐高位、喜愛受人請安及稱呼"拉比"(Rabbi係"先生"之意)、不懂謙卑待人。(見：二十三：1-12)

2.這些宗教家關閉"天國之門"，自己不想進入"天國"，想進天國的人，他們卻不准其進入。(見：二十三：13-14)

3.這些宗教家如同"教棍"一樣，走遍水路陸路教人進教。人既然做了信徒，卻放任信徒成為"地獄之民"。(見：二十三：15)

4.這些宗教家胡亂指導信徒"發誓"，聲言指著聖殿發誓不算數，指著聖殿裡的金子發誓才有效。這是"瞎子帶領瞎子"的盲目教導，明顯假傳上主聖旨。(見：二十三：16-22)

5.這些宗教家教人奉獻猶太教規定的"什一奉獻"(金錢與物質的十分之一宗教稅)，藉以維持耶路撒冷聖殿之運作。可是摩西律法所關心的公義、憐憫、信實之精神都加以放棄。所以耶穌用"過濾蚊蟲、吞下駱駝"的猶太俗語(貪得無厭，吃大的計較小的。向獻祭物之信徒找麻煩、拿聖殿商人之好處欺騙上主)，來指斥他們那種"瞎子嚮導"之罪惡。(見：二十三：23-24)

6.這些宗教家只會做外表好看(用清潔杯盤外表的形容)的偽

善行止，內心藏垢納污，盡是勒索、貪慾、放縱，不知自清(見：二十三：25-26)。所以他們有災禍！因為他們正是"外表是粉白墳墓，裡面是臭骨頭"，充滿各種貪心污穢的"教棍"！外表裝作是義人，裡面則是偽善及不法。(見：二十三：27-28)

7.這一群宗教家雖然修整先知與義人的墳墓，說這麼做就不沾上他們的祖先殺害先知與義人的血，來逃避審判刑罰。其實他們是"毒蛇之類"的人物，因為正繼續殺害上主派來的先知、聖人及教師，將他們釘上十字架(耶穌首當其衝)。他們有禍了，將受到上主的審判及刑罰。(見：二十三：29-36)

上列種種罪惡，就是耶穌指斥耶路撒冷祭司長及其集團，以及文士、法利賽人有災禍，並為聖城耶路撒冷哀哭的主要原因。愛之深，責之切，下面就是耶穌為耶路撒冷哀哭的一段肺腑之言：

耶路撒冷啊！耶路撒冷啊！你殺害先知，又用石頭打死上主差派到你們這裡來的使者！我多少次保護你們的子女，像母雞把小雞聚集在翅膀下一樣。可是你們不願意！看哪，你們的殿宇將成為人煙絕跡的荒場。(見：馬太二十三：37-38、路加十三：34-35、十九：41-42)

三、耶穌流淚之啟示

設若耶穌來到今日世界，祂一定會爲當今普世社會人與上主之疏遠、人類互相殘殺之流血戰爭、違反人權及社會公義之暴政而流下眼淚！當今世界科技發達，物質文明登峰造極，人類生活品質不斷提昇。可是普世仍舊存在著種族主義、政治專制、忽視人權、社會不公、戰爭危機、民族仇恨、恐怖主義，以及宗教多元(基督教眾多宗派)混亂之局面。所以說，耶穌如果訪問今日世界，同樣也會爲當今普世之社會問題傷心流淚！可是世界這麼大，台灣基督徒應該關心台灣的社會問題以及教會問題比較實際。下面之省思，即屬於這個範疇。

(一)耶穌為台灣社會亂象流淚

二十世紀中期，即二次世界大戰結束之後，基督教之「場合神學」(Contextual Theology)開始思考教會之於世俗社會之職責。於是提出了"向前的上帝觀"此一由下而上之神學思考。認爲：基督教神學要從社會場合的問題做起。因無所不在之上主始終與人類同在：人間苦難上主也有分，人類受苦上主也同樣與他們受苦。這一論點當然和傳統的"向上的上帝觀"那種由上而下的"敬拜讚美"，將上主捧得高高在上只懂讚美主之認知不同。上主始終與人親近，關心人所處的社會問題。畢竟上主不是一位喜愛受人瘋狂作秀及讚美之神。所以說，今日主耶穌也會因著台灣社會之亂象流淚，為的是台灣社會尚有違反人權、不公不義的政治問題，以及各種罪惡的社會問題。自從中國國民黨走路來台統治斯土以後，就製造了「二二八事件」針對台灣人之大屠殺，實施三十八年戒嚴的白色恐怖政策，少數中國人統治多數台灣人，以及二十多年前發生「美麗島事件」問題等等。儘管公元2000年到2008年由台灣人反對黨的民進黨"阿扁政府"執政，可是國會仍然由多數黨之國民黨所把持，而且成為阻礙改革的台灣社會亂源。民進黨於執政八年間，從此難以落實民進黨的政治理念(朝小野大之緣故)。如今國民黨再度奪回政權，台灣國家定位更加錯亂。不但國家主權盡失，馬英九"親中國"的政治路線使台灣快要淪為中國之一個特區。這就是那個甘心做"中國奴"的馬英九之"德政"！如今台灣的經濟崩盤、失業者急速增加、犯罪率一樣急增……，國民黨的"口號治國"騙術，害慘了當今的台灣國家前途。所以人民之苦況日日有增無減，人人對國民黨政府親中賣台的"暴政"深惡痛絕！如此種種情形，如果耶穌來到台灣見之，一定也會流淚！

(二)教會脫序也使耶穌流淚

當今台灣的「基督教」(Christianity)非常混亂，因為宗派太多(有105派以上)，各傳各的。由於體制及信仰格調之不同，有正統的「教制基督教」(Institutional Christianity)；有以人物爲中心領導的「教派基督教」(Sectarian Christianity)；也有本位主義特別強的「急進基督教」(Radical Christianity)；更有旁門左道的「類似基督教」(Quasi Christianity)。起初耶穌所宣揚的"福音"非常單純："上主是天父，人類是兄弟姊妹。"尤其特別強調："上主是愛之神，人類應當善用生命與祂同工經營這個世界。"爲此，基督徒當做"世間的光與鹽"去利益人間社會，藉以榮耀天父上主(見：馬太五章至七章的「山上寶訓」)。這些簡單妥切之宗旨於歷史上演變迄今，已經超出昔日耶穌宣教之本旨，從而變得宗派林立十分紛亂！甚至時下「台灣基督長老教會」屬下的教會，都在狂熱於"敬拜讚美"這種非加爾文主義精神的崇拜行爲，使「榮耀只歸上主」(Soli Deo Gloria)的"禮拜傳統"淪爲一種吵鬧的作秀表演。難道總會屬下機構「信仰與教制委員會」不懂去深切反省嗎？再如此沉淪下去的話，「長老教會」也應該關門而與"敬拜讚美教團"合流就可。所以說，倘若長老教會開山祖師諾克斯(John Knox)，陪同主耶穌於今日訪問台灣教會看到如此情形，不但會大吃一驚，也會因著教會禮拜的奇形怪狀而搖頭嘆息！流淚哭泣！

　　雖然上一世紀已經出現「普世教會合一運動」(Ecumenical Movement)，這是很好的現象，可惜迄今尚未落實。所以說，主耶穌也會爲今日世界基督教會之各種脫序而落淚！人類是十分固執的高等動物，因此普世教會要走向"一主、一信、一洗"(見：以弗所書四：5-6)的合一運動理念談何容易?!可是基督徒應該用心合作，以共同信念宣揚福音服務世界，不是一天到晚狂熱於作秀式的敬拜讚美，才足以榮耀上主。

▋結語

這個故事旨在強調：耶穌流淚之後隨即出現了"神跡"——死了四日的拉撒路復活了！這莫非指出："耶穌的眼淚"不是白流的，它象徵著痛苦背後之希望。耶穌從來不流"失望的眼淚"。祂雖然流下悲嘆人性軟弱以及同情、憐憫之眼淚，但卻帶給弱勢人群醫治、安慰及赦免。這等於是啓示咱一件要事：只有流淚而不行動是消極的。有愛心及眼淚，再加上有服務之行動，則是一種救世事工，也可能是改革事工及希望之工程。《詩篇》(一二六：5-6)有一句建設性的詩詞鼓勵咱說：

> 願意含淚撒種的人，得以含笑收割莊稼。
> 那些流淚帶著種子出去的人，
> 將歡呼快樂地抱著禾捆回來！

耶穌的言行

JESUS'S WORDS & DEEDS

- ✤ 耶穌教人善用生命
- ✤ 禍福相安靠耶穌
- ✤ 至大牧者是耶穌
- ✤ 耶穌是人生旅途導師
- ✤ 耶穌基督的推薦書
- ✤ 請來，以馬內利

15

耶穌教人善用生命

　　那時，天國好比十個童女拿著燈出去迎接新郎。其中有五個是愚拙的，五個是聰明的。愚拙的拿著燈，卻不預備油；聰明的拿著燈，又預備油在器皿裏。新郎遲延的時候，她們都打盹，睡著了。半夜有人喊著說：「新郎來了，你們出來迎接他！」那些童女就都起來收拾燈。愚拙的對聰明的說：「請分點油給我們，因為我們的燈要滅了。」聰明的回答說：「恐怕不夠你我用的；不如你們自己到賣油的那裏去買吧。」她們去買的時候，新郎到了。那預備好了的，同他進去坐席，門就關了。其餘的童女隨後也來了，說：「主啊，主啊，給我們開門！」他卻回答說：「我實在告訴你們，我不認識你們。」所以，你們要警醒；因為那日子，那時辰，你們不知道。

　　天國又好比一個人要往外國去，就叫了僕人來，把他的家業交給他們，按著各人的才幹給他們銀子：一個給了五千，一個給了二千，一個給了一千，就往外國去了。那領五千的隨即拿去做買賣，另外賺了五千。那領二千的也照樣另賺了二千。但那領一千的去掘開地，把主人的銀子埋藏了。過了許久，那些僕人的主人來了，和他們算帳。那領五千銀子的又帶著那另外的五千來，說：「主啊，你交給我五千銀子。請看，我又賺了五千。」主人說：「好，你這又良善又忠心的僕人，你在不多的事上有忠心，我要把許多事派你管理；可以進來享受你主人的快樂。」那領二千的也來，說：「主啊，你交給我二千銀子。請看，我又賺了二千。」主人說：「好，你這又良善又忠心的僕人，你在不多的事上有忠心，我要把許多事派你管理；可以進來享受你主人的快樂。」那領一千的也來，說：「主啊，我知道你是忍心的人，沒有種的地方要收割，沒有散的地方要聚斂，我就害怕，去把你的一千銀子埋藏在地裏。請看，你的原銀子在這裏。」主人回答說：「你這又惡又懶的僕人，你既知道我沒有種的地方要收割，沒有散的地方要聚斂，就當把我的銀子放給兌換銀錢的人，到我來的時候，可以連本帶利收回。」奪過他這一千來，給那有一萬的。因為凡有的，還要加給他，叫他有餘；沒有的，連他所有的也要奪過來。把這無用的僕人丟在外面黑暗裏；在那裏必要哀哭切齒了。

當人子在他榮耀裏，同著眾天使降臨的時候，要坐在他榮耀的寶座上。萬民都要聚集在他面前。他要把他們分別出來，好像牧羊的分別綿羊山羊一般，把綿羊安置在右邊，山羊在左邊。於是王要向那右邊的說：「你們這蒙我父賜福的，可來承受那創世以來為你們所預備的國。因為我餓了，你們給我吃；渴了，你們給我喝；我作客旅，你們留我住；我赤身露體，你們給我穿；我病了，你們看顧我；我在監裏，你們來看我。」義人就回答說：「主啊，我們甚麼時候見你餓了，給你吃，渴了，給你喝？甚麼時候見你作客旅，留你住，或是赤身露體，給你穿？又甚麼時候見你病了，或是在監裏，來看你呢？」王要回答說：「我實在告訴你們，這些事你們既做在我這弟兄中一個最小的身上，就是做在我身上了。」王又要向那左邊的說：「你們這被咒詛的人，離開我！進入那為魔鬼和他的使者所預備的永火裏去！因為我餓了，你們不給我吃；渴了，你們不給我喝；我作客旅，你們不留我住；我赤身露體，你們不給我穿；我病了，我在監裏，你們不來看顧我。」他們也要回答說：「主啊，我們甚麼時候見你餓了，或渴了，或作客旅，或赤身露體，或病了，或在監裏，不伺候你呢？」王要回答說：「我實在告訴你們，這些事你們既不做在我這弟兄中一個最小的身上，就是不做在我身上了。這些人要往永刑裏去；那些義人要往永生裏去。」

馬太福音書二十五：1-46

基督徒的「座右銘」不外"善用生命，與主同工"。它不應該被視為一種"口號"而已，應為基督徒的生活實踐。耶穌於公生涯的傳福音事工中，無時不刻都在"善用生命，與天父同工"。所以其一生雖然只有短短的三十三年歲月，卻締造人類的「拯救史」(Heilsgeschichte)，影響普世文化。《新約聖經》中的四本福音書(馬太、馬可、路加、約翰)，莫不在見證此一事實。

《馬太福音書》(二十五：1-46)這一章經文，就言及有關"善用生命，與主同工"的三個耶穌所教導的重要比喻，即十個童女的比喻(二十五：1-13)、三個僕人的比喻(二十五：14-30)，以及最後審判的比喻(二十五：31-46)。其中有許多重要真理，在在啓發古今基督徒的信仰職責以及社會倫理。而且引人省思：人與天父上主的關係，和人生之目的與意義。以下就來認識這三個重要比喻之內容，而後思考其中的教訓。

一、耶穌三個重要比喻

跟隨耶穌的基督徒，其人生觀是與眾不同的。除了信靠天父上主外，也要實踐如前所強調的"善用生命，與主同工"。耶穌爲要闡明其中的真理，所以才講了下列三個重要比喻。

(一)十個童女的比喻　二十五：1-13

這個有關「天國」(上帝國)的比喻，言及有十個童女(在室女姑娘)在夜間提著油燈出去迎接新郎。其中五個聰明的有預備燈油，另外五個愚拙的卻沒有預備。因爲新郎延遲到來，以致那十個童女都打盹睡著。到了半夜新郎果然來到，那些童女被人叫醒準備迎接新郎。五個聰明的因有準備，一切就緒。然而另外五個愚拙的，心急向那五個聰明者要求分點燈油給她們，因為她們的油燈快要熄滅。五個聰明的童女當場拒絕，建議她們快前往油店購油。那五個愚拙的童女雖然買到燈油，卻因新郎已經來臨，門也關上。待她們到家時，就被新郎拒之於門外。於是耶穌教導門人要儆醒把握機會，因為那個日子(主來之日係指歷史終末時間)將在不知不覺中來臨。

現代基督徒要瞭解這個比喻之第一步，就是去認識耶穌時代猶太人之婚俗。「婚姻」是男女之人生大事，是學者所謂「生命禮俗」(rites of passage)中一個重要人生過程之項目。不過各國各民族的婚姻禮俗都不相同，就像耶穌所講這個「十個童女比喻」，就是指昔日"猶太新娘"結婚時各人都有幾個伴娘而言。而且這「十個童女」(伴娘之條件是童女)的職責，就是伴著"新娘"等待"新郎"前來進行結婚儀式。按照當代之風俗，等待"新郎"前來迎娶的時間是保密的，快者一天，慢者一、兩週都有。又都在夜間趁著童女(伴娘)打盹時突然到來，目的是在製造驚喜之氣氛。當然"新郎"一到門就關上，慢者無法入內參與婚禮。十分明顯的，這個天國比喻之要點，是指猶太選民在重要的歷史時間中，並沒有為"上主聖子"(新郎)之來臨做準備。只有那些有準備的選民，才能夠參與天國之婚禮及大筵，否則即被拒之於門外。

(二)三個僕人的比喻 二十五：14-30

　　此一有關「天國」(上帝國)的僕人如何發揮其才幹的比喻，也與"善用生命，與主同工"的理念有關。耶穌在比喻中說到：一個主人出外旅行，就叫他三個僕人來，按照他們各人的才能，一個交給五千元，一個交給兩千，一個交給一千，之後動身出外遠行去了。那被交託五千元的僕人因生財有術，又賺進五千；被交給兩千元的僕人，同樣也賺進兩千；唯獨那位受託一千元者，卻在地上挖了一個洞將那一千元埋藏起來。過了許久主人回來，即呼召那三個僕人前來結帳。結果那位賺進五千的僕人受到主人嘉許，又請他管理更大的數目。那個賺進兩千的僕人也同樣受到主人的稱道，並且再受重用。唯有那個受託一千元的僕人竟然和主人頂嘴，並且開口批評主人是個嚴厲的人，沒有撒種及栽種便要收割取物，所以將一千元原封不動歸還。其時主人動怒，斥責這位懶僕用詭辯推辭責任，竟然懶到將錢埋在地下，不去存入銀行生利息。於是將一千元取回交給那位賺進五千元之忠僕，又將那位懶僕辭職趕逐出去。

　　這個比喻在《路加福音書》(十九：11-17)也有所記載。耶穌設此比喻之用意，是在提醒天國民勿埋沒受託之恩賜以致未能與天父上主同工。按"五千元"的原文是"五他連得銀"(5 talents相當於280公斤銀)，"兩千元"等於"兩他連

得銀"(2 talents相當於112公斤銀)，所以"一千元"(一他連得銀)是
56公斤銀。這在耶穌時代是一筆能夠經商之大數目。顯然
地，耶穌所指那兩位賺進五千及兩千之忠僕，係指當代的
施洗約翰和那些獻身跟從祂的人。那個無用的懶僕，就是
指著經學士、法利賽人、撒都該人和會堂的拉比。這些猶
太教人士說的，因為他們只會死守著「摩西律法」，不懂
去發揮"上主真理"，所以如同將上主交託的財物埋藏地
下(象徵他們只懂得按照猶太教老傳統去守住律法教條，圍起「摩西律法」
之籬笆)，等待於上主清算之日原封不動奉還。所以說，不
懂"善用生命，與主同工"的人該受咀詛，也理所當然被
趕出「天國」(上帝國)此一生命共同體，此即埋沒恩賜才幹
者之下場。

(三)最後審判的比喻 二十五：31-46

這是耶穌所講最生動的一個有關「天國大審」之比
喻，其審判的標準規範於天國民的社會倫理之基礎上。也
就是人如何與上主同工去幫助需要幫助的弱勢人群：挨
餓者、出外人、飢餓中的窮人、生病的人，以及被關在
監牢裡的人。耶穌故意用一個「天國大審」(以上主為牧者君
王進行最後的審判)為比喻，來審判右邊的"綿羊"和左邊的
"山羊"。王者的審判是這樣的：祂向右邊的"綿羊"稱
讚說：我餓了你們給我喫，渴了給我喝，出外作客留我住
宿，赤身露體給我衣穿，病了來看顧我，在監裡時來探望

我。以"綿羊"為喻的義人吃驚地回應，自己並沒有做得如此周到。王者則肯定回應：凡將這些善行做在最小(弱勢者)兄弟中的一個，就如同行在王者身上了。王者又向左邊的"山羊"(象徵沒有善心之惡人)宣判：他們應該受到像刑罰魔鬼一樣的火刑！因為王者餓了不給他喫，渴了不給他喝，作客旅行不給予住宿，赤身露體不給他衣穿，病了及在監牢裡不去關心他。以"山羊"為喻的惡人之回應，說是沒有目睹過王者有如此落魄之際遇。王者肯定地反駁：惡人藐視弱勢人群之需求，相等於藐視上主一樣。因為他們沒有仁慈之心，所以應該受永遠的刑罰。至於綿羊似的義人，則要享受永恆生命的福分。

在耶穌看來，宗教之責任在於強調人類社會是一個"生命共同體"。所以猶太教的「摩西律法」，絕對不會比給飢餓的人一餐、渴者一杯水、同情出外客旅、安慰病人，以及訪問及關心囚犯等等社會倫理來得重要。而耶穌所指的"山羊"不是別人，就是當代猶太教的宗教領袖：祭司集團(撒都該人、法利賽人、經學士)及拉比圈裡的那些宗教家的偽君子。因為他們看輕弱勢人群，自以為義卻沒有慈悲之心，高高在上又輕視罪人及弱者。

二、善用生命與主同工

用"善用生命，與主同工"來規範上列耶穌所講的三個有關"天國民"的公民責任，實在十分恰當。因為「十個童女」的比喻，旨在強調天國民要儆醒把握機會；「三個僕人」的比喻，旨在強調天國民要對天父上主負責去發揮其恩賜才能；而「最後審判」的比喻，旨在強調天國民要與天父上主同工去關懷需要關心的人，因為天國是一個生命共同體的大家庭。現就這三個耶穌的比喻所啓示的重要教訓分別做個探討，以便喚起"基督徒"個個都能夠"善用生命，與主同工"。

(一)把握機會：十個童女比喻之啓示

耶穌用猶太人婚禮中的十個童女伴娘：五個聰明的及五個愚拙的如何等待新郎之來臨爲喻，來強調"天國民"應該時刻於有限的生命過程中，儆醒把握等待服務"新郎"(象徵主耶穌)的機會。如果根據使徒保羅在《以弗所書》(五：23-25)所指，「教會」就是基督的"新娘"(也是身體)。那麼「教會」之元首基督，當然是"新郎"了。由此看來，在「教會」裡的長老、執事、兄弟姊妹，就是"教會新娘"的"伴郎"與"伴娘"，如同那十個童女伴娘一樣。問題在於這些基督徒做"教會新娘"的"伴郎"與"伴娘"，有否儆醒去善用生命、儆醒去迎接這位"新郎耶穌"的來臨，把握機會服務祂？其實「天國」(上帝國)就是一個大家庭，天父上主是大家長，基督徒男男女女都是祂的兒女。大家長的獨生子耶穌基督這位"新郎"與"伴娘"的你我，自當儆醒並把握機會服務"新郎"(主耶穌)與

"新娘"(教會這一生命共同體)。這等於是說,基督徒在其有生之年的職責,就是善用生命服務教會。這就是為什麼教會中的婦人會、長青會、青年會、主日學(兒童、少年及成人主日學),需要全體老、中、青的信徒參與才能夠活動與發展之理由所在。大家都是聰明的"教會新娘"之"伴郎"與"伴娘",為此要機警用心把握機會服務"新郎耶穌"。

(二)發揮才能:三個僕人比喻之啓示

耶穌用三個僕人受主人所託付管理家財的比喻(前兩位是賺進五千及兩千之忠僕,後一位是自編理由之懶僕),主要在於凸顯"忠僕"受到獎勵,因為他們善用恩賜又發揮才能;"懶僕"受到譴責,因其逃避責任埋沒才能。同時也啓示基督徒有關「天國民」個個均有發揮其恩賜才能之重任,所以要"善用生命,與主同工"。

1. 才能是上主的恩賜

天父上主給人有不同之才能,而才能就是一種"恩賜",因為"天生我才必有用"。在「天國」(上帝國)這個大家庭中,人人都必須發揮他們不同之才能(恩賜),這是一種責任。將人的才能聖別 (蒙揀選) 為天父所用,可以稱做"屬神的恩賜"(勿以為「醫病」與「趕鬼」才是屬神的恩賜)。所以說,"屬神的恩賜"不是什麼神秘的東西,而是一種與主同工，使上主的「創造」在人間延續的種種恩賜。在「天國」(上主的大家庭)裡，人人的才能(恩賜)若能加以發揮為天父上主所用，不但教會從此興旺，人間社會也因此而不斷進步。

2. 發揮才能之酬報

那兩位完成任務的僕人(一個賺進五千，另一個也賺兩千)，他們的酬報是蒙主人重用。並且主人因此交給他們更重要的工作，要求他們進一步去完成。這就是「天國」(上主大家庭)之工作標準！也就是說，天國民忠勤盡職完成天父上主所托重的工作，其所獲得的報償並不是"休息"渡假，而是要去從事"更多事工"。由此見之，在「天國」(上主大家庭)這個生命共同體中的工作理念，就是"能者多勞"，不斷地去發揮他們的才能(恩賜)。

3. 不去發揮才能之結果

這個故事言及：那位不去發揮才能的懶僕，結果受到"懲罰"。而且他原來的本錢也被剝奪，又被定罪。在「天國」這一生命共同體的大家庭中，那些不發揮才能去服務公益者，至終必然被隔離與遺棄。所以耶穌才會說到"凡有的還要加給他，那沒有的，就連他所有的也要被奪去"(馬太二十五：29)的這一句重話。這些教訓在在提醒基督徒務要"善用生命，與主同工"！

(三)與主同工：最後審判比喻之啓示

　　耶穌爲要教導門人有關"天國民"的社會倫理之超然性所在，所以用這個分別"綿羊"與"山羊"的"最後審判"之比喻，來凸顯它和一般世俗社會倫理之不同處。因爲耶穌再三強調：「天國」的君王是一位父親，"天國民"都是兄弟姊妹。而天父上主是一位愛的神，所以在「天國」這一生命共同體生活的"天國民"，他們的社會倫理之所以超然一等之處，不外關心弱勢人群與被社會所遺棄的那些人：飢餓的人、沒有水喝的渴者、出外人、病人，以及監獄裡之囚犯。比喻中的"綿羊"就是曾經在他們的生命中給飢餓的人一頓溫飽、給渴者一杯水、接待過出外人、訪問病人並安慰他們、也前往監獄關心被監禁的囚犯。也就是說，"綿羊"象徵那些"善用生命，與主同工"，用愛心關懷社會上被遺忘的那一群人，忠實實踐"天國倫理"的所有義人。那些"山羊"所代表者，便是那些自私自利，不關心別人只圖利自己的人。他們雖沒有犯什麼罪，但在天父上主的"天國倫理"的要求之下，是沒有和慈愛的天父上主同工者，所以才受到嚴厲的審判！做爲天國民的你我基督徒，因此必須善用生命與主同工，勇於關懷弱者以及被社會遺棄的那一群人。助人爲天國民之重要社會倫理，親近罪人協助他們悔改，關懷弱者給他們溫暖及生之勇氣，等於是幫助天父上主一樣。質言之，使天父上主歡快的要領無他，那就是運用天國民的恩賜才能、公義與愛心之超然倫理去關心人群，與神同工去改變罪人向善。上主是"愛之神"，與祂同工去實踐無條件的愛心，爲社會公義事工盡心力，才會在最後的審判中成爲"綿羊"，被大牧者的審判主所肯定及接納。

荷蘭著名的畫家「梵谷」(Vincent van Gogh, 1853-1890)，早年因受到其父(荷蘭歸正教會牧師)之影響而獻身就讀神學院準備做個傳教人員。神學院畢業後因口才不佳，講道慣用講稿照念，因此沒有被教會任命爲牧師。後因生活所迫志願赴礦區傳道，在那裡體會到勞工之苦難(自己也親自下到礦坑裡工作)，從而使他深深同情弱勢貧困之礦工。他發現那些"高階牧師"之虛僞，能說卻不能行，不留意耶穌這一「最後審判」之教導，於失望之外毅然離開傳教工作改習西畫，並且執畫筆而終其一生。其實「梵谷」(V. van Gogh)的故事，的確提醒牧者與基督徒勿忘記"善用生命，與主同工"，努力實踐愛神與愛人之天國民職責，學像耶穌實踐人道主義的社會倫理。

▌結語

就《馬太福音書》(二十五章)全章，三個耶穌所講的"善用生命，與主同工"的比喻，足以指出學習做基督徒的天職就是：把握機會服務上主聖會，發揮恩賜才能去與上主同工。並且在教會內與咱所處的社會中，努力實踐天

國民"愛心"與"公義"的社會倫理。對於耶穌看來，服
務教會事工就是服事天父上主。向弱者付出愛心，相等於
愛主耶穌，而且這些均為基督徒的社會倫理責任。有愛
的地方，就有天父上主，因為祂是"愛的神"(見：約翰一書
四：16-18)。

2009.10.12

16

禍福相安靠耶穌

　　耶穌過去的時候，看見一個人生來是瞎眼的。門徒問耶穌說：「拉比，這人生來是瞎眼的，是誰犯了罪？是這人呢？是他父母呢？」耶穌回答說：「也不是這人犯了罪，也不是他父母犯了罪，是要在他身上顯出　神的作為來。趁著白日，我們必須做那差我來者的工；黑夜將到，就沒有人能做工了。我在世上的時候，是世上的光。」耶穌說了這話，就吐唾沫在地上，用唾沫和泥抹在瞎子的眼睛上，對他說：「你往西羅亞池子裏去洗。」(西羅亞翻出來就是「奉差遣」)他去一洗，回頭就看見了。他的鄰舍和那素常見他是討飯的，就說：「這不是那從前坐著討飯的人嗎？」有人說：「是他。」又有人說：「不是，卻是像他。」他自己說：「是我。」他們對他說：「你的眼睛是怎麼開的呢？」他回答說：「有一個人，名叫耶穌，他和泥抹我的眼睛，對我說：『你往西羅亞池子去洗。』我去一洗，就看見了。」他們說：「那個人在哪裏？」他說：「我不知道。」他們把從前瞎眼的人帶到法利賽人那裏。耶穌和泥開他眼睛的日子是安息日。法利賽人也問他是怎麼得看見的。瞎子對他們說：「他把泥抹在我的眼睛上，我去一洗，就看見了。」法利賽人中有的說：「這個人不是從　神來的，因為他不守安息日。」

又有人說：「一個罪人怎能行這樣的神蹟呢？」他們就起了紛爭。他們又對瞎子說：「他既然開了你的眼睛，你說他是怎樣的人呢？」他說：「是個先知。」猶太人不信他從前是瞎眼，後來能看見的，等到叫了他的父母來，問他們說：「這是你們的兒子嗎？你們說他生來是瞎眼的，如今怎麼能看見了呢？」他父母回答說：「他是我們的兒子，生來就瞎眼，這是我們知道的。至於他如今怎麼能看見，我們卻不知道；是誰開了他的眼睛，我們也不知道。他已經成了人，你們問他吧，他自己必能說。」他父母說這話，是怕猶太人；因為猶太人已經商議定了，若有認耶穌是基督的，要把他趕出會堂。因此他父母說：「他已經成了人，你們問他吧。」所以法利賽人第二次叫了那從前瞎眼的人來，對他說：「你該將榮耀歸給　神，我們知道這人是個罪人。」他說：「他是個罪人不是，我不知道；有一件事我知道，從前我是眼瞎的，如今能看見了。」他們就問他說：「他向你做甚麼？是怎麼開了你的眼睛呢？」他回答說：「我方才告訴你們，你們不聽，為甚麼又要聽呢？莫非你們也要作他的門徒嗎？」他們就罵他說：「你是他的門徒；我們是摩西的門徒。神對摩西說話是我們知道的；只是這個人，我們不知道他從哪裏來！」

那人回答說：「他開了我的眼睛，你們竟不知道他從哪裏來，這眞是奇怪！我們知道　神不聽罪人，惟有敬奉　神、遵行祂旨意的，　神才聽他。從創世以來，未曾聽見有人把生來是瞎子的眼睛開了。這人若不是從　神來的，甚麼也不能做。」他們回答說：「你全然生在罪孽中，還要教訓我們嗎？」於是把他趕出去了。耶穌聽說他們把他趕出去，後來遇見他，就說：「你信　神的兒子嗎？」他回答說：「主啊，誰是　神的兒子，叫我信他呢？」耶穌說：「你已經看見他，現在和你說話的就是他。」他說：「主啊，我信！」就拜耶穌。耶穌說：「我爲審判到這世上來，叫不能看見的，可以看見；能看見的，反瞎了眼。」同他在那裏的法利賽人聽見這話，就說：「難道我們也瞎了眼嗎？」耶穌對他們說：「你們若瞎了眼，就沒有罪了；但如今你們說：『我們能看見。』所以你們的罪還在。」

約翰福音書九：1-41

　　基督徒時常受「禍」與「福」之間的人生際遇問題所困擾，並且直接對於基督教信仰產生挑戰。就如前幾年(2001年9月11日)發生在美國紐約「雙子星貿易大樓」的，伊斯蘭教恐怖主義分子所製造之事件，導致三千多人死於非命之悲劇。2004年12月26日南亞強烈地震所引發的「大海嘯」，也導致死傷萬人以上之悲慘災難。此外，家庭中出現像：啞巴、耳聾、眼瞎、小兒痲痺的兒女，以及剝奪人生命的嚴重病症，都會教人相信命運之愚弄。再加上事業與學業之不順利、婚姻上之悲劇、單親家庭的「命運」問題等，也都在困擾咱的信仰。使咱大家不得不去思考"禍福之間"的問題，並且期待能夠從信仰上找到解釋。有些人認爲「禍」與「福」之間的問題永遠難解，其實這是一種不健全的想法。在基督教的字彙裡，「禍」與「福」之間的相對問題是可以解開的。只要有健全的宗教信仰，不但可以"禍福相安"，也可以化「禍」爲「福」。當然基督教所謂之「福」不是現世主義所標榜的：「富」、「貴」、「財」、「子」、「壽」之五福，乃是一種"生死相安"之福，也可以說即"禍福相安"的超越現世主義之眞福。

一、耶穌在安息日使生來瞎眼者重見光明

《約翰福音書》(九：1-41)的盲人重光之故事，的確引出許多與宗教信仰有關之「命運」問題。這些問題除了和"禍福之間"的「報應」質疑有關外，更有「安息日」治病觸犯「摩西律法」之爭議，以及「肉身盲目」和「靈性盲目」的重要教導。因爲一個「肉身瞎眼」的人因信靠"世間眞光"的耶穌，就能夠因禍得福重見光明；而自以爲明眼者的人卻因爲拒絕"世間眞光"的主耶穌，因而成爲靈性的瞎眼者。所以其中的教訓委實值得探討，更需要

現代基督徒去深思。

(一)關於禍福與報應之質疑 `九：1-5`

　　一次耶穌和十二個門人在耶路撒冷的路上，看見一位出生就瞎眼之求乞盲人。這個天生就十分可憐之瞎眼的人，只能以求乞謀生。因此引發他的門人對於一個關於"禍福"與"報應"問題之質疑。他們的質疑是：這個盲人的不幸，是誰的犯罪所造成的？是他自己犯罪，還是他的父母犯罪呢？耶穌的回答是：和他自己與父母有否犯罪都沒有關係，而是要在這個盲人身上顯明上主的作為(或能力)。於是耶穌語重心長教導門人："趁著白天(有健全身心及機會之時)做上主的工作，黑夜一到就沒有人能與主同工。因為主耶穌在世時，就是要做「世上的光」。"(九：4-5)

1. 禍福問題和報應無關

　　猶太人有著和印度教徒、耆那教徒及佛教徒一樣的「報應」觀念。台灣人所謂"種瓜得瓜，種豆得豆"之因果業報觀念，便是如此。這就是被社會人士認定為：一個人會生來就瞎眼，不是自己犯罪就是父母罪債之果報的理由所在。可是耶穌明顯地否定這種果報觀念，而是對殘障的盲人給予尊重與同情。因此公開聲明：禍福(命運)問題和報應無關，反而要從這位盲人身上顯明上主大有能力之作為。為何如此？因為這位盲人已經與主相遇。

2. 善用生命與主同工

　　當耶穌否定禍福問題(也是命運問題)與報應有關的教訓之後，同時也藉此做了機會教育。那就是"趁著白天"與主同工，"黑夜來臨"就無法與主同工。這句話可以做雙重含意來瞭解：跟隨基督的人要珍惜機會(尤其是健全身心者)善用生命與主同工，此其一。人生一世不管是禍福身障都要珍惜生命，勿埋怨命運之好歹。因為耶穌是世上真光，與主相遇便有"生命之光"，不至於在黑暗裡行走渡其一生(見：約翰八：12)。因此人一旦與主相遇，禍福問題就會化解。

(二)與主相遇盲人重光　九：6-12

　　當耶穌宣稱自己就是"世上的光"之後，即主動協助這位瞎子重見光明。不過耶穌所用的治療方法，並不符合衛生。他吐口水在地上和著泥土塗抹盲人的眼睛，要他前往"西羅亞池"(奉差遣的水池)清洗，回來就會重見光明。他果然照樣去做，也果真從此得以看見。鄰人都奇怪這位平時討飯的乞丐重見光明之事，有些人竟然半信半疑。然而這位重光之盲人卻見證說："我就是那個人。"接著他又做了有力的證言，因為和一位名叫耶穌的人相遇，又叫他前往"西羅亞池"清洗，才重見光明的(九：11)。當那些人追問耶穌住在何處時，盲人則以"不知道"來加以回應

（九：12）。

　　關於耶穌用口水和土爲泥塗抹盲人眼睛之醫療方法，現代人一定會百思不解。因爲眼睛容不下一粒沙子，又用口水和著土爲泥做藥是很不衛生的一件事。耶穌怎麼會如此做？其實那是具有象徵意義的。在昔日的猶太人看來，"口水"與"泥土"都是「生命力」(vital force)之象徵，何況人類本來就出自土地(見：創世記二：7)。而且耶穌的"口水"是上主本質之象徵，如同《創世記》(二：7)所說的"上主氣息"一樣。

(三)法利賽人追究安息日治病之事 　九：13-34

　　傳統上猶太人視「安息日」爲聖日，是不能爲人醫病的，因爲醫病是一種工作行爲。爲此耶穌在「安息日」使盲人重光之神跡被視爲一種工作，猶太人要加以查究。於是就將這位重見光明的盲人帶到法利賽人那裡，他們即著手追究這件事。那些法利賽人質疑：不持守「安息日」誡命的人就是"罪人"，他也不可能來自上主，更不可能行這類使盲人重光之神跡。於是把盲人的父母找來盤問，他們並且證實他就是生來就瞎眼的那個孩子。至於誰開啓他的眼睛一事，他們根本不知道。就叫他們去問他的兒子就可，因爲他已經成人。其時盲人之父母如果答錯話，就會被那些法利賽人定罪趕出猶太教會堂。

　　於是法利賽人再次查究這個盲人，追問有關如何治好他瞎眼的那位耶穌之事。那個重見光明者的回應是：「他是一位先知。」(九：17)接著又說：「他是不是罪人，我不知道。不過只知道一件事，我本來是瞎眼的人，現在能看見了。」(九：25)法利賽人的查問終於使那位重光之盲人覺得不耐煩，反問他們是否想做耶穌之門人，法利賽人既被問到痛處，就辱罵他才是耶穌的門人，他們是摩西的門人。接著那個重光者就教訓那一群法利賽人：除非從上主那裡來的人，是無法使一位生來就眼瞎的人重見光明的！結果這位勇於見證的重光者，就這樣無辜被趕出猶太教會堂。

(四)只有罪人才真正盲目 九：35-41

耶穌知道那位重光者被趕出猶太教會堂而再次看見他時，就直接問及「你信人子嗎？」這個重要問題。當這位重光者明白這位質問者是開啟他眼睛的耶穌之時，立即回應：「主啊！我信。」就下拜在耶穌面前表示感激(九：35-38)。於是耶穌當著法利賽人面前，直接表明他降世目的是在審判那些驕傲的罪人。因此使瞎眼者能看得見，而那些能看見的人反而瞎了眼(九：39)。因為耶穌是「世上真光」，那些自稱十分虔誠的法利賽人卻看不見。那些法利賽人明顯地仍然活在罪中而不自知，因為他們都是「靈性盲人」。畢竟真正之不幸，不在於肉身之瞎眼，而在於「心靈盲目」(真正禍患是心靈瞎眼)。

二、禍福相安靠耶穌

《約翰福音書》的作者見證「基督福音」之特色，即凸顯耶穌基督降世之意義是："真光來到世上照亮全人類。"(一：9)"道成肉身來到人間充滿恩典與真理。"(一：14)而且常常以「猶太教」的"摩西律法"與「基督教」的"恩典福音"做比較，明白指出「律法」來自摩西(舊約)，「恩典及真理」只有來自耶穌基督(一：17)之重要信仰內容。這一新舊之間的比較，有助於咱去瞭解「禍」與「福」之間的命運問題。因為生活於傳統「猶太教」社會中的猶太人，均受到「摩西律法」之影響，因而相信禍福問題(命運好歹)與「報應」有關。生活於恩典時代的基督徒因信靠「基督恩典」，所以能夠"禍福相安"，不會被苦難的命運所打倒。

(一)禍福之間的神跡故事

耶穌使一位生來就盲目的瞎子乞丐重見光明的故事，可以說是一個"禍福之間"的神跡奇事。如果閱讀《約翰福音書》的內容，這類"禍福之間"的神跡除了在(九：1-41)這一盲人重光的因禍得福故事外，尚有(五：1-18)那個癱瘓三十八年的患者得主耶穌醫治的神跡，以及於(十一：1-57)所載，耶穌使死了四天的拉撒路(Lazarus)從死裡復活的神跡。而這些不幸的"歹命人"(38年的癱瘓者、生來就盲目的瞎子、因病死亡的人)，他們的不幸遭遇對昔日的猶太人看來是「禍」，也是一種「報應」。當他們與主耶穌相遇之後，卻能夠化「禍」為「福」，從此凸顯上主的大權能而有美好人生。現在就來檢視這些"禍福之間"的神跡故事，藉以凸顯活在摩西律法下的人之不幸(禍)，及活在耶穌恩典下的人之平安(福)。

1. 耶穌在安息日治好三十八年的癱瘓者 五：1-18

一個人病了三十八年仍然在耶路撒冷近羊門處的畢士大池邊，等待"水一動就下水"的治療神跡出現，委實不可思議！可惜因無人相助，這位患者之夢想因此而不能兌現。然而耶穌卻故意在「安息日」將這個人治好，因此引起猶太教徒對耶穌的迫害。事實上，這個神跡卻凸顯耶穌是一位化「禍」為「福」之主。一來是耶穌反對天父兒女受過分的古老教條所制約，而「安息日」不能治病及痊癒者不能拿起擔架走路，是違反人類真正之自由及人權。那位三十八年的癱瘓者因與主耶穌相遇而化禍為福，在在凸顯主耶穌是釋放人類肉體及心靈的救世主(約翰八：32、36)。

2. 耶穌在安息日治好生來眼盲者 九：1-41

受猶太教影響的耶穌門人，當他們目睹這個生來就盲目的乞丐時，同樣相信是父母或自己犯罪的一種報應，所以過著求乞的生活是應該的。然而當這個安於現實的可憐人與耶穌相遇時，情況即刻改變：耶穌故意在猶太教禁止醫病行為的「安息日」使他重見光明。這點正證明：猶太教的信仰無法化解盲人之不幸(或禍患)，只有“世上真光”的耶穌能夠使這個盲目的乞丐重見光明，化「禍」為「福」。因此這個神跡印證耶穌就是“世上真光”之意義。凡跟從他的人不會走在黑暗裡，反而會得到生命的光(約翰八：12)。據此而論，昔日的那些“視而不見”的靈性盲人，就是那些自命虔誠的法利賽人而不是這個盲人。因為這個重見光明的人已因與主相遇而禍福相安，知道：“他從前是眼盲，現今已經看得見。”(約翰九：25)

3. 耶穌在伯大尼使拉撒路復活 十一：1-57

伯大尼家庭唯一的男人拉撒路之死亡，可以說是這個家庭的患難及災禍。耶穌卻使馬大與馬利亞的兄弟從死裡(死了四天也已埋葬)復活，的確使這個家庭化「禍」為「福」。原來馬大以為她的兄弟於末日才會復活，這是猶太人的傳統見解。然而耶穌卻宣稱祂就是「生命」與「復活」之主，與主相遇就必復活，也就是化「禍」為「福」(約翰十一：25-26)。於是拉撒路真正地走出墳墓，從死裡復活，闔家團圓於伯大尼家中。所以說，人人若與主相遇，均可以“禍福相安”。

(二)信靠耶穌禍福相安

　　人生在世難免面對家庭災害、個人疾病、兒女殘障及其他的種種不幸。而這些苦難不是被人視爲「禍患」，就是用「命運」及「報應」去解釋。甚至也會因著種種不幸而想不通其中道理，以至埋怨上主不公。當咱閱讀《舊約聖經》中的《約伯記》故事時，就出現許多有關義人受苦是犯罪所致的質疑性對話。這個故事的結局卻指出義人有災禍是上主對人的嚴酷考驗，至終必受祝福。其實《約伯記》的故事並沒有完全解答義人受苦及禍患之問題，反而是先知書的《以賽亞書》(五十三章)所提出的解答最具革命性。這位先知強調：「義人」必須比「罪人」受更多的禍患及苦難，才能夠完成上主所交託之使命。這一偉大之"義人受苦觀"終於應驗於耶穌基督身上，也即上主本身也必須面對十字架的死亡災禍，才能夠完成救世使命，使罪人得以和天父上主和好。

　　其實主耶穌早就對其門人教導過，祂所要賜給世人的「平安」，是在征服苦難逆境中獲得的。所以耶穌說過下面的兩句名言：

　　　我留下「平安」給你們，我將自己的「平安」賜給你們。我所給你們的跟世人所給的不同，你們心裡勿愁煩，也不要害怕。(約翰十四：27)

又說：

> 我把這件事告訴你們，是要使你們因跟我連結而有「平安」。在世上你們有苦難，但是你們要勇敢，我已經克服了世界。(約翰十六：33)

這就是"信靠耶穌禍福相安"的依據，畢竟基督徒也要學像耶穌征服世界的禍患、疾病及其他的苦難，而在患難中有「主的平安」同在。所以基督徒個個都是"苦得起"的人，不但禍福可以相安，甚至生死也相安！

▌結語

研究宗教史(History of Religions)的人都知道世界上沒有一個宗教像「基督教」那樣，被猶太教徒及羅馬帝國政府迫害將近三百年：從主後30年至主後313年頒布「米蘭上諭」(Edict of Milan)爲止(但真正解放要到323年以後)。也許大家會感到奇怪：爲何一個被羅馬帝國政府迫害了三百年的宗教，尚能夠在人類社會中存在？理由無他，因爲基督徒有著"禍福相安"及"生死相安"之偉大信念。因爲在「基督教」信仰的字彙裡，「禍」與「福」之際遇都有上主的攝理。何況天父聖子耶穌基督，也曾經接受十字架上犧牲生命之災禍來完成救世大功，因此基督徒都是"禍福相安"及"生死相安"的人。當基督徒面臨災禍打擊時，也相等有分於主耶穌的受苦經歷。所以才能夠有"禍福相安"之經驗，也在人生過程中永遠不會被不幸與災禍之苦難所擊倒！

2005.07.10

17 至大牧者是耶穌

「我實實在在地告訴你們，人進羊圈，不從門進去，倒從別處爬進去，那人就是賊，就是強盜。從門進去的，才是羊的牧人。看門的就給他開門；羊也聽他的聲音。他按著名叫自己的羊，把羊領出來。既放出自己的羊來，就在前頭走，羊也跟著他，因為認得他的聲音。羊不跟著生人；因為不認得他的聲音，必要逃跑。」耶穌將這比喻告訴他們，但他們不明白所說的是甚麼意思。所以耶穌又對他們說：「我實實在在地告訴你們，我就是羊的門。凡在我以先來的都是賊，是強盜；羊卻不聽他們。我就是門；凡從我進來的，必然得救，並且出入得草吃。」盜賊來，無非要偷竊、殺害、毀壞；我來了，是要叫羊得生命，並且得的更豐盛。我是好牧人；好牧人為羊捨命。若是雇工，不是牧人，羊也不是他自己的，他看見狼來，就撇下羊逃走；狼抓住羊，趕散了羊群。雇工逃走，因他是雇工，並不顧念羊。我是好牧人；我認識我的羊，我的羊也認識我，正如父認識我，我也認識父一樣；並且我為羊捨命。我另外有羊，不是這圈裏的；我必須領他們來，他們也要聽我的聲音，並且要合成一群，歸一個牧人了。

約翰福音十：1-16

　　「新約」經典中的《約翰福音書》，可以說是將主耶穌以"大牧者"身分來加以介紹的一本重要經典文獻。雖然在其他的「福音書」之記述，耶穌也用"比喻"來強調天父上主如同"大牧者"一樣，到處尋找那些失落的迷羊(見：馬太十八：12-14、路加十五：1-7)，卻沒有如同《約翰福音書》那麼直接聲言祂自己就是一位"大牧者"。因此當咱研讀《約翰福音書》(十：1-28)這段經文時，就可以領會主耶穌做為"大牧者"之角色別具重要之信仰意義。

一、關於經文的教導

　　將分為四個段落來分析這部分經文之內容。

(一)羊圈的比喻　十：1-6

　　耶穌於當代對猶太人的教導，可以說十分生活化。因為祂的"比喻"，猶太人均可以瞭解。原來"牧羊"是猶太農夫十分重要之畜牧業。豺狼是羊群之天敵，所以需要建立"羊圈"加以保護。不過因為當代"盜賊"橫行，"羊圈"不一定能夠保護羊群。為的是強盜往往爬牆或破壞"羊圈"的圍牆進入偷竊羊群，因此真正的"大牧者"，絕對不會從別處翻牆進入"羊圈"裡偷羊，乃是正正當當從正門進入。看門的工人看見牧者到來，也會為他開門，而且羊群也認得牧者的呼叫聲。其時牧者會按照羊群的名字一一呼叫牠們，帶領自己的羊群出去野地草場放牧。牧者走在前頭，羊群隻隻隨後跟著牧者。所有的羊群都認得牧者的呼叫聲，所以不會跟隨陌生人亂跑。一旦有陌生人闖入呼叫羊群，羊群也一定會逃避，為的是不認得陌生人的聲音。可惜耶穌說了這個"比喻"之時，當代的猶太人卻不明白其中所指之真正意義。

(二)耶穌是羊圈的門 ▌十：7-10

　　接著，主耶穌即直指自己就是"羊圈的門"(十：7)。由此見之，"羊圈"就是護衛「上帝國」(上主國度)這個"生命共同體"於大時代中出現的真理，是勝過「舊約」這類"摩西律法"的圍籬。所以耶穌才說："在我以前來的(指假先知)是賊、是強盜，羊群不會聽從他們。"(十：8)耶穌是"道路"、是"真理"、是"生命。"(見：十一：6)為此祂又教導："我就是「門」，那從我這「門」進來的必然安全。並且可以自由自在地進進出出，羊群也會找到草場。"(十：9)又說："盜賊進來，無非是要偷、要殺、要毀壞。我來的目的，是要使他們(羊群)得生命，而且是豐豐富富的生命。"(十：10)

(三)耶穌是好牧者 十：11-15

　　主耶穌不僅直指自己是"羊圈的門"，在此更進一步教導說："我是好牧者，好牧者願意爲羊群捨命。"(十：11)而後用"雇工"因爲不是"眞正牧者"爲喻，闡明這類"臨時工"不會爲羊群捨命的道理。理由十分簡單：爲的是羊群不屬於他。因爲"雇工"一見到豺狼來就撇下羊群逃跑，爲自己保命。結果豺狼抓住羊群、趕殺羊群，使那些被抓的羊喪失生命。畢竟"雇工"並非眞正關心羊群才會跑掉！於是耶穌再次強調祂自己就是這位眞正的"好牧者"(十：14)，因爲祂願意爲羊群捨命(十：15)。

(四)耶穌還有其他的羊 十：16

　　從"我還有其他的羊不在這羊圈裡，我也必須把牠們領來，牠們會聽我的聲音。牠們(指圈內及圈外的羊)要合成一群，同屬於一個牧人"(十：16)的這一段話見之，就可以看出耶穌的包容性。顯然地，耶穌將自己跟隨者的那一群稱爲"羊圈內的羊"，而將傳統的猶太教徒稱爲"羊圈外的羊"。而耶穌始終致力要把這一群不在"羊圈裡"的羊領來合成一群，同歸屬一位"大牧者"天父上主。爲了此一目標，耶穌才吩咐被差遣的十二位門人："外邦人的地區不要去，也不要進入撒馬利亞人的城市。務必要到以色列人中找尋迷失的羊群。"(見：馬太十：6、十五：24)不過英國聖經學者菲爾遜(Floyd V. Filson)則指出：耶穌所言及的"羊圈外羊群"，即猶太人以外的外邦人。因爲主耶穌也是他們的大牧者(見：Floyd V. Filson,《Saint John》, SCM Press, 1963, pp.88-89)。這個論點是正確的，因做爲"大牧者"的主耶穌是爲全人類自願犧牲，非只爲猶太人而已(見：約翰十：17-18)。這個論點也符合《約翰福音書》(三：16)的證言："上主那麼愛世人(原文是世間萬物)，甚至賜下祂的獨子，要使所有信祂的人不至於滅亡，反而得到永恆的生命。"由此見之，"大牧者"主耶穌的使命是救贖全世界的人類及萬物，也即"羊圈內"(基督徒)及"羊圈外"(非基督徒)的所有羊群及他們賴於生存的世界。

二、聖經中的"大牧者"

在《新、舊約聖經》之中，"大牧者"之角色時常出現。而且或指"上主"，或指"偉大領袖"，各有所指。因此先從《舊約聖經》的"大牧者"談起，繼而分析《新約聖經》所指的"大牧者"。

(一)舊約中的"大牧者"

從《舊約聖經》中見之，被猶太教徒奉爲"大牧者"之角色有二：第一是上主、第二是以色列歷史中之偉人。

1. 上主是"大牧者"

著名的《詩篇》第二十三篇，可以說是《舊約聖經》之中形容上主是"大牧者"之最佳作品。因為上主是以色列民族的"大牧者"，也是個人(尤其是大衛這位君王)的"大牧者"。當詩人"經過死蔭山谷也不怕災害"(詩篇二十三：4)，因為有為羊犧牲生命的"大牧者"同在。而最重要的一點，正是"大牧者"始終協助羊群的靈魂清醒，引導羊群走正直的義路(二十三：3)。

《耶利米書》(三十一：10)同樣將上主認信為"大牧者"。下列的先知證言正可以說明這一點。"上主說：「萬國啊！你們要留心聽我的話。我驅散了我的子民，但我要再集合他們；我要保護他們，就像牧者保護羊群一樣。」"而且在《以賽亞書》(六十三：14)也同樣證言上主是一位"大牧者"。不過祂所牧養者不是羊群，而是馬群與牛群："上主曾經帶領祂的子民，使他們的腳步穩定。好像馬群在平原從不絆倒，像帶領牛群進入山谷，上主的靈使他們歇息。祂帶領他們，使自己的名得到稱頌。"

2. 偉人是"大牧者"

《舊約聖經》之中的另類"大牧者"，就是以色列族長、領袖、士師、君王、先知等等偉大人物。就如：亞伯拉罕(Abraham)、以撒(Isaac)與雅各(Jacob)這三位以色列族長，就是引導以色列民族與上主立約，又領導選民實踐

「聖約」(Covenat)的〝大牧者〞(見：創世記十二章至五十章之「族長史」)。英明領袖摩西(Moses)，就是帶領在埃及被法老王奴役450年的希伯來同胞(以色列人)，脫出埃及為奴之地的〝大牧者〞(見：《出埃及記》、《利未記》、《民數記》及《申命記》四本經典)。游擊戰英雄約書亞(Joshua)以無比的勇氣領導以色列人征服迦南地，所以他也是歷史上猶太民族的〝大牧者〞。公元前七世紀的猶太先知以西結(Prophet Ezekiel)，就視君王大衛(King David)是一位牧養以色列民族的〝大牧人〞(以西結書三十四：23-24)。他的任務是〝把他們統一起來〞(以西結書三十七：24，指南、北王國之統一)。《詩篇》作者也稱〝偉大的先知〞就是〝大牧者〞，因為他們是以色列羊群的領袖(詩篇八十：1)。

以上簡要之探討即《舊約聖經》對於〝大牧者〞這個角色之認知，主要是指領導以色列選民出死入生之上主，其次才是指歷史上偉大的族長、領袖、先知及君王。

(二)新約中的〝大牧者〞

咱若認真閱讀《新約聖經》，同樣可以發現四福音書作者慣用〝大牧者〞，指著「天父上主」與「主耶穌」而言。稱謂雖然不同，卻是指著上主〝三位一體〞之兩個位格而言。與《舊約聖經》最大之差別，即專指真神天父上主為唯一的〝大牧者〞這點。

1. 天父是"大牧者"

根據《馬太福音書》(十八：12-14)及《路加福音書》
(十五：1-7)有關「迷羊的比喻」之記述，就直接指出"天
父"(上主)就是一位尋找迷羊回歸的"大牧者"。爲此耶穌
才教導說：

> 我告訴你們，他找到了這一隻迷失的羊一定非常高
> 興，比他那原有的九十九隻沒有迷失的羊高興多了。
> 同樣，你們的天父不願意任何一個微不足道的人迷
> 失。(馬太十八：13-14)

2. 耶穌是"大牧者"

明顯地，耶穌是"大牧者"之認信，正是《新約聖
經》的「福音書」及「公同書信」所強調之主題。下列之
經文可爲例：

《約翰福音書》 十：1-16

這部經典記載主耶穌強調自己就是"大牧者"，更是
一位爲羊群捨命的"好牧者"。主耶穌在升天之前，再
次出現於加利利湖邊吩咐當時使徒首領的西門彼得(Simon
Peter)，務要餵養祂的羊群，也即從小羊到大羊都需要照顧
(見：約翰二十一：15-17)。由此足見，主耶穌自始至終就是一
位眷顧羊群(普世信徒)的"大牧者"。

《希伯來書》作者之證言　十三：20

　　上主已經使我們的主耶穌從死裡復活。祂藉著耶穌所流的寶血印證了永恆的「約」，使祂(耶穌)成為羊群的大牧者。

《彼得前書》作者之教導　五：3-4

　　作者對當代的信徒說：“不要轄制你們所牧養的羊群，卻要做羊群的榜樣。這樣當那大牧者(耶穌)來臨的時候，你們將會領受永不失去光彩的華冠。”

　　由此足見，《新約聖經》中的“大牧者”是指著三位一體(Trinity)神觀的兩個位格：天父上主與耶穌基督。也即指出：人類真正的“大牧者”是一位真神。

三、羊圈的門與大牧者

　　耶穌教導門人之特色，就是善用場合與比喻。當代猶太社會畜牧業發達，到處可見保護羊群的羊圈，藉以保護羊群免受盜賊偷走以及野獸傷害。如前所提者，“羊圈的門”只有一個，以供羊群出入。同時可使牧者數點羊群之數目，藉以瞭解羊群有否迷失。而牧者之角色也十分重要，“好牧者”不但保護羊群，也找尋迷失的羊隻。有時候“好牧者”為找尋及保護羊隻，甚至犧牲自己的生命。這些事實使耶穌將自己比喻做“羊圈的門”及“好牧者"，以此來凸顯其重要之救世使命。

(一)羊圈的門

昔日的猶太牧者往往於房屋前院設置羊廄(羊圈)，並且留一道門使羊群進出。羊群認得牧者聲音，因此領導羊群出入羊圈可以說得心應手。對於"羊圈的門"之功能而言，一來是方便牧者點數羊群、二來是防備盜賊偷盜、三來是阻擋豺狼入侵。至於當代猶太農夫牧養羊群之種類有：綿羊與山羊，也有專門生產羊乳之乳羊。所有羊群均習慣牧者之呼聲，牧者走在前方，羊群隨後跟著，偏離羊群的羊才需要用牧杖去趕。牧者與羊群的關係親密，羊群都能夠認得牧者的呼叫聲。"綿羊"比較溫馴，而"山羊"則難馴。難怪耶穌用"綿羊"與"山羊"為比喻來象徵末日審判時刻的善人與惡人。他們立於審判台前接受上主審判之結果有天淵之別(見：馬太二十五：31-46)。關於"羊圈的門"所指的意義，至少有下列兩點：

1. 耶穌自稱為"羊圈的門"

耶穌降世目的，是要向猶太同胞及世人宣揚「上帝國」(上主國度的共同體)之"福音"(Gospel)。可是祂首先面對的是猶太教(Judaism)僵化的"律法"(摩西的律法主義)。因為摩西的律法主義演變到耶穌的時代，已經淪為一種猶太教信仰上的"重擔"(失落宗教精神的形式化信仰)。為此耶穌才會宣告：「來吧！所有勞苦背負重擔的人都到我這裡來，我要使你們得安息。你們要負起我的軛跟我學習，因為我的心溫柔謙卑。這樣，你們就可以得到安息。我的軛是容易負的，我的擔子是輕的。」(馬太十一：28-30)這等於是說，耶穌就是「上帝國」這一生命共同體之門戶(相等於"羊圈的門")。因為「猶太教」律法主義之入門太過沉重，民族主義的藩籬(選民意識)阻礙人親近上主。可惜猶太人拒絕"上帝國福音"，又阻擋猶太人跟隨基督接受真理。所以「猶太教」祭司集團、經學士、法利賽人這類宗教領袖，正如同偷羊、搶羊之強盜一樣。此外，《約翰福音書》作者也特別留意耶穌自稱為"羊圈的門"的背後真義。就如：耶穌就是"真理"、"生命"及"道路"之門戶(見：十四：6)。更是助人"重生"(三：1以下故事)、使人靈性"飽足"(六：1ff故事)、釋放"人性自由"(五：1ff故事)、給人"永恆生命"(三：16-17、六：51-54)，以及賞賜人"真正平安"(十四：27、十六：33)之入門。

2. 羊圈的門內及門外

耶穌是"羊圈的門"的另一個意義是："得救"沒有捷徑，不能抄小路，惟有信靠主耶穌。這麼說，基督徒就是"羊圈內"的一群羊。那麼誰是"羊圈外"的羊群呢？如果他們是未信主的"非基督徒"的話，做為"大牧者"的耶穌基督有否關心這群"羊圈外"的羊呢？答案是肯定的。因為耶穌說："我還有羊不屬於這圈裡的，我的確要帶領他們來。他們也要聽我的聲音，又要成為一群，歸給一個牧者。"(十：16)這等於指出：那些尚未進入"羊圈內"(即尚未進入「上帝國」的猶太人及外邦人)也是主耶穌的羊群，總有一天都要歸於"大牧者"的耶穌。用神學的理解言，基督教會就是"羊圈"，"羊圈"的「門」就是耶穌基督。"羊圈內的羊"即基督徒，"羊圈外的羊"便是尚未信耶穌的異教徒。特別"羊圈外的羊"正是"大牧者"尋找歸回之對象。所以耶穌才會叮嚀門人赴普天下宣揚福音，帶領普世人類歸主(見：馬太二十八：18-20)。

四、好牧者耶穌

　　基督徒告白耶穌是一位"好牧者"，其原因不外祂為羊群捨命(十：11、15)，又賜給羊群永恆的生命(三：16、六：51-54)。這位"好牧者"也沒有私心，祂也同樣關心圈外的羊群，也同樣會帶領牠們得救(進入天父的大家庭)。儘管有"羊圈外"的羊群拒絕了"好牧者耶穌"(十：25-26)，祂卻始終期待"迷羊"回歸。既然普世基督徒認信主耶穌是一位"至好的牧者"，下面就來探討基督徒(羊群)和主耶穌(大牧者)的關係。

(一)基督徒是好牧者的羊群

　　耶穌宣告自己是"好牧者"，並且為"羊群"捨命。

明顯地，耶穌所指的"羊群"就是祂的門人及代代跟隨
這位"大牧者"的基督徒。長老教會《聖詩》第141首及
第463首這兩首詩，就將"大牧者耶穌"以及"羊群基督
徒"的關係，描述得很生動，茲引用其中幾節如下：

1. 聖詩141首1節與3節

> 1 耶穌做咱牧者，顧咱攏無害。抱在祂的胸前，真
> 安穩自在。咱應該著隨祂，倚靠祂導路。不論經
> 過曠野，或是住草埔。
>
> 3 耶穌做咱牧者，為著羊來死。用所流的寶血，洗
> 羊羔清氣。逐隻羊有記號，是牧者蓋印。若有主
> 的款式，就屬主本身。

Hugh Stowell, 1799-1865

2. 聖詩463首1節、2節、5節

> 1 羊九十九臥著平安，攏受羊廠保護。
> 只有一隻迷在山間，離開羊圈無路。
> 迷於山嶺遍行荒埔，無受良牧管理照顧。
>
> 2 圈內剩羊尚九十九，豈不足主心意？
> 主講彼隻真正屬我，現今與我相離。
> 路途雖然堪坷斜斜，著去曠野尋羊來此。

5 山坪山崁山腰逐邊，有聲對彼在起。

音韻響亮透上天庭，尋著我羊歡喜！

寶座四圍天使應聲，歡喜主有找羊到成。

Elizabeth C. Clephane, 1830-1869

　　如果閱讀《約翰福音書》(二十一：15-24)的故事，就可以發現主耶穌於復活升天之前如何吩咐使徒彼得，務要做個好牧者爲祂照顧羊群(羊群及小羊)的動人故事。事實上，今日專業的傳教人員被稱爲"牧師"或"牧者"之原因，也是據此認知而來。因爲"牧師"就是繼承主耶穌這位"大牧者"之精神，專司牧養上主羊群的僕人。所以"爲主良牧"就是牧師一生之職志。

(二)提防偷牽羊的旁門左道

　　耶穌儆告跟隨者，入羊圈要從"正門"(耶穌是羊圈唯一的門戶)進入，因爲進入「上帝國」(上主國度之生命共同體)不能走旁門左道。可是歷史上偏偏出現那些翻牆進入"羊圈"的旁門左道，以及走"偏門"偷羊的盜賊之輩，在古今教會歷史上橫行。昔日耶穌的提醒，的確在現代多元的基督教宗派之中應驗！平心而論，兩千年來「基督教」之發展，已經是各宗各派自立門戶之局面。而且誰都在強調自己之正統性，互相攻訐者有之，專門偷牽另個宗派的羊者有之。爲此筆者將台灣基督教宗派(有一百個宗派以上)歸類爲以下四類：

1. 教制基督教(Institutional Christianity)

　　奉行「使徒信經」及「尼西亞信經」爲信仰告白。歷史悠久，具國際組織及影響力。重視神學教育，強調普世教會合一精神。在台灣社會的這類教團有：羅馬大公教會(天主教會)、台灣基督長老教會、信義會(路得會)、聖公會(安立甘教會)、門諾會及東方正統教會。

2. 教派基督教(Sectarian Christianity)

　　從改革教會(Protestant Church，即俗稱"新教")的教團衍生而出，恩賜性教團領袖相當凸顯。也重視神學教育，更有國際性教團組織。信仰正統，具有普世教會合一精神。在台灣社會這類教團有：衛理公會(美以美會)、聖教會、循理會、浸信會、拿撒勒人會、救世軍及神召會。

3. 急進基督教(Radical Christianity)

　　由恩賜性人物領導自組教團，走講方言、靈醫治病路線。強烈否定其他基督教會(因此喜愛"偷牽羊")。領導者往往自稱爲：神人、先知、使徒(使女)。信徒個個傳教積極，又孤立於其他基督教團體之外。在台灣社會這類教團有：眞耶穌教會、基督復臨安息日會、聚會所(小群)及新約教會。

4. 類似基督教(Quasi Christianity)

　　其特徵是：耶穌基督以外另有自己的彌賽亞(基督)或先知，《新、舊約聖經》以外更有自己的經典及教義。爲此，正統基督教會稱他們爲"異端教團"。而且「急進基督教」的特色他們都有，尤其喜愛"偷牽羊"。雖然也有國際社會之影響力，卻是基督教道道地地的旁門。在台灣社會這類教團有：耶穌基督後期聖徒教會(摩門教)、耶和華見證人(守望台)、家庭教團(愛的家庭)及世界基督教統一神靈協會(統一教)。

　　就上列四種「基督教」(Christianity)之分類見之，除了"急進基督教"不具普世合一精神外，"類似基督教"就是名符其實的旁門左道。若用主耶穌的話來說，這類旁門左道教團都不是"羊圈內"及"羊圈外"的羊群，而是如同翻牆入門的盜賊，是搶奪"大牧者"羊群及踐踏羊群生命的教團。

█ 結語

　　耶穌基督是人類進入天父大家庭(即"羊圈"及"上帝國")的"唯一門戶"，更是救贖人類眞正的"大牧者"。這就是基督徒自古及今的重要信仰告白。從上面的各段討論，不外重新提醒現代基督徒去認識清楚"羊圈的門"(基督教的真正入門)是誰？其中羊群的"大牧者"又是誰？唯有如此，才不至於受到基督教旁門左道之誘惑而走錯一步，從天父大家庭中(大牧者的羊圈中)出走而迷路。

2007.08.15

18 耶穌是人生旅途導師

　　正當那日，門徒中有兩個人往一個村子去；這村子名叫以馬忤斯，離耶路撒冷約有二十五里。他們彼此談論所遇見的這一切事。正談論相問的時候，耶穌親自就近他們、和他們同行；只是他們的眼睛迷糊了，不認識他。耶穌對他們說：「你們走路彼此談論的是甚麼事呢？」他們就站住，臉上帶著愁容。二人中有一個名叫革流巴的回答說：「你在耶路撒冷作客，還不知道這幾天在那裏所出的事嗎？」耶穌說：「甚麼事呢？」他們說：「就是拿撒勒人耶穌的事。他是個先知，在　神和眾百姓面前，說話行事都有大能。祭司長和我們的官府竟把他解去，定了死罪，釘在十字架上。但我們素來所盼望、要贖以色列民的就是他！不但如此，而且這事成就，現在已經三天了。再者，我們中間有幾個婦女使我們驚奇；她們清早到了墳墓那裏，不見他的身體，就回來告訴我們，說看見了天使顯現，說他活了。又有我們的幾個人往墳墓那裏去，所遇見的正如婦女們所說的，只是沒有看見他。」

　　耶穌對他們說：「無知的人哪，先知所說的一切話，你們的心信得太遲鈍了。基督這樣受害，又進入他的榮耀，豈不是應當的嗎？」於是從摩西和眾先知起，凡經上所指著自己的話都給他們講解明白了。將近他們所去的村子，耶穌好像還要往前行，他們卻強留他，說：「時候晚了，日頭已經平西了，請你同我們住下吧！」耶穌就進去，要同他們住下。到了坐席的時候，耶穌拿起餅來，祝謝了，擘開，遞給他們。他們的眼睛明亮了，這才認出他來。忽然耶穌不見了。他們彼此說：「在路上，他和我們說話，給我們講解聖經的時候，我們的心豈不是火熱的嗎？」他們就立時起身，回耶路撒冷去，正遇見十一個使徒和他們的同人聚集在一處，說：「主果然復活，已經現給西門看了。」兩個人就把路上所遇見，和擘餅的時候怎麼被他們認出來的事，都述說了一遍。

路加福音書二十四：13-35

耶穌(Jesus)被羅馬總督彼拉多(Pilate)及耶路撒冷祭司集團，用羅馬帝國之"叛亂罪"國法及當代「猶太教」(Judaism)法律處死於十字架上，而後被亞利馬太人約瑟(Joseph from the Arimatea)及尼哥底母(Nicodemus)收屍，埋葬於前者的新墓。這在那個時代的猶太社會言，是個大事件。其時，耶穌的十二使徒團契面臨解散，唯有其中幾位勇敢的門人及勇敢的婦女，尚存有一些守護耶穌遺體之期待，所以才會有抹大拉的馬利亞，於七日頭一日帶著香料前往墓地要塗抹耶穌屍體之舉動。她想不到耶穌已經復活，只留下一個「空墓」。就在傷心之外，她看見復活的主耶穌。於是她立即走告耶穌的門人，也促使一位年輕門人和彼得走到那個「空墓」去看個究竟。其時門人見到"空墓"之情形也就相信。不久耶穌即出現在他們聚集之處。稍後耶穌也向多馬(Thomas)顯現，來清除他的疑惑。儘管如此，卻尚有許多跟隨者因懷疑耶穌已經復活，所以仍然陷入於悲傷與失望之中。《路加福音書》(二十四：13-35)這段經文的故事，就言及有兩位十二使徒團契以外的跟隨者，懷著悲傷與失望來面對耶穌被釘死於十字架上這件事。他們還不能確定耶穌已經從死裡復活，雖然聽見婦人這麼說。想不到在前往以馬忤斯(Emmaus)路中，復活的主出現和他們同行。隨後他們才認得是復活的主，並從此獲得信仰的力量。現在就用"耶穌是人生旅途導師"為題，來思考這個重要道理。

一、從經文的故事談起

關於耶穌向十二使徒團契以外另兩位門人顯現的故事，在另一《馬可福音書》(十六：12-13)也有所提及。然而沒有《路加福音書》(二十四：13以下)之記述這麼詳細與生動。

(一)兩位心中充滿失望與疑惑的門人 二十四：13-24

　　故事言及主復活當天，有耶穌另外七十二個門人之中
(見：路加十：1-12)的兩人，正要前往一個離耶路撒冷十二公
里的村子以馬忤斯(Emmaus)。他們在旅途中談論近日於耶
路撒冷發生的事件，心中難免悲傷。當他們正在談論之
時，復活的主耶穌親自走近他們，又和他們一起上路。可
是他們卻不認得是主耶穌。那時耶穌問及他們談論的內
容，他們就滿面愁容的站住。其中「革流巴」(Cleopas)反問
耶穌，為何不知道近日在耶路撒冷所發生的事件。耶穌故
意問他們是什麼事情？他們就將"拿撒勒的先知耶穌"如
何被羅馬政府及祭司長處死，又被釘在十字架上死亡之經
過一一說出。而且這一事件發生已經三天了。此間卻又聽
見幾個婦人言及耶穌已經從死裡復活，又留下"空墓"之
事，使他們因此越發疑惑。原來他們所盼望之「彌賽亞」
(基督)，就是要拯救以色列的那一位，沒想到他的下場竟然
如此，委實使他們悲傷、懷疑又失望！不過聽聞有些門人
前往墓穴看個究竟，果然如同婦人的報告一樣看不到主的
遺骸。可是他們並沒有看見復活的主，為此心中仍然非常
痛苦與不安。

(二)復活的主給予教導 二十四：25-27

於是和他們兩人同行的主耶穌開口了。他先是用斥責的口吻言及他們實在眞笨，竟然將古今先知的預言拋於腦後，也沒有留意主耶穌生前的教訓。所以就反問他們："彌賽亞(基督)豈不是要經歷這一切的苦難與犧牲，才能夠進入榮耀(完成使命)嗎？"(二十四：26)接著主耶穌開始根據摩西(Moses)與諸先知的作品來教導他們兩個人，解釋經上所講一切關於自己的預言，從此他們也就逐漸明白「義人」受苦與犧牲之意義。當然有了主的啓蒙，他們的心情也因而平靜一些，並且繼續他們的旅程，其時主耶穌仍然與他們同行。

(三)他們的眼睛終於開了 二十四：28-32

這兩個門人走近以馬忤斯村子時，耶穌好像要繼續趕路的樣子。然而他們因聽了主耶穌之教導與啓發，心中大爲感動。就以天色已黑夜晚來臨爲由，留住復活的主。於是主耶穌就進去和他們團聚，又同享晚餐。就在喫晚餐時，耶穌拿起餅來祝謝，而後才擘開餅(猶太人的主食爲大麥餅)分給他們享用。他們兩人的眼睛開了，隨即認得這位陌生客正是他們的師尊耶穌。可是復活的主卻忽然不見。那時他們才恍然大悟，在旅途中一起討論摩西與諸先知的預言，又解釋「彌賽亞」(基督)受苦犧牲奉獻的人，正是復活的主耶穌。兩人又彼此回憶：當主耶穌向他們詮釋「聖經」的啓示時，心情實在既熱切又充滿希望(二十四：32)。

(四)返回耶路撒冷做見證　二十四：33-35

經上言及：這兩位門人於體驗與「復活的主」同行、親自接受「復活的主」教導，又一同用晚餐的經歷之後，即時動身返回耶路撒冷向聚集在那裡的十一位門人做見證。他們發現那十一位門人中也有和他們兩人一樣的經歷，就是主耶穌復活之後不僅向婦人顯現，也給西門彼得看見。所以和復活的主相遇，也是他們兩人之親自經歷(二十四：35)。

二、宗教信仰的人生旅途導師

人生過程之「來」(出生)「去」(死亡)，正如同是一次在人間重要的旅行。這就是唐朝詩人李白(蜀之昌明人)，在〈春夜宴桃李園序〉一文頭幾行之說辭：

夫天地者，萬物之逆旅。光陰者，百代之過客。而浮生若夢，爲歡幾何？古人秉燭夜遊，良有以也。

與一般生物不同者，做爲高等生物的人類因具有創造主的「形像」(創世記一：27)及「活氣」(創世記二：7)，所以具有追求「靈性生活」之本能。所謂"人為萬物之靈"之說法，可以為其註解。歷史上人類追求「靈性生活」之具體表現，就是"宗教信仰"。因此人類往往因仰慕某一宗教之創始人而以他為導師，進而與他同行一生的例子比比皆是。儘管如此，咱基督徒真正的「靈性生活」之導師是主耶穌，也就是上主本身。所以不是一位「宗教」之創教者而已。這點就和其他的宗教大大的不同，下面的比較分析便可以明白。

(一)人生旅途之一般宗教導師

做為"萬物之靈"的人類，其人生之旅程因感受苦多於樂，所以難免有重重的疑惑與不安。這點正是人類會去選擇「宗教」做為他的信仰依歸之原因(也可以說宗教是他精神生活之依歸)。問題是：斯土台灣之宗教，既多元又複雜。有傳統的「民間信仰」(Folk Beliefs)、有「儒教」(Religious Confucianism)、「道教」(Religious Taoism)、「佛教」(Buddhism)、伊斯蘭教(Islam)，及咱所信仰的「基督教」(Christianity, or Christian Religion)。而這些不同的宗教也都有他們不同的導師在引導信徒(或皈依者)，去行走人生之旅途，只是目標不同而已。就像走「命運天定宿命論」路線的民間信仰善男信女、儒教信徒及道教信徒，就視人生旅途之種種際遇是命中已經註定好的。因此「民間信仰」的導師(童乩、法師)就教人走巫術迷信的路，去追求平安發財及驅邪消災；「儒教」的導師「孔夫子」就教人以落伍的道德觀，去行走追尋天人合德的君子之道；「道教」的導師「張道陵」則教人去走修道(追求精、氣、神)、煉丹以及驅邪消災的路，去追求成仙歸真及現世功利(富、貴、財、子、壽)；至於走「命運自造宿命論」路線，及人生多苦觀(人生是苦海)路線的「佛教」，其導師「釋迦牟尼」(佛陀)就強調人人都要看破世情，出家皈依「三寶」(皈依「佛」、皈依「法」、皈依「僧」)以達涅槃成佛之境界，才免於墜入「六道輪迴」之枷鎖。

　　上列這些宗教信仰之導師，除了「民間信仰」的「童乩」、「法師」與牽亡的「尪姨」(他們是驅使神鬼之巫師)之外，宗教人如果和「儒教」的孔夫子、「道教」的張道陵、「佛教」的釋迦牟尼等教主同行的話，其人生旅途就只有倚靠「修行」，持守倫理道德，養精、蓄氣、安神，服食丹藥，以及否定生命之價值，出家追求人生之解脫而已。這些宗教導師因為忽略「人性」之弱點(原罪)而強調「自力」修道，因此沒有信靠救世主為導師之「他力」思想。所以儘管他們在人生旅途中如何去「修行」，也只能救自己而已。再如何的「積功德」，僅只會為自己而不會為社會大眾而為，從而培養不出"生命共同體"的救世濟世精神。何況這些宗教信仰均走「多神主義」(polytheism)與「無神主義」(atheism)之路線，因此對於「創造主」(Creator)之信仰予以忽略(就如道教的「天公」是人鬼，佛教就源自「無神論」)。為此，宗教人之一生若和這些宗教的導師同行，就把握不住敬拜「獨一眞神」的人生目標。

(二)耶穌是人生旅途的眞正導師

　　基督教和上面提及的諸宗教所不同者，除了走「一神主義」(monotheism)之路線以外，就是強調「人性」的軟弱(人有人性之原罪)。因此需要倚靠上主(救世主)之救拔才能夠淨化「人性」，親近天父上主這位眞神。由此可見，基督教是不強調自力修道而走「他力」(信靠救主)路線的宗教。因其相信"上主是天父、耶穌是救主、聖神是保惠師"的「三位一體」(Trinity)教義，更相信耶穌才是眞正人生旅途足以信靠之導師。那麼人人如何與主相遇？又如何接受耶穌爲導師來與祂同行？

1. 基督徒與主相遇的體驗

　　普世基督徒都相信「復活的主」(耶穌)永遠活著，人人均可藉著信心與主時時相遇。而與主相遇的體驗，可以化解人生旅途上一切的失望與疑惑、艱難及鬱卒，如同那兩位主的門人在前往以馬忤斯路中的體驗一樣。至於基督徒與主相遇的要領無他，就是在「禮拜」之中、「讀經」與「祈禱」之時，也可以在日常生活中與主相遇。按「禮拜」是基督徒與主相遇的重要時間，基督徒就是藉著敬拜上主的時間，去體驗在「上帝國」大家庭中之生活。耶穌也言及，只要有兩三個人奉祂的名聚集(禮拜)，祂就與他們同在(馬太十八：20)。「聖經」是上主啓示的話語，他們在研讀《新、舊約聖經》之時因和復活的主相遇，因此既能夠認識眞理，亦可以獲得生存之勇氣。「祈禱」是基督徒和上主之間的靈交，無限的天父上主藉此和有限的地上兒女在心靈上相會，呈現「永恆的現在」(eternal present)之「新創造」體驗，使"平安"與"喜樂"充滿於他們的心中。其實基督徒也可以在家庭中、職域中，以至患難困苦中與復活的主相遇，從而獲得生存之勇氣。因爲人生旅途有主同行，就會有幸福與平安。

2. 與主同行能夠化解失望

　　基督徒因爲有「復活的主」做他們的導師，時刻在指點及帶領，所以凡是與祂同行的人可以化解人生旅途中之失望、疑惑與不安。人生過程難免會有失敗、挫折、試煉、患難、困苦、病痛及失意之時。而這些際遇均必須用信心去面對，也就是背負這些問題的十字架與主同行。咱相信與主同行的基督徒因內心有指望，一定不會被患難所擊倒。初代教會史上的十二使徒、外邦宣教師保羅，及那些初代教會之教父，他們之所以有勇氣在被迫害的苦難中堅守崗位，勇敢向前爲主拚命宣揚福音，就是因爲有與主同行而來的力量。足見基督徒若與復活的主相遇，進而與祂同行，不但可以勇敢面對人生一切苦難之挑戰，更可以化解由患難而來的失望。如前所提：基督徒時常可以在「禮拜」、「讀經」、「祈禱」、「服務」，以及日常生活中與主相遇，進而與祂同行而將問題化解，這就是咱的確信。

▍結語

　　就上面的一些討論可以使咱明白宗教信仰之於人類之重要性，因這類"精神糧食"可以伴隨著他們走向人生前程。不過人間的宗教相當多元，是需要人認眞去選擇的。基督徒選擇「基督教信仰」是萬分正確的，因其證言一位足以信靠的復活之主耶穌基督，也是他們人生旅途之眞正導師。爲此，當基督徒在人生旅途上面對疑惑、憂愁、患難、試探時，他們一旦和「復活的主」相遇又同行的話，就將化解失望，重獲生之勇氣與平安！所以說，有了耶穌基督做爲他們人生旅途唯一導師的人，因有主的啓發與指引，就會有那兩個前往以馬忤斯路上門人與主相遇一樣的體驗，疑惑自然化解，不安隨之而去。願主幫助一切與祂同行的基督徒，能夠使他們的生命變得更爲勇敢及充實。

2005.04.03

19

Jesus 19

耶穌基督的推薦書

　　我們豈是又舉薦自己嗎？豈像別人用人的薦信給你們
或用你們的薦信給人嗎？你們就是我們的薦信，寫在我
們的心裏，被眾人所知道所念誦的。你們明顯是基督的
信，藉著我們修成的。不是用墨寫的，乃是用永生　神
的靈寫的；不是寫在石版上，乃是寫在心版上。我們因
基督，所以在　神面前才有這樣的信心。並不是我們憑
自己能承擔甚麼事；我們所能承擔的，乃是出於　神。
他叫我們能承當這新約的執事，不是憑著字句，乃是憑
著精意；因為那字句是叫人死，精意是叫人活。那用字
刻在石頭上屬死的職事尚且有榮光，甚至以色列人因摩
西面上的榮光，不能定睛看他的臉；這榮光原是漸漸退
去的，何況那屬靈的職事豈不更有榮光嗎？若是定罪的
職事有榮光，那稱義的職事榮光就越發大了。那從前有
榮光的，因這極大的榮光就算不得有榮光了；若那廢掉
的有榮光，這長存的就更有榮光了。

哥林多後書三：1-11

自從以使徒彼得為首的“十二使徒團契”，在猶太省省會耶路撒冷建立第一個基督教會之後，耶穌基督的福音從此不斷傳揚開來，也繼續在國內外設立教會(均屬於家庭教會)。隨著基督徒的增加，基督教會這個當代新宗教的團契於是需要組織。最初的教會組織就是選舉七位執事(使徒行傳六：1-7)，來協助使徒開拓教會事工。到了使徒保羅的時代，教會已經有「使徒」(指主耶穌的門人，或受復活的基督差派的人，如使徒保羅)、「先知」(指到處巡迴佈道的傳教者，如亞波羅)、「監督」(或長老)、「執事」(辦理教會庶事性職務者)。其餘即一般信徒兄弟姊妹(或稱「平信徒」)。而現在的「牧師」(也是“長老”職，專責於牧會事工)之稱謂，係後期才出現之職稱，也可以說是“監督”之別稱。不過這種教會組織體制分工之職稱，均在發揮「教會」之功能，宣揚耶穌基督的福音。而“一般信徒”之角色也十分重要，他們才是教會真正的中堅分子。用保羅的話來說，他們是投入於社會職域中的“耶穌基督推薦書”。

一、關於這段經文的內容

　　《哥林多後書》係保羅寄至希臘的重要港口城邦哥林多(Corinth)的第二封書信。因為當時教會內部發生問題，有某些教會人士多方攻擊保羅之“使徒職”，以致產生裂痕。後來經過保羅多方的努力，終於達成和保羅和解之願望。而這段經文(三：1-11)之教導。是保羅要求信徒同心協力做上主的同工，務要做「新約」(耶穌基督的福音)的差用，勿做「律法」(摩西律法教導)的奴隸。

(一)做耶穌基督的推薦書 三：1-3

保羅在這一個段落裡，明言哥林多教會的基督徒就是耶穌基督自己所寫的「推薦書」。它不是用"墨汁"寫在石版上，而是用"永生上主的靈"寫在人心加以傳達者(三：3)。同時也指出：哥林多教會信徒就是"寫在使徒心裡"的一封推薦使徒的書信(三：2)。保羅就是用這類"推薦書"(介紹函)說辭，來見證「基督徒」既是推薦耶穌基督，也是推薦使徒事工的人。因此言行舉止就要合乎於信仰，才能夠將"耶穌基督是主"的「福音」宣揚出去(介紹給人)，同時也可以介紹使徒所從事的神聖事工及使命。

在社會上，人要認識一個人或介紹人參與工作團隊，就需要「推薦書」這類介紹函。基督徒要將「主耶穌」及其「救世福音」推薦出去，或將使徒所從事之聖工介紹給人，就得公開加以推薦。所推薦之內容是永生上主的靈所啓示的"福音"，不是摩西寫在石版上的"律法"。從此指出新舊兩約時代不同的分野：新約時代推薦耶穌基督的"福音"；舊約時代推薦摩西的"律法"。保羅在此作了「基督教」比「猶太教」更爲超越之類比論。

(二)新約僕人之才能 三：4-6

　　保羅強調自己是"新約僕人"，而"新約僕人"之才能(才幹)係來自上主，不是來自人的本事。據此而論，"新約僕人"只爲新時代福音之宣揚而奮鬥，不以摩西字面上之教導(指"律法"而言)爲奉行之教條。因爲這個"約"是「新約」不是「舊約」，也是"聖神的約"。道理十分清楚：寫在石版「約碑」的字面上之"約"是死板的(文字是死)，不能給人靈性生命；然而寫在人人心中之"聖神的約"卻是「生命」(神靈是活)，它當然會帶給人永恆的活命。所以"新約僕人"理當發揮他們的才能，將上主永生之道宣揚於人間。

(三)新約僕人之榮耀 三：7-11

　　接著保羅以辯證的口吻言及，上主於昔日將「十誡」律法約碑(刻在石版上)頒布時，上主的榮耀照射在摩西臉上。那光輝是那麼強烈，以致以色列人不能定睛看他。倘若那使人死亡的"律法"尚且會帶來榮耀(指"律法"教人知罪之功用)，就賞賜生命的"聖神功用"就更爲榮耀了。所以說，那些爲「新約」(基督福音)做見證的僕人，也是"耶穌基督的推薦書"，將有更大的榮耀了(見：哥林多後書三：12-18這一段經文，也在強調基督僕人之榮耀)。在此保羅明顯指出：

無論是基督徒做爲"基督之推薦書"，或是去做"新約的僕人"，都是極爲榮耀的一件事。所以保羅在《羅馬書》(一：16)才會告白說："我不以「福音」爲恥，這「福音」是上主的大能，要拯救一切相信的人，先是猶太人，而後外邦人。"

將主耶穌降世拯救世人的福音介紹給眾人，是全體基督徒之使命。下面將以這段經文爲引子，來討論"牧師"、"長老"、"執事"以外的一般基督徒(即"平信徒")之角色及使命。

二、平信徒在教會中之角色

荷蘭歸正教會派駐印尼宣教師克雷瑪(Dr. Hendrick Kraemer, 1888-1965)，從他一生擔任平信徒身分的學者及宣教師之經驗，著作一本重要的神學作品《信徒神學》(A Theology of the Laity, 1958)，來強調非擔任「牧師」與「長老」的一般基督徒在「教會」中的重要性(按此書漢文的譯者爲前台南神學院教授鄭兒玉牧師)。這位平信徒神學家，曾經擔任「普世教聯」(World Council of Churches)設在瑞士波塞(Bossey)的「普世教會研究院」(Ecumenical Institute)的院長達十年之久，其間致力推廣普世教會「平信徒運動」(Laymen's Movement)。在他看來，一般平信徒雖然沒有擔當什麼教會要職，卻是「教會」中的重要基本成員。他爲了強調"平信徒"在「教會」中之重要性及其所扮演的角色，所以用希臘文的 "laos"（上主的選民，也做 "laikos"）及 "kleros"（教職者或祭司職）之用語來加以比較說明。前者為一般信徒（平信徒），後者為制度上的教職，兩者均為「教會」所不可缺之成員。然而因為「教會」受到羅馬帝國保護之後（始自323A. D.），教職權柄隨之提升，平信徒因此處於被動地位。這種情形直到十六世紀「宗教改革」(Reformation)之後，就有了顯著之改變。"信徒皆祭司" 即其中的三大口號之一（其他兩大口號即："唯有「聖經」"是信仰準則及基督徒 "因信稱義"），平信徒在「教會」中之地位從此變得相當重要。就像從男女平信徒之中產生「長老」與「執事」，婦女信徒之地位也從此被普遍重視。

(一)信徒皆 "祭司"

十六世紀宗教改革運動(Reformation Movement)，由德國學者路德馬丁(Martin Luther, 1483-1546)所喊出的 "信徒皆祭司" 口號，對天主教會的「神父」這類專職的祭司可以說是一大挑戰。當然這種 "一般信徒" 同樣具備 "祭司天職" 之強調，旨在宣稱 "一般信徒" 均有參與 "教會服務" (diakonia)及 "宣揚福音" (kerygma)之天職。因為「愛」與「服務」個個信徒均要參與，但並非指信徒個個均是聖職人員（牧師與長老）的意思。若用保羅的口氣來說，即 "信徒皆基督的推薦書"，均有 "活出基督" 信德的本分。畢竟教職人員與一般信徒，個個都是 "天父上主家裡的人"（以弗所書二：19)。

　　論及「祭司」(priest)之角色，在舊約時代是擔任神人之間的中保者，專門代人獻祭於上主。在「新約時代」的理解是：信徒本身就是一種"活祭"(見：羅馬書十二：1-2)，也就是「祭司」兼「祭品」的意思。這就是"信徒皆祭司"的基本意義所在。也即奉獻自己的各種恩賜來服務教會與社會，其中包括以德報怨之信德(羅馬書十二：17-21)。由此見之，基督徒的「祭司職」不同於舊約時代的"祭司"，而是學習主耶穌的榜樣。並且以自己之信德奉獻為"活祭"，所以不是什麼教會制度上的職務。

(二) "祭司" 稱謂之誤用

　　十六世紀所提出的"信徒皆祭司"口號，的確是建立「信徒神學」之重要學理基礎。不過由於歷史上有許多認知方面的錯誤，終於成為「改革教會」(Reformed Church, or Protestant Church)分宗立派之根據。一個極端強調"信徒皆祭司"之結果，教會於歷史發展之過程中便出現反對「教職制度」之不同教團出現。既然基督徒個個都是"祭司"，何須設立「長老」與「執事」呢？「牧師」更不需要存在。於是英國就在十七世紀出現了由福克斯(George Fox, 1624-1691)所主導的「貴格會」(Quaker Church，美國賓州為其大本營，故稱"Quaker State")，只堅持"聖神感動"作見證之「信徒運動」，反對教會一切聖職人員之組織(時下台灣的「貴格會」卻有牧師與長執組織)。而二十世紀上半在中國出現的「眞耶穌教會」(1917年在北京創立)及「聚會所」(1925年在上海創立，號稱"地方教會"或"召會")，以及日本的「無教會主義」(無教階組織的教團)，均是由"信徒皆祭司"口號衍生而出的「信徒運動」所形成的教團。前段所提到"信徒皆祭司"的「祭司職」，就是指基督徒信德之"活祭"，而不是指教會制度上之職稱。是以「愛」與「服務」爲理念之"祭司性"(Priesthood)，卻不是教人非要擔任牧師(獻身)與長老不可的一種權柄。所以說"信徒皆祭司"的強調，相等於基督徒都是努力推薦"基督福音"於他們所處社會人群之意思。爲了教會體制之維護，「長老教會」就認爲牧師、長老、執事之選舉(均來自平信徒)，當然有其必要性。

三、平信徒的時代使命

當使徒彼得在耶路撒冷建造歷史上第一個基督教會當初，均爲使徒與平信徒爲主體之組合。而使徒負責宣教，平信徒參與教會一切庶務性事工。後來就有了組織，首次選舉七位執事(使徒行傳二：43-47、六：1-7)，藉以管理教會以及宣教事工。由此見之，初代教會的「執事」一職，相等於牧師與長老。到了保羅宣教的時代，基督教會之組織已經有「使徒」(主耶穌的門人)、「先知」(巡迴傳教的人)、「牧師」(教會牧會者)、「傳教師」(教育者及傳教者)等等職務(見：以弗所書四：11-12)。然而他們和一般信徒相同都是耶穌基督的跟隨者，也都是"耶穌基督的推薦書"，所不同者，只有職務上稱謂之差別而已。因為普世基督徒，均有責任向親友證言主耶穌怎樣用慈愛為他們所做的大事(馬可五：19、約翰一書五：10)。那麼何謂平信徒的時代使命？也就是對內同心協力共扶教會聖工，對外成為耶穌基督的「推薦書」。

(一)教會聖工人人有責

雖然「長老教會」之體制，每一個自治「堂會」均有牧師、長老、執事擔負聖工，其實使整個教會能夠活躍之基本成員卻是平信徒。所以主日學校長、青年團契會長、婦人會會長，以至松年會會長，不一定均由長執擔任。人人若能夠在教會中貢獻自己的恩賜(專長)，有錢出錢、有力出力，再加上大家合作無間，主的聖會一定前途無量，不斷地進步！不要以為自己不會做什麼，或自嘆老來沒有用。其實父慈子孝、夫妻恩愛、使家庭生活有如地上天國，就是見證上主大愛之第一步，為的是有基督化家庭之樣式。關懷病痛的人、幫助困苦的兄姊、安慰不幸的親友、鼓勵失敗的人、招呼朋友慕道、服務教會與社區，均是榮神益人的平信徒聖工。佛教"慈濟人"可以做的服務社會事工，基督徒更可以做，此即基督徒之生活見證。基督徒是受召歸於基督的天父兒女，奉獻上列之服務事工為"活祭"，就是盡其「祭司職」，雖然他們不是長老與執事。

(二)平信徒是"分散的教會"

　　克雷瑪教授在《信徒神學》一書第六章「結論」的第五節，提出一個相當重要之論點，「平信徒」就是"分散的教會"（希臘文爲：diaspora）。此一說法不是沒有依據，保羅就曾經向哥林多教會信徒強調："你們不知道，你們的身體就是聖神的殿嗎？"（哥林多前書六：19）又說："所以你們要用身體來榮耀上主。"（哥林多前書六：20）由此見之，基督徒不是單單聚集在禮拜堂裡 "做禮拜"就夠，他們在做禮拜結束踏出禮拜堂之後，等於是重新受主耶穌的差遣，分散於他們不同之職域中用"身體"（活祭）做見證，發揮他們做"耶穌基督推薦書"的功用。據此而言，全體平信徒都是"分散的教會"之強調，是相當切實之提醒。昔日主耶穌就教導門人："你們是全人類的鹽。"（馬太五：13）"你們是全世界的光。"（馬太五：14）基督徒若能夠在社會上爲"鹽"爲"光"來嘉惠人群服務社會，就是榮耀天父上主（馬太五：16）。用克雷瑪教授的話來說，平信徒係以效忠耶穌基督爲生活核心。因此對內有"交誼"（koinonia），做服務聖會之"僕人"（diakonos）；對外要發揮"分散的教會"（diaspora）之功能，來"服務"（diakonia）社會人群。所以大家都要做一分"耶穌基督的推薦書"，將救世福音介紹給世人。

▌結語

　　咱從保羅強調基督徒個個都是一分"耶穌基督的推薦書"爲論點，來探討有關「信徒神學」之內容，旨在提醒基督徒個個都是生活於職域中的"分散的教會"。所以爲世光與地鹽，榮光天父上主，就是普世基督徒的"祭司"職分(參照：彼得前書四：10-11)。

2005.11.13

20 請來，以馬內利

　　耶穌基督降生的事記在下面：他母親馬利亞已經許配了約瑟，還沒有迎娶，馬利亞就從聖靈懷了孕。她丈夫約瑟是個義人，不願意明明地羞辱她，想要暗暗地把她休了。正思念這事的時候，有主的使者向他夢中顯現，說：「大衛的子孫約瑟，不要怕！只管娶過你的妻子馬利亞來，因她所懷的孕是從聖靈來的。她將要生一個兒子，你要給他起名叫耶穌，因他要將自己的百姓從罪惡裏救出來。」這一切的事成就是要應驗主藉先知所說的話，說：必有童女懷孕生子；人要稱他的名爲以馬內利。約瑟醒了，起來，就遵著主使者的吩咐把妻子娶過來；只是沒有和她同房，等她生了兒子(有古卷：等她生了頭胎的兒子)，就給他起名叫耶穌。

馬太福音書一：18-25

　　馬太(Matthew)這位福音書作者，在證言主耶穌就是上主所應許給人類的救主時，特別強調這是主前第八世紀猶太先知以賽亞(Isaiah)預言，"以馬內利"(Emmanuel)將於時候滿足來臨信息的應驗(見：以賽亞書七：14及八：8)。馬太於記述耶穌誕生的故事時，就據此宣稱："這一切事情之發生，是要應驗主藉先知所說的話：「將有童女懷孕生子，他的名字叫做『以馬內利』，意思是上主與人同在。」"(馬太一：22-23)台灣基督長老教會之《聖詩》(143首)，就是主後十二世紀時代的一首「拉丁聖詩」(英譯者為：John Mason Neale, 1818-1866)，其標題是"請來，請來以馬內利(O Come, O Come Emmanuel)"咱就用這個標題為題目，來討論其中的重要真理。

一、聖經中的"以馬內利"

在《新、舊約聖經》之中，"以馬內利"(Emmanuel)這一名詞僅出現三次，兩次在《以賽亞書》(七：14)及(八：8)，一次在《馬太福音書》(一：23)。其原意即："上主與吾人同在。"然而這個名詞在《舊約聖經》與《新約聖經》的理解上各有不同，因此必須加以分析討論。

(一)猶太先知預言的"以馬內利"

如前所提，"以馬內利"這一用詞首先出現於「舊約」《以賽亞書》(七：14)，而後於(八：8)再出現一次。而(八：10)也有它的涵義，但卻用"上主與咱同在"之直接性說法。按這位先知，學者稱他為「耶路撒冷以賽亞」。他出身南王國猶大，於明君「烏西雅王」(King Uzziah)駕崩那一年(主前740年)蒙召爲先知。此後先知以賽亞從事其預言之聖工達40年之久，前後經歷「約坦王」(King Jotham, 740-725 B. C.)、「亞哈斯王」(King Ahaz, 725-710 B. C.)，及「希西家王」(King Hezekiah, 710-701 B. C.)等三個朝代。至於先知以賽亞有關"以馬內利"之預言，係出現於亞哈斯王時代。其時北王國以色列和亞蘭國(敘利亞)同盟前來攻打南王國猶大，先知以賽亞奉上主差遣去鼓勵亞哈斯王，聲言敵人的攻擊不會成功。亞哈斯王就向先知以賽亞要求"一個兆頭"，藉以證明他的預言是眞實的。

於是先知以賽亞即預告：必有一個嬰孩誕生，其母給他命名爲"以馬內利"，就是上主與人同在的意思。並且在這個嬰孩尙不知分別善惡之先，王所懼怕的北王國以色列及亞蘭國(敘利亞)，將被亞述帝國毀滅成爲荒場(見：以賽亞七：1-16)。由此可知，"以馬內利"是上主救拔南王國猶大的"一個兆頭"。而這個「兆頭」具體表現於"年輕婦人"(almah)將於短期間內懷孕生子，象徵"以馬內利"(希望之象徵)將會出現，上主必然於歷史之危機時刻與祂的子民同在。到底先知預言有否實現的問題，歷史已經證明：北王國以色列於主前721年被亞述帝國滅亡，而且先知以賽亞親身目睹此事；亞蘭國(敘利亞)也於主前八世紀中葉被亞述帝國毀滅，而且先知以賽亞也親眼看見此事。由此見之，亞哈斯王時代所出現的國家危機，果然有"以馬內利"的兆頭出現，使國家不至於滅亡。因爲上主與明君亞哈斯王及其子民同在。

(二)馬太見證的 "以馬內利"

　　「新約」《馬太福音書》的作者「馬太」(Matthew)，因為重視耶穌家族之歷史淵源，尤其證言這位「王者之救主」(Messiah)必須出自「大衛」(David)的後裔這點。所以一開始就介紹與大衛王有關的「家譜」(genealogy)。當然以「家譜」開頭的另一個用意，也在證言主耶穌是「亞伯拉罕」(Abraham)的後裔，是道道地地的猶太人(參照：馬太一：1-17)。不過耶穌基督並非一般的猶太人，祂是先知以賽亞於主前八世紀時代所預言的那一位，也就是為普世人類降生的 "以馬內利"，即 "上主與世人同在" 的重要預言之應驗。所以對於作者馬太而言，耶穌的誕生非常的不平凡！

　　《馬太福音書》(一：18-25)之記述，也可以比較《路加福音書》(二：1-7)的故事。根據馬太的證言，耶穌的誕生是這樣的：其母「馬利亞」(Mary)已經和木匠「約瑟」(Joseph)訂婚，卻於成婚之前馬利亞已經 "由聖神" 懷了身孕，這在約瑟的家庭中是個相當嚴重的問題。不過未婚夫約瑟為人正直，獲知此事之後不願意公開羞辱她，但有意祕密解除婚約。未婚夫約瑟正在考慮這件事之時，天使在夢中向他托夢，要這位大衛後裔的約瑟儘管迎娶馬利亞為妻，因為她是 "由聖神" 而懷孕的。不僅如此，馬利亞將生一個兒子，並且要給他取名「耶穌」(Jesus)，為的是這個嬰孩將來要拯救其子民脫離他們的罪惡。馬太這位作者進一步強調說：此事之所以發生，乃是應驗先知以賽亞的預言：
"將有童女懷孕生子，其名字叫「以馬內利」，也就是上主與人同在的意思。"（馬太一：22-23）未婚夫約瑟醒來，就遵從上主的天使所吩咐的去做，就和馬利亞成婚。但是嬰孩尚未誕生之前，沒有和馬利亞同房。等到孩子出生，約瑟就給他取名叫做「耶穌」（即"拯救者"之意）。

由此可見，馬太所見證的"以馬內利"是不同於先知以賽亞時代的意義。先知時代的"以馬內利"，僅是拯救主前八世紀南王國猶大免於被敵國毀滅的一個「兆頭」。而馬太所見證的"以馬內利"雖然出於大衛後裔，也是一位猶太嬰孩，卻是為普世人類之救贖所預備，是千真萬確"上主訪問人間"的一項大事件。並且是"天父上主與人類同在"的歷史事件，不是一個「兆頭」或「記號」而已。這就是基督徒時常期盼"請來，以馬內利"的原因所在。

二、請來，以馬內利！

從上面的討論，使咱知道"以馬內利"就是上主與人類同在的重要記號及應許。而《舊約聖經》的認知，是化解國家危機的兆頭。《新約聖經》的認知，則是拯救普世人類的希望。不過兩「約」均有一個共識，就是這位號稱"以馬內利"之嬰孩適用先知以賽亞的話所說，他是：

"奇妙的謀士(導師)、全能的上主、永恆的父親及和平的仁君。"(以賽亞書九：6)所以普世基督徒均同心祈禱說："請來，以馬內利！"因為《馬太福音書》用"以馬內利"證言耶穌基督降世之意義，下面的三段分析將分別以《馬可福音書》、《路加福音書》，以及《約翰福音書》為主，來分析這些「福音書」如何證言耶穌基督之於世界(也即"以馬內利"上主與人同在)之意義。

(一)以馬內利是福音的開始

　　雖然《馬可福音書》沒有詳細記述耶穌基督誕生的故事，卻強調耶穌基督的降世(以馬內利)正是「福音」(Gospel)之開始(馬可一：1)。作者馬可也引用先知以賽亞的話，明指將有一位為「福音」預備道路的偉大先知出現(以賽亞書四十：3-5)，他就是施洗約翰(馬可一：2-8)。因為馬可(Mark)所證言的「福音」集中於耶穌一生的所作所為，所以沒有記載耶穌誕生的故事(尤其「童女降誕」一節，這在宗教學上叫做「感生神話」)。因為馬可是首先提筆寫「耶穌傳」的人，所以用耶穌的行事及教導，其受苦、犧牲、復活、升天來介紹「福音」的內容。至於馬可所介紹的"以馬內利"(上主與人同在)福音，就是具體表現於下列之見證：

1. 醫治病人

　　這本福音書記述關於耶穌如何"醫治病人"之神蹟事

跡，有下列之經文可以參考。

(1)使眾多病人痊癒。(一：29-34)

(2)治好痲瘋病人。(一：40-45)

(3)醫治癱瘓病人。(二：1-12)

(4)治好手枯萎病人。(三：1-6)

(5)醫病不靠鬼王。(三：20-30)

(6)使睚魯女兒復活及治好血崩婦人。(五：21-43)

(7)治好革尼撒勒地區病人。(六：53-56)

(8)醫好聾啞病人。(七：31-37)

(9)使伯賽大盲人重光。(八：22-26)

(10)使盲人巴底買重光。(十：46-52)

2. 趕逐邪靈

主耶穌的重要事工之一，就是藉著"趕逐邪靈"的神跡來印證「上帝國」這一生命共同體的臨在(也是"以馬內利"之事實證言)。下列之故事及經文可資參考。

(1)安息日在迦伯農趕逐污靈。(一：21-28)

(2)治好被邪靈控制的人。(五：1-20)

(3)醫治被鬼附身的兒童。(九：14-29)

3. 凸顯上主主權

馬可證言上主之主權即控制自然律及變化物質(包括山上變貌)之神跡，下面經文所記載的故事可以參考。

(1)平靜加利利風浪。(四：35-41)

(2)變餅與魚給五千人喫飽。(六：30-44)

(3)在水面上行走。(六：45-52)

(4)變餅飼四千人。(八：1-10)

(5)山上變貌。(九：1-13)

(6)咒詛無花果樹。(十：12-14)

4. 從事宗教改革

主耶穌身為當代猶太教徒之一員，因此致力於猶太教的"宗教改革"，從而凸顯「上帝國」(生命共同體)福音之社會公義真相。宗教改革需要同工，所以祂呼召漁夫(一：14-20)、稅吏(三：13-18)，及其他成員一共十二位門人為同工(三：13-19)，強調那些肯實踐上主旨意者都是親友(三：31-35)。祂主張：人子是「安息日」這類宗教公式的主人(二：23-28)，也用淺顯比喻教導人曉悟真理(四：1-34)。祂反對祖先遺傳之束綁(七：1-23)、教人提防法利賽人及希律黨的影響力(八：11-21)、糾正猶太人的休妻觀念(十：1-12)、儆告人有關罪惡之可怕(九：42-50)。祂祝福兒童(十：13-16)、親近猶太人所輕視之外邦婦女(七：24-30)，也對自私的財主失望(十：17-31)。

5. 以十字架犧牲完成使命

馬可強調：主耶穌降世之目的，是要服務世界、救贖罪人(十：45)。但付出的代價是十字架上之犧牲(十五：1-47)。不過主耶穌終於得勝死亡從而復活(十六：1-18)、升天(十六：

19-20)。從此門人將此 "救世福音" 到處廣傳，使 "以馬內利" 福音落實於人間。

(二)以馬內利帶給世人平安

人道主義者「路加」(Luke)在其《路加福音書》之中，特別介紹 "以馬內利" 的來臨是帶給世人 "平安"(路加二：13-14)。作者用主耶穌誕生時，天使報佳音給伯利恆(Bethlehem)郊外露宿的牧羊人(窮牧人)知道。其時天使頌讚： "在至高之處榮耀歸於上主，地上和平(平安)歸給祂所喜悅的人。"接著，牧者們便前往伯利恆小城找到聖嬰耶穌(路加二：8-20)。顯然地，路加特別強調 "以馬內利" 之來臨，正如同天使的頌讚一樣帶給人間「平安」。而且這「平安」表達於主耶穌如何治好病苦的人、驅逐邪靈與惡鬼、行了許多神跡，以及從事宗教改革(針對「猶太教」)等等行動之上。路加更特別證言：上主是一位慈父(路加十五：11-32)，祂始終在尋找迷羊回歸(路加十五：1-7)。路加證言：乞食的終末結局比財主更有福分(路加十六：19-31)，異族的宿敵撒馬利亞人比猶太同胞更有愛心(路加十：25-37)。他用稅棍撒該的悔改，證言福音是為罪人預備的(路加十九：1-10)。並且以耶穌「潔淨聖殿」之行動，表明祂始終不與惡勢力妥協(路加十九：45-48)。儘管耶穌最後在十字架上犧牲，垂死之前也不忘救拔同釘之一的囚犯(路加二十三：39-43)，更為釘死祂的敵人求赦(路加二十三：34)。這些事實均充分印證路加之見證：耶穌留下在患難中也有「平安」的榜樣。畢竟主耶穌所帶來的「平安」，實在超越世人所期望的層次。

(三)以馬內利是世界真光

這是《約翰福音書》作者的重要見證："有眞光來到世界，照亮全人類。"(約翰一：9)然而："眞光照在黑暗裡，黑暗不接納祂。"(約翰一：5)所以說："以馬內利是世界眞光。"主耶穌也自己宣稱祂就是"世界的光"。因此凡跟從祂的人不走在黑暗裡，反而會有"生命的光"(約翰八：12)。約翰這位「福音書」作者，已經清楚指明耶穌降世(即"以馬內利"上主與人同在)的根本意義，即帶給人間「光明」，使人類擁有生命的光明面。就像教導法利賽人的「尼哥底母」(Nicodemus)清楚"重生"之道(約翰三：1-15)、治好罹患重病患者(約翰五：1-18)、賜下生命之糧(約翰六：25-59)、拯救犯死刑罪婦女免於受死(約翰八：1-11)、使拉撒路從死裡復活，來印證祂是"生命源頭"(約翰十一：1-44)等等事實。所以作者又證言"律法"來自摩西(Moses)，"恩典"與"眞理"唯有來自主耶穌(約翰一：17)。因為耶穌顯露上主與人類同在(以馬內利)之本相(約翰一：18)，祂正是引導普世人親近天父上主的"道路、眞理、生命"(約翰十四：6)。

▋結語

就上面的探討，使咱基督徒明白"上主訪問人間"的意義為何。根據上列四本福音書的證言，"以馬內利"(上主與人同在)是先知以賽亞預言之應驗。為要使「天國」此一"上主為天父，人類是兄弟姊妹"之生命共同體臨到，人類罪性的重擔脫離(馬太十一：25-30)。耶穌基督就是"以馬內利"，祂是「福音」的源頭(馬可一：1)。祂帶給人間「平安」(和平)，因為"以馬內利"是「拯救者」(路加二：11-14)。而「世界真光」的主耶穌，是「道」成肉身的"以馬內利"。祂是上主愛這個世界的具體表現(約翰一：1-18、二：11-19)。為此，普世基督徒均同心祈禱："請來，以馬內利！"

2005.12.11

附 錄

APPENDIX

✦「聖誕節」之省思
✦「復活節」之意義

▶▶0.0.1
「聖誕節」之省思

　　當那些日子，凱撒奧古斯督有旨意下來，叫天下人民都報名上冊。這是居里扭作敘利亞巡撫的時候，頭一次行報名上冊的事。眾人各歸各城，報名上冊。約瑟也從加利利的拿撒勒城上猶太去，到了大衛的城，名叫伯利恆，因他本是大衛一族一家的人，要和他所聘之妻馬利亞一同報名上冊。那時馬利亞的身孕已經重了。他們在那裏的時候，馬利亞的產期到了，就生了頭胎的兒子，用布包起來，放在馬槽裏，因爲客店裏沒有地方。在伯利恆之野地裏有牧羊的人，夜間按著更次看守羊群。有主的使者站在他們旁邊，主的榮光四面照著他們；牧羊的人就甚懼怕。那天使對他們說：「不要懼怕！我報給你們大喜的信息，是關乎萬民的；因今天在大衛的城裏，爲你們生了救主，就是主基督。你們要看見一個嬰孩，包著布，臥在馬槽裏，那就是記號了。」

　　忽然，有一大隊天兵同那天使讚美　神說：在至高之處榮耀歸與　神！在地上平安歸與他所喜悅的人(有古卷：喜悦歸與人)！眾天使離開他們，升天去了。牧羊的人彼此說：「我們往伯利恆去，看看所成的事，就是主所指示我們的。」他們急忙去了，就尋見馬利亞和約瑟，又有那嬰孩臥在馬槽裏；既然看見，就把天使論這孩子的話傳開了。凡聽見的，就詫異牧羊之人對他們所說的話。馬利亞卻把這一切的事存在心裏，反覆思想。牧羊的人回去了，因所聽見所看見的一切事，正如天使向他們所說的，就歸榮耀與　神，讚美他。滿了八天，就給孩子行割禮，與他起名叫耶穌；這就是沒有成胎以前，天使所起的名。

路加福音書二：1-21

傳統上，改革教會(Reformed Church, or Protestant Church)的兩大節慶就是「聖誕節」(Christmas)及「復活節」(Easter)。每逢普世基督徒慶祝「聖誕節」的歡喜日子，都慣用《路加福音書》(二：1-21)的記述，去重新省思耶穌基督誕生救世之意義。

路加這位「福音書」(耶穌傳)作者，於記述耶穌降世的故事時顯得相當用心。他首先介紹施洗約翰(John the Baptist)，這位"為主預備道路"之先驅者誕生之經過，從此使基督徒知道施洗約翰是耶穌的親戚，也即表兄弟的關係。至於施洗約翰之父「撒迦利亞」(Zechariah)是居住於耶路撒冷聖殿的祭司，其母「以利莎白」(Elizabeth)如同其先祖「亞伯拉罕」(Abraham)之妻「撒拉」(Sarah)一樣，已經過了生育期限才奇跡般的生下了他，藉以象徵猶太人先苦而後甘的希望(見：路加一：5-25)。有趣的是：以利莎白懷孕六個月之後，閨女「馬利亞」(Mary)，這位住在加利利拿撒勒的木匠「約瑟」(Joseph)之未婚妻，也從"聖神"感孕有了孩子(路加一：20-38)。不久馬利亞就動身出發去耶路撒冷，訪問表姊以利莎白。兩人一見面，腹中的胎兒也雀躍歡喜。以利莎白並且因為"我主的母親"之來訪，而被聖神充滿稱讚馬利亞；馬利亞也以"馬利亞頌"來表達對上主之順服及敬畏(路加一：46-55)。馬利亞和以利莎白住在耶路撒冷六個月才返回拿撒勒(路加一：56)。之後，施洗約翰誕生，其父撒迦利亞奇蹟般的就開口講話稱讚上主(路加一：57-66)。那時祭司撒迦利亞也做預言，宣告其子施洗約翰將會成為一位"為主預備道路"之先驅(路加一：67-80)。由此見之，耶穌與施洗約翰誕生的故事，路加實在描述得太生動了。特別是施洗約翰之誕生經過，只有路加這位福音書作者加以記載。

一、耶穌降生牧者驚喜

依據《路加福音書》(二：1-21)之記載：當羅馬帝國皇帝「凱撒奧古斯督」(Caesar Augustus，羅馬帝國首任皇帝，在位期間自主前27年至主後14年)執政期間，「耶穌」(Jesus)誕生於大衛王城的伯利恆(Bethlehem)。而首先獲悉這一大喜消息的人，並非「馬太」(Matthew)所說的東方星相家(見：馬太二：11-12)，而是在猶太曠野牧羊露宿的一群牧羊人(路加二：8-12)。的確「路加」(Luke)的記載非常生動，又有歷史根據。其故事內容是這樣的：

(一)耶穌在人類歷史中誕生 二：1-7

做為歷史家的路加(新約聖經《使徒行傳》這卷「初期教會史」就是他之傑作)，在記述耶穌的誕生時，是依據歷史事實加以記述的。所以他在《路加福音書》(二：1-3)明白指出：當羅馬帝國首任皇帝奧古斯督治下之時，出詔下令其轄地(本國及殖民地)人民辦理戶口登記。這第一次的戶口登記是在「居里扭」(Quirinius)擔任敘利亞總督(Governor of Syria)之時進行的。因此人民都要回到他們出身的"本居地"(故鄉)登記戶口，接受戶口普查。其時木匠約瑟(Joseph)也從加利利省的拿撒勒(Nazareth in Galilee)，帶著未婚妻馬利亞(Mary)，回到猶太省(Judea)的大衛王城(the City of David)叫做伯利恆(Bethlehem)的城鎮，為的是約瑟屬於大衛王家的宗族。那時候已經大腹便便的約瑟未婚妻馬利亞產期已到，因為回鄉登記戶籍的人實在太多一時找不到客棧，大腹便便的馬利亞只得在馬廄裡生下她的頭胎兒子耶穌。他們就用布將嬰孩包起來放在馬槽裡，使嬰兒耶穌能夠安眠。

從這段生動之記事就可以瞭解，耶穌是在人類歷史中誕生之事實。嚴格來說，羅馬皇帝奧古斯督首次下詔命令全國人民的戶口登記，是在主前四年至三年左右(4-3B. C.)。由此見之，耶穌誕生之正確年代並非時下公元的第一年，應該是在主前4年至3年之間，同時使基督徒清楚明白：耶穌是「大衛王」(King David)的後代。他雖然居住於加利利省的拿撒勒，祖籍卻是在猶太省(Judea)的伯利恆。伯利恆正是「大衛王」(King David)的出身地，因此被稱為“大衛王城”。

(二)天使和猶太曠野的牧羊人相遇 二：8-20

　　路加這位史家也是一位人道主義者，所以才忠實記述耶穌誕生的好消息，是由上主的天使，首先傳報給在猶太曠野牧羊露宿的牧羊人知道的。當然上主的天使向牧羊人顯現時，因為四面充滿榮光而教他們非常驚惶。可是天使對牧羊人宣告說：“不要怕，我要向你們宣告大歡喜的好消息，它將帶給萬民極大的喜樂。今天在大衛王城誕生了一位你們的拯救者，就是主基督。你們要看見一位嬰兒用布包著躺在馬槽裡，這個要做你們的記號。”(路加二：10-12)接著忽然有一大隊的天軍(武)和天使(文)，一同出現頌讚上主說(路加二：13-14)：

　　　　在至高之處榮耀歸於上主！地上和平(平安)歸於祂所喜悅的人！

　　之後，天使及天軍即離開他們回到天上不見了。那些牧羊人就彼此商量決定前往伯利恆城，要看看主的使者向他們所宣告的奇事。稍後他們抵達伯利恆，找到了馬利亞、約瑟和躺在馬槽裡的聖嬰。於是那些牧羊人朝拜聖嬰。他們又將天使所宣告有關聖嬰的事情向人相告，聽見的人都非常驚喜。聖嬰之母馬利亞就將這一切事情牢記在心，並且反覆思想。這一群牧羊人回去之後也將他們親身見聞歌頌上主，因爲天使之指示和他們所見所聞的事實相符(路加二：15-20)。

(三)聖嬰孩被取名叫 "耶穌" 二：21

　　路加特別載明：聖嬰誕生八天之後，也即猶太教規定對於男嬰行「割禮」(割包皮)的日子。聖嬰受「割禮」之後就被取名叫"耶穌"。而且交代說："這個名字是祂尚未成胎以前，天使爲祂取的。"(路加二：21)原來"耶穌"這個名字在「舊約」稱做"約書亞"(Joshua)，是「拯救者」的意思。由此可以明白，天使爲聖嬰所取的名字已經明示他將來的使命爲何。如果比較耶穌誕生時天使對猶太曠野牧羊人所做的宣告，已經指出這位未來的拯救者是"主基督"(見：路加二：11)，也即猶太人所期望的"彌賽亞"(Messiah)。這等於是說：天使於耶穌誕生時，已經將其"基督"(彌賽亞)之身分向牧羊人宣示出來了。這使他們歡欣若狂地前往伯利恆王城朝拜聖嬰耶穌，因爲他們亟欲目睹這位「救世王者」(和平仁君)之降生。而且聖嬰是多麼卑微的睡在馬槽裡，因爲祂將於來日與弱勢人群站在一起，永遠做罪人之救主。

二、救主聖誕全地平安

《路加福音書》記載救主聖誕之情景不但十分生動，也特別載明天使所宣示的一句話："在至高之處榮耀歸於上主，地上和平(平安)歸於祂所喜悅的人。"(二：14)救主降生人間，天使宣布大好消息給猶太曠野牧羊人知道，這是意有所指的一件大事。因為聖嬰是為窮人及弱勢人群而降生，所以才將此一"好消息"首先傳播給在野地露宿的牧羊人(請對照路加四：16-21，耶穌在故鄉拿撒勒會堂做禮拜時所宣讀的先知書經文，即《以賽亞書》六十一：1-2)。這點也是基督徒認同路加這位福音書作者，懷抱人道主義胸襟之理由所在。至於天使於救主降生那夜頌讚上主的頌詞，也就是「福音」(Gospel)之內容。

(一)榮光歸於上主

耶穌降生目的是，上主以「恩典」之方式來救拔有"原罪"(original sin)之人類，使罪人不但能夠罪得赦免，又能夠與上主和好做祂的兒女。此即無限者上主，以「道」(Logos)成肉身成為有限人類降世之奇妙"救恩"。《約翰福音書》作者對此一事件之見證十分清楚(見：約翰一：1-16)。因為這位成肉的耶穌基督帶來了"恩典"與"真理"，所以遠遠勝過摩西(Moses)僅只帶給猶太民族"律法"之教導(約翰一：17)。同時這位成肉的基督更彰顯上主之"真相"，將人類所看不見的"真神"天父上主啓示出來(約翰一：18)。因此使人類看見耶穌在歷史上之出現，就如同看見天父上主的臨在一樣(約翰十四：8-11)。更妥切來說，耶穌降世正是天父上主無條件去"愛"(agape)這個有問題的世界，以及有原罪之人類的具體表現(約翰三：16-17)。所以基督徒認同耶穌就是："道路"(the Way)、"真理"(the Truth)、"生命"(the Life)，並且爲此一認信而致力宣揚「上帝國」福音(約翰十四：6、馬太二十八：18-20)。

上列之理由，讓天使及世人於耶穌降生時不禁發出"榮光歸於至高上主"之頌讚詞。爲的是上主降世之救恩十分奇妙，人類"榮耀上主"是必然之回應。當然除了用"頌讚"聲音榮耀上主之外，用"行爲"榮光上主也同樣重要。所以《馬太福音書》作者在其「福音書」裡面特別強調，一切天父上主之兒女都要做"世間的光"與"地上的鹽"，來改造社會及服務社會，並且藉此來榮光祂(馬太五：13-16)。瑞士宗教改革者約翰加爾文(John Calvin, 1509-1564)就強調，做人的本分是"榮耀只歸上主"(soli Deo gloria)。所以長老教會的《要理問答書》就強調這個宗旨(其他三個強調就是：信仰依據是「聖經」、罪人得救唯靠「基督恩典」、基督徒都是「祭司」)。因爲基督徒以生活行爲榮光上主，就是對於基督降世之救恩的實際回應。

(二)平安賜給世人

　　耶穌降生那夜天使頌讚詞之下半句是："願「和平」歸給地上祂所喜悅的人。"(路加二：14)其中"和平"一辭，其實就是"平安"(eirene, peace)。古代先知以賽亞曾經預言：有一位聖嬰將要降生，他被稱為"和平君王"(以賽亞書九：6)。可是耶穌的降生有否帶給人間真正的"和平"嗎？就世俗政治的立足點來看，應該是否定的。因為人類歷史根本沒有實質上的"和平"可言，只有"戰爭"的現象而已。聖嬰誕生八天後在耶路撒冷聖殿接受「割禮」之時，義人「西緬」(Simeon)就向其母馬利亞預告說："這孩子受上主揀選，是要使以色列中許多人滅亡；許多人得救。祂要成為許多人誹謗之對象。並且因此揭露這些人心底的意念。憂傷要像利劍刺透你的心。"(路加二：34-35)據此而論，耶穌降生並非帶來"政治上的和平"，而是帶給人一種在正義與邪惡鬥爭之間，"信仰上的平安"(苦得起的平安)。

1. 拒絕上主人間就沒有"和平"

　　當主耶穌以猶太教改革者的先知角色出現於猶太社會之時，雖然用醫病趕鬼的神跡帶給病人"平安"，或促使稅棍及娼妓悔改而使他們有心靈上的"平安"，可是卻因此受到猶太人的誹謗與攻擊。其中尤其是當權者的祭司集團、經學士、拉比及法利賽人。怪不得主耶穌教導門人說：“不要以為我是帶著和平到世上來的，我並沒有帶來和平，而是帶來刀劍。我來是要使兒子反對他的父親，女兒反對她的母親，媳婦反對她的婆婆。因為人的仇敵就是自己家裡的人。”(見：馬太十：34-36、路加十二：49-53)這等於是說，主耶穌的來臨將帶動社會改革之衝激，因此一定有善惡之間的鬥爭(如同點燃烽火)。畢竟拒絕“真光”上主(約翰一：4、11)，人間就沒有“和平”(平安)可言。而耶穌最後被釘死在十字架上之悲劇性結局，就是為“人權”、“公平”、“正義”及“和平”所付出的代價！其實歷史上不乏為“和平”而犧牲生命之偉人，他們均有分於耶穌的受苦。二十世紀印度國父「甘地」(Mahatma Gandhi, 1869-1948)、美國黑人的人權牧師「金恩」(Martin Luther King, 1929-1968，他曾經於1964年獲諾貝爾和平獎)，及前以色列總理「拉賓」(Yzac Rabin, 1995年獲諾貝爾和平獎，1995年11月4日被好戰的以色列同胞暗殺)，均是為同胞爭取“和平”而死於非命之偉人。由此足見，凡是拒絕上主，人間就有烽火，也就是沒有真正的“和平”(平安)可言。這點頗值得世人去省思！

2. 耶穌應許“真實的平安”

就基督教信仰言，耶穌所應許的“平安”(和平)並非政治性的，而是超越戰爭及逆境苦難中的一種“真實的平安”。因為主耶穌明言：“我留下平安給你們，我把自己的平安賜給你們。我所給你們的，跟世人所給的平安不同。你們心裡不要愁煩，也不要害怕。"(約翰十四：27)又說："我已經將這些事向你們告知，是要教你們和我連結而有平安。在這世上你們有苦難，但是你們要勇敢，因為我已經克服了(或勝過了)世界。"(約翰十六：33)由此可見耶穌言下的"平安"(和平)，是由得勝苦難而來的"平安"，是一種信仰及內在的靈性經驗。所以基督徒若要學習"平安"之功課，就先要有勇敢克服苦難之挑戰，也即必須先要"苦得起"才有"平安"。因為耶穌說過："不願意背起自己的十字架(苦難)來跟從我的，不配做我的門人。"(路加十四：27)由此見之，主耶穌所應許的"真實平安"，就是在於勇敢與主結連去獲得克服世界的苦難才擁有的。這點也是「基督教」(Christianity)在人類歷史上被迫害了三百年，尚能夠不斷發展的主要原因。反觀台灣社會因宗教信仰的不健全，所以一味追求現世功利，從而使台灣人民養成苦不起的習慣。台灣人民信神之求神目的在於"求平安、添福壽"，難怪台灣社會宗教人都"苦不起"，為此非要深深去省思不可！

◆結語

　　基督徒年年慶祝「聖誕節」之時，必須要有"「聖誕節」之省思"，以此來重述耶穌降世的故事及道理，才會凸顯其意義。基督徒慶祝「聖誕節」目的在於提醒基督徒明白：人間如果沒有接納耶穌基督的福音，就沒有"真實的平安"(和平)可言。雖然"和平"與"平安"在「聖經」中是同一字義，但主耶穌所帶給人間者是協助世人「苦得起」的"平安"，而非政治上的"和平"。因為這個世界始終有撒旦倡行所引發的殘酷"戰爭"。基督徒為要對抗撒旦之邪惡，就有與邪惡鬥爭與忍受苦難之現實生活面。因此主耶穌的降世，旨在協助人在"苦難之人間"學習克服世界的苦難，去經驗"平安"(內心和平)之功課，用背負自己的十字架去跟隨主耶穌。也就是說，基督徒必須於苦難的功課中畢業，才有內在的平安之擁有。"苦得起"才有"平安"，"苦不起"就無"平安"可言。但願世人於慶祝救主聖誕時，能夠真正去體驗救主的來臨將帶給世人得勝人間苦難的"真實平安"，世人必須以此一不變之信念，去努力促進"世界和平"！

2009.10.12

▶▶0.0.2
「復活節」之意義

　　過了安息日，抹大拉的馬利亞和雅各的母親馬利亞並撒羅米，買了香膏要去膏耶穌的身體。七日的第一日清早，出太陽的時候，她們來到墳墓那裏，彼此說：「誰給我們把石頭從墓門滾開呢？」那石頭原來很大，她們抬頭一看，卻見石頭已經滾開了。她們進了墳墓，看見一個少年人坐在右邊，穿著白袍，就甚驚恐。那少年人對她們說：「不要驚恐！你們尋找那釘十字架的拿撒勒人耶穌，他已經復活了，不在這裏。請看安放他的地方。你們可以去告訴他的門徒和彼得，說：『他在你們以先往加利利去。在那裏你們要見他，正如他從前所告訴你們的。』」她們就出來，從墳墓那裏逃跑，又發抖又驚奇，甚麼也不告訴人，因爲她們害怕。在七日的第一日清早，耶穌復活了，就先向抹大拉的馬利亞顯現。(耶穌從她身上曾趕出七個鬼)她去告訴那向來跟隨耶穌的人；那時他們正哀慟哭泣。他們聽見耶穌活了，被馬利亞看見，卻是不信。

馬可福音十六：1-11

　　普世基督徒年年都在慶祝耶穌從死裡復活的日子——

「復活節」。兒童也都在期望一個色彩繽紛的"復活節彩蛋"(台灣教會慣用傳統的"紅蛋")，來慶祝這個充滿"希望"的日子。基督徒相信，耶穌基督於二十一世紀前在十字架上的「死」，與埋葬三天後「復活」，正是上主的"自我犧牲"以及上主"得勝死亡"，從死裡復活的偉大"神跡"。同時指出"真神上主"永生不死，也將使一切信祂的古今世人從而獲得永生(永恆的生命)。也即：舊人性(舊創造)之結束、新人性(新創造)之開始。也可以說，復活的主耶穌(勝利的基督)其影響所及，就是要使世人的"舊人性"(軟弱之原罪人性)因信靠祂而獲得解除，此即"在基督裡"就是"新創造"(永生)之重要意義所在。因為基督徒信靠一位"復活的主"，他們也將跨越生死關隘而活在基督裡。如此之認知，遠比"肉體復活"(屍體復甦)更具意義。此即耶穌所強調的"重生"(見：約翰三：3-7)，以及保羅所謂之"新創造"(見：哥林多後書五：17)。

基督徒相信：耶穌基督復活的事件，不是一則已經過去的歷史事件而已。耶穌基督是於"今日"復活，而且活在當今每一位基督徒的人格中。人性因祂的復活而受改造，你我從此有分於基督復活的"新生命"，在基督裡做"新人"。

一、馬可對於基督復活之證言

耶穌基督從死裡復活這件事，可以說是初代教會之信仰中心，從而成爲基督教的重要教義。爲此，《新約聖經》中的四本福音書(馬太、馬可、路加、約翰)均予以詳細記載。這卷《馬可福音書》是四本福音書中的最早期作品，所以根據其證言來重述基督復活的故事。作者馬可(Mark)證言：七日的頭一日，也即猶太人的「安息日」過後的第一天，有三位平時關心耶穌事工的婦人前來探墓，從而發現主已經不在墓洞中，因爲祂已經"復活"。從此揭開基督教會史上第一個「復活節」之序幕。

(一)三位探墓婦人的驚慌　十六：1-5

　　這段經文指出：猶太人的安息日一過，三位愛主的婦人：抹大拉的馬利亞(Mary Magdalene)、雅各的母親馬利亞(Mary the mother of James)以及撒羅米(Salome)，即帶著香料前往墓園要去擦抹耶穌的遺體(猶太人有以香料做屍體防腐的習俗)。就在七日頭一日(禮拜日)太陽剛出來的早晨，她們相約前往墓園。一路上她們心裡想著：有什麼人能夠協助將墓洞門口的大石移開？抵達之後她們十分吃驚，因爲關閉墓門的大石已經被滾開了。於是她們走入墓穴(猶太人的墓洞葬和台灣人的土葬不同)，看見有一位青年人身穿白袍坐在墓洞裡右邊，一時非常驚慌！此一未曾料到的景像，的確使那三位愛主婦人不知所措，心中十分疑惑。

(二)耶穌已經從死裡復活 十六：6-8

那時墓洞中穿白袍的年輕人開口說："不用驚慌，我知道你們在找那位被釘十字架的拿撒勒人耶穌。他不在這裡，他已經復活了！"(十六：6)於是那人指著安放耶穌遺體的位置給三位婦人看，表示耶穌已經不在這裡。又吩咐她們趕快將這件事轉達給耶穌的門人知道。特別要通知彼得(Peter)這位門人的領袖盡速前往加利利，在那裡可以和復活的主耶穌見面(此事耶穌曾經預告其門人)。於是三位婦人抱著又驚慌又疑惑的心情，即時趕路離開墓園。經文形容她們三位"飛奔而去"(十六：8)。因為她們實在萬分害怕，所以不敢將此事公開向任何人提及。

(三)耶穌向抹大拉的馬利亞顯現 十六：9-11

關於耶穌向抹大拉的馬利亞顯現之記述，除了這段經文外，於《馬太福音書》(二十八：9-10)、《約翰福音書》(二十：11-18)也特別提及。由此可見這位婦人的重要性。馬可(Mark)這位福音書作者特別指出：耶穌曾經從她身上趕出七個污鬼(十六：9)。話說，七日的頭一日(禮拜天)早晨，復活的主耶穌首先向抹大拉的馬利亞顯現。於是她趕快將此一大事件告知正在悲傷中的門人及跟從者，可惜其時大家都不相信，以為抹大拉的馬利亞在說夢話。然而主耶穌確實從死裡復活，所以馬可證言耶穌曾經向兩位從耶路撒冷下去鄉下的門人顯現(十六：12-13，在路加二十四：13-35有更詳細記載)。當他們向其他門人言及耶穌復活的事證時，那些門人也不敢相信。最後耶穌向十一位門人顯現，並且責備他們既頑固又缺乏信心。而後再次堅固十一位門人的使命感，賜給他們行神跡異能之恩賜，吩咐他們將"天國福音"宣揚到普世(馬可十六：14-18)。

二、從肉體復活的信仰談起

基督徒每每於主日禮拜進行時，會用「使徒信經」(Apostle's Creed)做為信仰告白。其中有一句"我信肉體復活"的認信，使普世基督徒困惑不已。就因為有這句信仰告白，所以凡是相信死人"末日復活"的宗教(猶太教、基督教、伊斯蘭教)，其信徒均採取保留屍體之"土葬"。凡是到過聖地的人都會目睹耶路撒冷和橄欖山之間的地帶，滿滿都是白色墳墓之亂葬崗。那就是相信世界末日之哨角一鳴，葬在「錫安聖城」的死者將首先"復活"的緣故。自古以來人類追求長生不死及復活之期望，均訴諸於各種宗教信仰。單就摩西手創的「猶太教」(Judaism)而論，其終末之最高期望是永生不死。可是只有「以諾」(Enoch，見：創世記五：21-23)及「以利亞」(Elijah，見列王紀下二：11-12)兩人之終局沒有死亡而已，其餘以色列的列祖均被埋葬於麥比拉(Machpelah)洞穴中(見：創世記四十九：29-33)。後期「猶太教」受到「波斯教」(Zoroastrianism)之影響，才有末日審判及死人復活的信仰(見：但以理書十二：1-13)。下面就以追求"永生"的宗教以及嚮往末日"復活"的宗教兩個段落，來分析此一宗教信仰。

(一)追求永生的宗教

傳說主前三世紀(221-209B. C. 秦始皇統治時代)，術士徐福(又名徐市，字君房)奉秦始皇命令帶領三千童男童女，遠赴東海瀛洲(傳說為日本)找尋長生不老藥草，結果因無法完成任務客死異鄉。秦始皇也照死不誤，只留下龐大的萬里長城及皇陵兵馬俑，教後代的人認識其無道與獨裁。此一歷史故事使人留意到：世上確有一些東方宗教教人追求"永生"，並且以此吸引信眾。其實遠在主前四千年，古埃及人即有死後復活之信仰。因此帝王及貴族死後，其屍體均有製成"木乃伊"(Mummy)之習慣，以期末日復活。

1. 印度的宗教

歷史上印度出現四個宗教，它們是「印度教」(Hinduism)、「耆那教」(Jainism)、「佛教」(Buddhism)以及「錫克教」(Sikhism)。這四個宗教之共同特色就是相信"輪迴"(Samsara)，強調"生命不滅論"(非靈魂不滅)。也即"生命"之生、死相續，輪迴永不停止。因為人生受制於「業感因果」(Law of karma)，即"前世行為之因"決定"今世生命之模式”；而“今世行爲之因”又將決定“來世生命之模式”。並且以“六道輪迴”(天道、人道、阿修羅道、畜生道、餓鬼道、地獄道)來強調“生命”永生不滅進入輪迴不息，因其藉著三世之“業感因果律”去自造生命的不同模式。由此見之，印度社會的上列四種宗教是不相信“肉體復活”的，因爲“生命”本身就輪迴不滅，而且根據“三世因果”之業報，不斷藉著“六道輪迴”在改變生命之模式。他們相信“生命現象”是一種“生、老、病、死”過程的苦難之綜合。所以印度宗教人的“修行”目標，就是終止“生命”之輪迴(不再有“生命”之存在)。期待能夠從“生命”之苦況中獲得“解脫”(moksa)，以達終止生命輪迴之“涅槃”(Nirvana)境界。“生命現象”既然是苦難之綜合，當然要終止“生命”之存在(不需要“永生”)，才是眞正的解脫。由此足見，印度人的宗教信仰是排除“永生”的。人的“生命”過程脫不了生、老、病、死之“苦”，所謂“人生是苦海”是也！唯有“涅槃”才是“永恆”。也即不再有物質生命(肉體生命)之存在才叫做“永恆生命”。此一境界就是印度教的“梵我一如”、佛教的“眞如”或滅絕物質生命之“空”。

2. 中國的道教

　　沒有死亡的“長生不老”信仰(神仙說)，自古以來就出現於中國的華人社會，但漢代創立的「道教」(Religious Taoism)則把它加以發揚光大。道教徒要達到“成仙歸眞”

不見到死亡的境界有多種方法，但不出於科儀符籙之應用及持守。即所謂養精、蓄氣、安神(精、氣、神)之修練，以及服食丹藥之「丹鼎派」煉丹法術。由此可見，「道教」教人追求"永生"的方法，其代價及付出委實相當的大！也就是說，欲成為「道教」的"仙人"、"眞人"這類沒有經歷死亡的異類，在人間是難見的。以台灣而論，除了過年過節看到民家大門懸掛「八仙彩」的其中八個"仙眞"(呂洞賓、鍾離權、曹國舅、藍彩和、韓湘子、何仙姑、李鐵拐、張果老)外，根本看不到台灣有"仙眞"這種永生不死異類之存在。就連六十三代及六十四代的張天師也要客死於異鄉的台灣，不是在中國江西龍虎山善終歸眞。由此可見，「道教」強調肉身"成道歸眞"、期望"長生不死"，也不過是一種信仰而已。爲此，人人忌諱死後"肉體復活"。對於道教徒而言，肉體復活會變成"殭屍"(有"陰屍殭屍"和"白骨殭屍"兩類)，爲的是台灣人採取納棺土葬之故。

3. 台灣民間信仰

台灣民間信仰(Taiwanese Folk Beliefs)雖然受到「道教」的影響，但不追求成仙歸眞，只渴望能夠祈安求福之現世功利。對於"死亡"之見解也非常認命，只要活到五十歲以上者就不算是"夭壽"(短命)，在墓碑上就可以刻上「顯考」(男)與「顯妣」(女)。至於死後"永生"之期望，就是傳宗接代的長男"香爐耳"所傳承之祖先崇拜。也即"祭祀祖先"，才可以使其靈魂"永生"(在陰間、家中及墳墓中的魂魄均受到子孫照顧而長存）。傳宗接代傳承血脈，也就是使先人“永生”之一種手段。爲此，娶媳婦就非要生個男孩不可，因爲“不孝有三，無後爲大”（孟子）。長子拜公媽才可以維持宗族的“香爐耳”，使祖先及死去父母之靈魂“永生”（當然也包括「清明」、「三月節」之“掃墓”）。

(二)嚮往末日復活的宗教

歷史上最嚮往人死後肉體復活的宗教，首推古埃及宗教。古代埃及人（尤其是尼羅河三角洲下游埃及的農夫）因目睹眼鏡蛇脫了殼皮之後，又有一個新的身體出現，因此相信人類同樣於死後如蛇脫皮一樣，終會肉體復活。古埃及人以眼鏡蛇爲法老王權及永生不死之象徵，因此「下埃及」(Lower Egypt)的法老之王冠都凸出一條“眼鏡蛇頭”。而埃及王死後，人民也以七十天的時間守喪，並將王的屍體製成“木乃伊”(mummy)乾屍，藉以期待法老王於末日復活。然因“木乃伊”之製作花費既多又費時，所以只有法老王、祭司、貴族及一些神聖禽獸享有這種特權。此外，古埃及人也要爲“木乃伊”繪製與其生前同樣形像之棺木妥善加以保存。並由靈魂中的“人形精靈”——「卡」(Ka)，及如同形魄一樣的“人頭鳥”——「巴」(Ba)在墓中守護，以期末日之時使肉身復活。只是古今世人，尚未曾目睹一具古埃及的“木乃伊”真正的復活過來。僅被搜集放置於博物館中當古董，因其只是一種古埃及的宗教信仰而已。

　　就現代宗教而言，嚮往人死後末日復活的宗教尚有「波斯教」、「猶太教」、「伊斯蘭教」及「基督宗教」(天主教及新教的基督教)，前三個宗教因相信人死後於末日來臨時肉體將會復活，所以嚴禁"火葬"。因此只有採取"天葬"(波斯教)、"洞穴葬"(猶太教、基督宗教)與"土葬"(猶太教、基督宗教、伊斯蘭教)。不過台灣基督教因爲從使徒保羅那裡學習他對於"死人復活"的教導："血肉造成的身體不能承受上帝的國，那會朽壞的不能承受不會朽壞的。"(見：哥林多前書十五：50)所以均鼓勵信徒採取"火葬"。由此可見，基督宗教信徒所期望的"復活"，其實是一種追求"屬天的形狀"(哥林多前書十五：49)以及"新創造"之人格(哥林多後書五：17)，不是台灣人所恐懼的"殭屍"。這點基督徒必須認識，才不致於盲目期待於世界末日之時肉體復活。

三、「復活節」的意義

　　前已提及：基督徒持守「復活節」不是只有紀念主耶穌曾經於兩千年前，在耶路撒冷近郊的墳墓從死裡復活這件事，而應該說是重新體會"基督今日復活"，祂卻仍然活在基督徒生命中的重要意義。從這樣的體會，使基督徒成爲一股生之勇氣的信仰力量，並且推動基督徒個個都能夠活在"基督裡"去善用生命與祂同工。所謂信主的人有"永生"（見：約翰三：16-17），其主要意義在此。因爲基督徒擁有復活的主之"新生命"，擺脫"舊人性"（原罪）之束縛。

(一)從"復活"的信仰意義談起

基督從死裡復活這件事，在在證言祂就是"生命源頭"。基督復活也使信靠祂的人獲得"永恆的生命"，這是《約翰福音書》作者之證言（見：十一：25-26）。不過人必須"重生"才能夠與復活基督的生命結連（約翰三：3），從而成爲上主的子民（約翰三：5）。主耶穌是"生命源頭"，所以祂是使人"復活"與"生命"之主（約翰十一：17-27）。

正因耶穌基督是"復活之主"，所以人若"在基督裡"（in Christ），他就被"新造"，靈肉均被更新（見：哥林多後書五：17）。使徒保羅對於基督復活與基督徒關係之信仰意義，有其非常重要的教導。

1. "洗禮"象徵從死裡復活之新人性

對於保羅來說，一個人歸信耶穌基督的第一步之入會禮就是"洗禮"。"洗禮"正是象徵"舊人性"與基督一同死、一同埋葬，"新人性"與基督一同復活之重要信仰經驗（見：羅馬書六：3-11）。所以說，每一位基督徒都藉著"洗禮"象徵其"原罪"（舊人性）已經被埋葬，他"在基督裡"已經"重生"（復活）了。由此見之，基督徒之生命價值觀不是建立在"長生不老"(成仙)或"肉體復活"(因爲還會死亡)之上，而是悔改重生獲得"永恆生命"(跨越生死界限與主結連之永生)最爲重要。

2. 活在基督裡的體驗

基督徒最重要的信仰功課，就是"活在基督裡"的體驗。因爲這是得勝罪惡誘惑的力量來源，從而使基督徒能夠積極人生並與上主同工。保羅有兩句名言正好說明此一信仰體驗：

現在活著不再是我，乃是基督在我裡面活著。(加拉太書二：20)

因爲我活著就是基督，我死了就有益處。(腓立比書一：21)

這兩句保羅的信仰告白，正是一位基督徒"活在基督裡"的最好註解，也值得後輩基督徒去學習。

(二)復活節之省思

基督徒於每逢「復活節」之時間中，也應該做一些信仰上之省思。而這些省思，也可以說是基督徒信仰生活之檢討。因爲大家都是人，也有人性之軟弱(咱是"受召進入聖會的軟弱罪人")，因此更應該有所反省。

1. 基督徒生活有否"重生"之樣式？

基督徒是在"上帝國"這一大家庭中生活的人，相信已經藉著耶穌基督之救贖而被"稱義"(人性原罪解除的意思)。為此，其言行舉止及心思意念，都要有基督徒"重生"的樣式。咱基督徒是否做到了？(見：羅馬書十二：1-2)

2. 基督徒生活有否成為"活祭"？

保羅教導基督徒要於日常生活上"成聖"做"活祭"。這點正證明基督徒不是"因信稱義"就夠了，也要有日常生活上的道德責任。用保羅的話來說，"以善勝惡"便是"成聖"做"活祭"之榮神益人表現。這點咱基督徒有否做到？(見：羅馬書十二：17-21)

3. 基督徒生活有否結出"聖神果實"？

主耶穌在世時曾經警告跟從祂的人說："那些稱呼我「主啊，主啊」的人，並不都能進入天國。惟有實行我天父旨意的人才能進去。"(馬太七：21)所謂"實行天父旨意"，就是言行舉止合乎天父上主旨意的意思。實踐天父旨意之具體行為，也即保羅所教導結出聖神果實：仁愛、良善、和平、忍耐、慈悲、喜樂、忠信、溫柔及節制，這九樣的品格(加拉太書五：22-23)。咱基督徒是否有"結出聖神果實"藉以表現榮神益人的品格？

◆結 語

　　普世基督徒個個都是"與主結連"，擁有在基督裡"新生命"(復活)的人，所以要多結榮神益人的"聖神果實"。每逢慶祝「復活節」時，也正是基督徒省思的時間。天父上主就是"愛之神"(約翰一書四：8-10)。所以祂於歷史上才會有「道」(Logos)成肉身降世救贖罪人，以及主耶穌從死裡復活之得勝死亡行動。而基督徒對於"上主大愛"之回應就是："信仰"、"盼望"及"仁愛"的信德(見：哥林多前書十三：1-13)，也就是"榮光上主"的生活。此即基督徒年年持守「復活節」之意義。

2009.10.12

「台灣血液之母」林媽利教授，
二十年台灣族群研究總結之作

我們流著
不同的血液。
以血型、基因的科學證據
揭開台灣各族群身世之謎

林媽利 著

緊急再版！

前衛出版
隆重鉅獻

我們流著不同的血液：以血型、基因的科學證據揭開台灣各族群身世之謎

DNA不會說謊，它清楚明白地告訴我們：

1. **85%的「台灣人」（閩南人及客家人）帶有台灣原住民的血緣**：這一結論確認了先前其他學者從史料文獻、地名、諺語、風俗習慣等的推論，即大部分「台灣人」都是「漢化番」的後代。
2. **「唐山公」是中國東南沿海的原住民—越族**：也就是說，四百年來陸續渡海來台的「台灣人」祖先，根本就不是族譜所誤載的正統中原漢人，而是一群群被漢化的越族後代。
3. **平埔族沒有消失，只是溶入「台灣人」之中**：平埔族雖大多已漢化，但從血緣看，平埔族並未消失。
4. **異質多元的高山原住民**：台灣高山族的語言雖同屬南島語言，但他們卻具有不同的體質，應該是在不同時間，從東南亞島嶼及東南亞等不同遷移途徑落腳台灣，然後互相隔離千年。

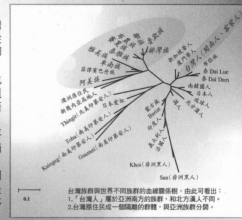

台灣族群與世界其他原族群的血緣關係樹，由此可看出：
1.「台灣人」屬於亞洲南方的族群，和北方漢人不同。
2.台灣原住民成一個隔離的群體，與亞洲族群分開。

【關於作者】林媽利教授

前馬偕醫院輸血醫學研究室主任，國際知名的血型專家、分子人類學家，生涯發表的英文期刊論文超過160篇，學術研討會摘要超過200篇。名列「世界名人錄」、「科學及工程世界名人錄」、「醫學及生物世界名人錄」。曾獲得聯合國教科文組織推薦，成為台灣第一位入圍「Helena Rubinstein獎」的傑出女性科學家。被天下雜誌評選為「台灣最具影響力的兩百人」。

林媽利教授長期從事輸血醫學的研究，是台灣輸血醫學能躍上國際舞台的重要推手。早期因研究台灣人的特殊血型，及建立台灣捐、輸血制度等重要成就，被尊稱為「台灣血液之母」。近20年來，她轉而投入台灣族群的研究，對閩南、客家、平埔、高山等族群做全面性的研究及分析，對台灣各族群的尋根溯源做出前所未有的巨大貢獻。

國家圖書館出版品預行編目資料

耶穌：人類的導師／董芳苑著.
-- 初版.-- 台北市：前衛，2010.08
352面；15×21公分

ISBN 978-957-801-651-4（平裝）

1. 耶穌(Jesus Christ)　　2. 基督教傳記

249.1　　　　　　　　　　　　　99014063

耶穌：人類的導師

著　　者　董芳苑
責任編輯　陳淑燕
美術編輯　宸遠彩藝
出 版 者　台灣本鋪：前衛出版社
　　　　　10468 台北市中山區農安街153號4F之3
　　　　　Tel：02-2586-5708　Fax：02-2586-3758
　　　　　郵撥帳號：05625551
　　　　　e-mail：a4791@ms15.hinet.net
　　　　　http://www.avanguard.com.tw
　　　　　日本本鋪：黃文雄事務所
　　　　　e-mail：humiozimu@hotmail.com
　　　　　〒160-0008 日本東京都新宿區三榮町9番地
　　　　　Tel：03-33564717　Fax：03-33554186
出版總監　林文欽　黃文雄
法律顧問　南國春秋法律事務所林峰正律師
總 經 銷　紅螞蟻圖書有限公司
　　　　　台北市內湖舊宗路二段121巷28、32號4樓
　　　　　Tel：02-27953656　Fax：02-27954100
出版日期　2010年8月初版一刷

定　　價　新台幣350元
©Avanguard Publishing House 2010
Printed in Taiwan　ISBN 978-957-801-651-4